深圳律师实务丛书

The Review of Shenzhen Lawyers'Affairs

深圳律师实务丛书

The Review of Shenzhen Lawyers'Affairs

坚持信念　精通法律

维护正义　恪守诚信

深圳律师实务丛书

建筑房地产企业刑事高频风险防控实务

Analysis and Prevention on High Frequency Criminal Risk in Construction and Real Estate Enterprises

刘平凡 / 主编

法律出版社
LAW PRESS·CHINA

深圳律师实务丛书

本册编委会

主　编　刘平凡

副主编　刘仁武　张贤达　谭仲萱　梁佳丽

编　委　（以姓氏笔画为序）

白怡欣　冯可蒙　刘　敏　许文平　许晓星　李　康　李东旭

李兰兰　何　优　张　楠　张雨婷　张笑盈　陈　威　费梦诚

顾　宁　徐嘉艺　殷丝语　唐柏成　章登洋　臧小娜　谭宗成

总　序

随着移动互联、万物互联时代的到来,法律服务行业的发展出现了更多的机遇和挑战,这也意味着,这个时代对法律服务的效率和质量提出了更高要求。法律服务的效率和质量问题,说到底是法律服务领域供给侧改革的问题,供给侧改革与创新将成为破解当前律师行业发展“瓶颈”的重要路径选择。

我注意到,深圳市律师协会九届理事会明确回归和聚焦律师专业化建设,着力供给侧改革与创新,并在统筹规划专业委员会的定位和职责、组织引导律师著书立说等方面做了许多实实在在的工作。目前,深圳律师在专业学习、专业研究和专业成果转化等方面已经卓有成就。在短短两年多的时间里,深圳市律师协会已经出版各类律师著作近二十部,部分专著再版,部分作者被邀请参与全国性的专业会议,可以说受到了业界广泛关注和高度肯定。深圳律师的专业化建设大大激发了深圳律师行业发展的内生动力。在此,我要对深圳市律师协会在行业发展和专业化建设中所发挥的积极作用点一个大大的“赞”。

律师的专业化既是社会分工的必然,也是法律服务业纵深发展的必然。律师当以专业为本,当以服务立命。深圳律师应当以追求极致的匠人精神夯实专业基础,从而以专业化的服务满足客户多样化、个性化、精细化的需求。只有这样孜孜不倦的追求,我们深圳律师才有可能在厚重积蓄后,形成并爆发出强大的发展后劲。

深圳律师是全国律师改革和创新的先行先试者,尤其是在房地产、金融证券、知识产权、国际贸易、法治政府等专业法律服务领域做出了许多开创性的贡献。2016年11月24日，深圳执业律师人数突破万人大关，整个行业的后续发展任重而道远。

从供给侧改革与创新的角度，深圳律师业需要继续加强法律服务需求端研发，努力推出更贴近各类主体需求的法律服务产品；需要继续加快专家型律师、领军型律师的培养，努力形成完备的法律服务人才结构；需要继续拓宽专业服务领域和行业发展路径，努力精准对接日新月异的经济社会发展的方方面面。如此，深圳律师才能呈现与深圳这座城市相匹配的活力与影响力，深圳才有望成长为中国南方实至名归的法律服务高地。

“骐骥一跃，不能十步；驽马十驾，功在不舍。”深圳律师业的光荣与梦想，离不开我们大家持之以恒的坚守和实践，更有赖于我们大家继续为之奋斗、艰苦奋斗、长期艰苦奋斗……

是为序。

蒋溪林

深圳市司法局局长

二〇一六年十一月二十六日

专业引领发展　积淀成就未来

专业化是律师行业发展的必然趋势之一。在互联网大数据、人工智能快速发展和社会分工不断细化的社会背景下，面对日趋激烈的竞争环境和不断更新的法律服务需求，专业化对律师们而言，不仅是发展问题，也是生存问题。

“君子务本，本立而道生。”专业是律师的立身之本，专业律师的成长离不开律师、律所及行业层面的共同努力。对于律师个人而言，不仅需要其在对基本业务领域通晓的基础上找准与自身能力、兴趣以及市场需求相结合的精准定位，做出适合自己的专业选择，也需要律师在做出选择之后有壮士断腕般舍弃其他案件的决心，以及甘于寂寞、潜心钻研、持之以恒的匠人精神。对于律所而言，需要其有相应的团队协作氛围、合理的人才培养及激励体制、科学的业务调配机制、强有力组织形式和执行机构。而对于协会而言，就需要加大投入，为律师的专业化发展提供支持和保障，搭建交流合作平台，鼓励律师、律所朝向专业化发展。同时，加强与社会各界的交流联系，开拓专业领域，注重法律需求的引导和法律服务市场的培育，为专业律师发展营造良好的外部环境。

深圳律协资助会员出版实务专著的初衷，就在于倡导律师专业化发展，引导深圳律师和律师事务所不断做精、做强；也希冀能借此推出行业专业领军人物，在全国专业化发展的浪潮中树立一批深圳律师的专业品牌。2012年至今，协会资助会员出版实务专著的工作已连续开展六年，累计出版律师实务专著二十余本，涵盖建设工程、婚姻家事、刑事、知识产权、投融资、劳动关系等多个专业领域；举办律师专著出版交流论坛两次，邀请律师作者、专业审稿人、出版社编辑三方人员共同探讨如何将律师丰富的实务经验和专业理念凝练成实务专著。这些工作的开展在调动深圳律师撰写专著积极性、提升深圳律师专著写作水准、提高深圳律师业内知名度和影响力等方面取得一定的成效。

“不积跬步，无以至千里；不积小流，无以成江海。”今后，深圳律协还将持续推动律师实务专著出版工作，引导深圳律师多总结、多思考、多研究，不断提升专业能力和专著水平；同时，还将在业内营造浓厚的专业研究和著书立说氛围，传承和发扬深圳精神，让深圳律师成为中国律师界一面亮丽的旗帜。

林昌炽

深圳市律师协会会长

二〇一八年六月

回归专业　崇尚专业

律师专业化不仅仅源于社会分工的细化和知识结构的复杂化，也因为法律事务在多样化前提下逐渐呈现专门性趋势，需要律师专业技能的精细化以提供有针对性的解决方案，通才式解决某类案件或法律事务越来越困难。当事人合法利益的最大化有赖于律师能够游刃有余地运用法律的精深技艺，给出更专业的答案。

不少律师不太愿意在当事人或者同行面前坦言自己不懂某专业，也不愿意在专业细分方面做出改变的努力，这不仅不利于其自身专业领域知名度的打造，也失去了律师走专业化发展方向的机会。我们要放弃那种“博”即“精品”的认识和做法，直面自己的专业定位，在律师服务市场激烈竞争中打“差异化”“专业化”这张牌，努力将自身打造成所在专业领域的“精品”。

我们提倡的回归专业、崇尚专业并不是一句口号，它张扬的是一种职业思想、观念和意识，同时也要落实为执业过程中的行为准则和价值坚守，在形成行业共识的基础上引领律师行业发展，达到更高的水平。摆在读者面前的这套《深圳律师实务丛书》就是我们落实回归专业和崇尚专业的例证，并借此向全行业传递崇尚专业的精神。

经验应该被总结和传承。因地缘和政策优势，深圳律师在房地产、融资、科技创新、海商、国际贸易、破产清算、劳动等法律事务方面有着丰富的专业经验。深圳律师协会组编这套丛书，体现深圳律师在部分领域的执业状况和专业技能，希望成为丰富律师专业化的重要素材，并作为专业化样本能够对律师专业化水平提高有所帮助。

是为序。

高　树

时任深圳市律师协会会长

二〇一六年三月

专业化是律师行业发展的支柱

中国的律师行业经过30年的恢复与发展,已经初具规模,但是,与现代发达国家的律师行业相比,我们仍然处于"初级阶段",与国家政治、经济、文化发展不能匹配。将律师行业"做强、做大"仍是业内最强的呼声。个人理解"做强、做大",无外乎专业化、规模化、规范化、品牌化建设,而其中专业化实乃律师行业发展的支柱。

按照现代广泛运用的利伯曼"专业化"标准的定义解释,所谓"专业",就应当满足以下基本条件:一是范围明确,垄断地从事于社会不可缺少的工作;二是运用高度的理智性技术;三是需要长期的专业教育;四是从事者个人、集体均具有广泛自律性;五是专业自律性范围内,直接负有作出判断、采取行为的责任;六是非营利性,以服务为动机;七是拥有应用方式具体化了的伦理纲领。

就律师行业而言,专业化应以专业律师为基础,即律师根据特长和优势,精通本专业的法律规定和法理精髓,专门或偏重某一项或某几项法律事务;律师专业化以专业化的律师事务所为标志,即律师事务所主要人员和业务是为某个或某几个法律服务领域提供专门法律服务,具有自己的专业品牌;律师专业化以实现全行业的专业化最终目标,即大多数执业律师符合律师的专业化,形成了自觉学习、研究法学理论与律师实务的风气和专业习惯,大多数律师事务所具有鲜明的专业品牌。

律师要实现专业化,首先要专业明确,确定适合自己的法律服务领域,之后针对该法律服务领域进行长期的专业研修,在该法律服务领域有自己的实务和理论研究成果,最终拥有业内公认能熟悉处理法律服务领域问题的专业技能。当然,专业化也是一个“舍得”过程,选择专业化就意味着舍弃某些自己熟悉且收入颇丰的业务,甚至要忍受短期内业务量下降的痛苦。只有专注才有专业,如果不舍弃已拥有的某些业务,心不能专,则难以在专业领域获得成就。此外,在长期执业过程中加入或组建一个强大的专业律师团队,也是律师成就专业之路不可或缺的途径。

律师专业化是一项艰巨、复杂的系统工程,除了律所在中长期发展目标上确定专业化方向,为律师和律师团队提供专业发展环境之外,律师协会也应为律师行业的专业化分工和发展提供完善的制度保障和政策支持,并且应该加大对律师专业化的培训力度,为律师的专业化发展提供坚强的智力支撑。

资助会员出版实务专著是深圳律协确定的一项具体工作和一项智力工程,目的有两个:一个是倡导律师的专业化发展,引导深圳律师和律师事务所普遍走上专业发展的道路;另一个是推出行业专业领军人物,在全国专业化发展的浪潮中树立一批深圳律师专业品牌。

深圳律协将每年资助出版一批律师实务专著,期许借此倡导专业发展之路,弘扬专业研究之风,发出业界深圳之声,更期许借此涌现一批律师专业领军人物。

余俊福

时任深圳市律师协会会长

二〇一二年一月

前　言

《2018年国民经济和社会发展统计公报》[1]数据显示,2018年全年国内生产总值(GDP)总额为90万亿元,比上年增长6.6%。其中建筑业增长值达61,808亿元,房地产开发投资增长值达120,264亿元,房地产业增长值达59,846亿元。建筑及房地产行业属于名副其实的支柱产业。《粤港澳大湾区发展规划纲要》的发布,定将掀起粤港澳大湾区新一轮建筑及房地产行业的投资热潮,因为其中多处强调建筑业,并要求研究进一步取消或放宽对港澳投资者的资质要求、持股比例、行业准入等的限制。粤港澳大湾区本身就是建筑、房地产行业投资十分集中的一个地区,汇集了万科、恒大等一大批房地产开发的头部企业。

合规是企业得以持续发展不可或缺的制度安排,尤其在依法治国的环境下,应该将合规放在企业经营的首要位置。建筑、房地产行业的企业,往往牵涉面广,投资额巨大,如果合规工作做得不到位,则容易给企业以及社会带来巨大损失,而这也更加凸显合规工作的重要性。

建筑、房地产行业的头部企业越来越重视企业的合规建设,基本上都通过设置总法律顾问、建立法务部、委托外部法律顾问等方式积极推进企业合规工作。但是,目前的合规工作偏重于企业内部治理,客户、供应商的交易往来合规以及政府监管等民商事及行政领域,而对刑事领域的合规重视程度不够。

---

[1] 参见国家统计局:《2018年国民经济和社会发展统计公报》,载国家统计局网站:http://www.stats.gov.cn/tjsj/zxfb/201902/t20190228_1651265.html,最后访问时间:2019年9月20日。

自党的十八大以来，随着反腐倡廉以及扫黑除恶专项斗争的深入，多起大型房地产开发企业的高管或者负责人牵涉贪腐甚至犯罪的案例暴露出来。显然，建筑、房地产行业的刑事合规问题已经到了不得不重视的地步。

本书收集了近年来公开的部分建筑、房地产领域的裁判文书，通过“律小牛刑事辩护智能办案辅助系统”进行大数据分析，从安全生产、资本市场、企业管理以及其他容易涉罪的领域分章节逐一展开论述：首先，以现实案例为基础，发现相关行为的刑事风险点；其次，通过介绍相关罪名的构成要件、量刑标准、认定标准、立案标准等，从中提炼出辩点，目的在于当执业律师和建筑房地产行业工作人员在实践中面临相关罪名的刑事诉讼时，能够快速想到对应的辩护策略，维护其合法权益；最后，归纳总结出每个罪名导致的刑事风险的防控措施，让执业律师和建筑房地产行业人员根据对应的刑事风险，制定相应的刑事风险防控措施，尽量避免相应的刑事风险，以期为建筑、房地产领域的刑事合规建设提供一定的理论及实践基础。

一、建筑、房地产领域的刑事风险现状及类别分析

（一）建筑、房地产领域的刑事风险现状

2018 年 4 月 21 日，北京师范大学中国企业家犯罪预防中心在北京发布了《2017 中国企业家刑事风险分析报告》，并于 2019 年 4 月 20 日发布了《企业家刑事风险分析报告（2014—2018）》。《2017 中国企业家刑事风险分析报告》详细统计分析了 2016 年 12 月 1 日至 2017 年 11 月 30 日公开的刑事判决案例中针对企业家犯罪的 2319 件案例。

该分析报告针对 20 个产业进行分析，发现在涉案企业中，传统制造业占比高达 32.8%；剩余 19 个产业中，建筑业占总数的 6.2%，房地产业占总数的 4.4%，即建筑、房地产领域共占总数的 10.6%。由此可见，建筑、房地产业在众多产业中，确实属于刑事风险高发的领域（见图前 -1）。

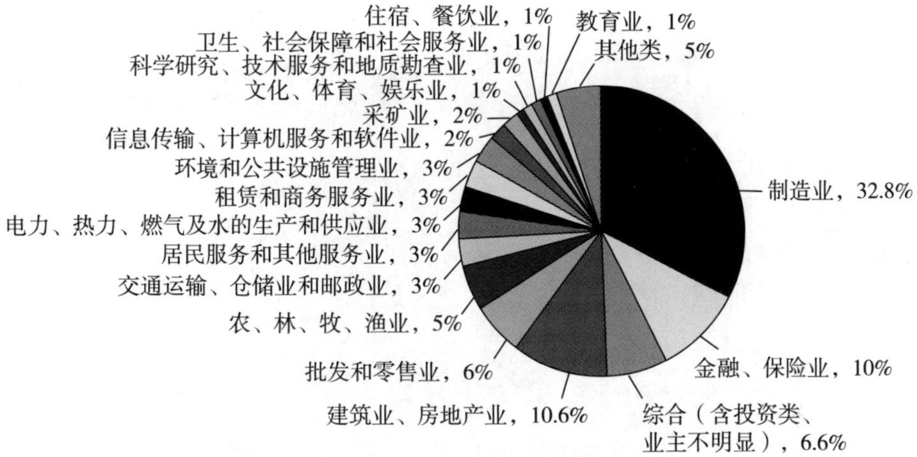

图前 -1 涉案企业产业类型

该分析报告统计发现，2292 名犯罪企业家中，企业内部职务明确的高达 2144 人，尤其是企业负责人（包括法定代表人、董事长、经理、厂长、矿长等正职和副职）高达 1459 人，占比约 68.1%。由此可以看出，在企业涉及刑事问题时，企业负责人通常难辞其咎。尤其是建筑、房地产领域，犯罪形式多样，涉及法律关系复杂，刑事风险往往都会带来较重的刑事责任。

该分析报告还对涉案的 2292 名企业家所处地域进行了分析，发现位于一线城市的高达 14.2%，位于二线城市的高达 28.7%。涉案企业排名前十的省（直辖市）分别为：江苏省、广东省、河南省、山东省、上海市、安徽省、河北省、湖北省、四川省和湖南省。在这 10 个省（直辖市）中，除了四川省，其余 9 个省市的建筑或房地产业均属于犯罪数量最高的五种行业之一。建筑、房地产领域的头部企业通常位于一、二线城市，在经济越是发达的省市，建筑、房地产领域的刑事风险也越高。

综观该分析报告可以发现，企业家犯罪几乎贯穿了企业生产经营的各个环节，在日常安全管理、财务管理、工程承揽、融资、物资采购等领域尤为明显。

本书编委会通过对建筑、房地产领域的高发罪名进行统计后发现，排名靠前的罪名为：合同诈骗罪、行贿罪、寻衅滋事罪、非法吸收公众存款罪、职务侵占罪、重大责任事故罪、集资诈骗罪以及聚众斗殴罪（见图前 -2）。

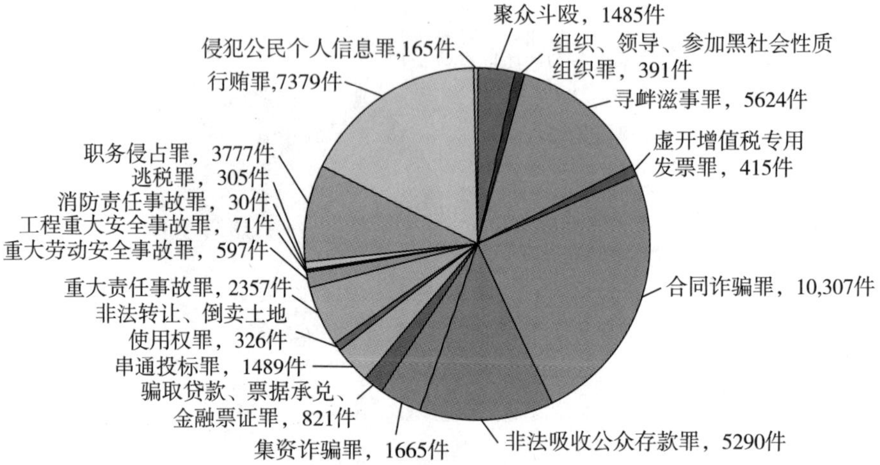

图前－2　本书涉及各罪名案例数量*

（二）建筑、房地产领域的刑事风险类别

1. 房地产企业设立方面的刑事法律风险

2013 年《公司法》进行修正后，公司实缴资本制度改为认缴资本制度，建筑、房地产企业属于认缴资本企业法人，即建筑、房地产公司和发起人、股东一般不存在触犯《刑法》第 158 条、第 159 条规定的虚报注册资本罪，虚假出资、抽逃出资罪的情况。但是，如果建筑、房地产企业属于募集方式设立的股份有限公司，则仍属于实缴资本制度企业，公司及发起人、股东仍须承担《刑法》第 158 条、第 159 条规定的刑事责任风险。

2. 房地产廉洁性方面的刑事风险

建筑、房地产企业以及相关人员在房地产开发、建设、销售等环节存在的主要廉洁性刑事风险包括贪污罪、职务侵占罪、受贿罪、非国家工作人员受贿罪、行贿罪、单位行贿罪、挪用公款罪、挪用资金罪（由于廉洁性方面的犯罪在其他著作中已经有较多研究及论述，此类犯罪在建筑、房地产行业与其他行业并没有太多实质性的区别，本书具体章节内容对该条所列罪名未投入过多笔墨）。

---

* 资料来源：律小牛刑事辩护智能办案辅助系统。

3. 房地产市场秩序方面的刑事风险

建筑、房地产企业以及相关人员在市场秩序方面存在的主要刑事风险包括串通投标罪和合同诈骗罪。

4. 公共安全方面的刑事风险

建筑企业在房地产建设方面对质材选择、成本优化等处理不妥当,可能导致产生重大责任事故罪、重大劳动安全事故罪、工程重大安全事故罪的刑事风险。

5. 社会管理方面的刑事风险

建筑、房地产企业作为市场经营主体,为了利益最大化采取非法手段强行夺取工程项目、建筑材料销售市场等,可能导致产生组织、领导、参加黑社会性质组织罪,聚众斗殴罪,寻衅滋事罪的刑事风险。

6. 资本市场、融资方面的刑事风险

建筑、房地产企业在整个房地产开发建设过程中一直需要较大的资金成本,有些企业为了尽快获取资金而采取非法方式,可能导致产生集资诈骗罪,非法吸收公众存款罪,贷款诈骗罪,洗钱罪,骗取贷款、票据承兑、金融票证罪的刑事风险。

7. 税务方面的刑事风险

建筑、房地产企业在房地产开发建设销售等活动中,为降低税务成本,而对税务筹划不合理制作,可能导致产生逃税罪、虚开增值税专用发票罪、虚开发票罪的刑事风险。

8. 其他与房地产行业相关的刑事风险

其他与房地产行业相关的刑事风险主要包括非法转让、倒卖土地使用权罪,非法占用农用地罪,妨害清算罪,虚假破产罪等。

二、建筑、房地产行业刑事合规建设的建议

从前述分析得知,建筑、房地产行业贯穿政府规划、土地招标、拍卖、挂牌(划拨)、立项、施工建设、预售、验收以及后期物业管理等一系列过程,几乎每一个环节都涉及刑事风险。

政府出让或者划拨土地、立项以及后期验收环节,属于行贿以及单位行贿犯罪高发领域。施工建设环节容易滋生串通投标、受贿以及非国家工作人员受贿、重大责任事故、污染环境、聚众斗殴等犯罪。在日常经营管理过

程中,常有职务侵占、合同诈骗、非法处置查封的财产等方面的犯罪发生。建筑、房地产行业内国有企业的国家工作人员还可能涉及玩忽职守、受贿等部分针对国家工作人员的犯罪。

由于房地产行业往往需要大量投资,部分开发商为了博取高收益,没有充分重视现金流以及资金周转风险,铤而走险,信奉"富贵险中求",面向社会非法吸收公众存款甚至走上集资诈骗的不归路,最后落得人财两空。

建筑、房地产行业涉及的部分罪名的犯罪红线较为清楚,企业负责人及职员容易分辨。但有部分事实往往属于民、行、刑交叉领域,罪与非罪界限模糊,使得企业负责人及职员无法很好地辨识。

由此可知,防微杜渐,全面建立企业合规体系,才能最大限度降低建筑、房地产行业的经营风险。2018 年 7 月 1 日,《合规管理体系指南》(GB/T 35770—2017)正式实施;2018 年 11 月 2 日,国务院国有资产监督管理委员《关于印发〈中央企业合规管理指引(试行)〉的通知》(以下简称《中央企业合规管理指引(试行)》)发布,推动中央企业全面加强合规管理,加快提升依法合规经营管理水平,着力打造法治央企,保障企业持续健康发展。

笔者认为,建筑、房地产行业企业应该严格参照《合规管理体系指南》以及《中央企业合规管理指引(试行)》建立合规体系,因企制宜,将合规管理落实到企业的日常经营中。同时,笔者也发现,这两份文件均没有在刑事合规方面进行过多规定,可见刑事合规方面的工作仍然任重道远。粤港澳大湾区建筑、房地产行业企业更应该投入一定的人力、物力及财力,在调动内生资源的同时引入外部专业力量,打造刑事合规体系。

三、刑事风控律师如何助力建筑、房地产行业刑事合规建设

建筑、房地产行业企业的刑事合规建设迫在眉睫,刑事风控领域的律师又该如何助力呢?笔者认为,刑事风控领域的律师要真正在刑事合规方面有所作为,应该做到练好内功、修好外功,真正的急企业之所急,想企业之所想,为企业提供专业服务。

第一,练好内功。刑事风控本身需要高超的技艺,可以毫不夸张地说,做刑事风控的律师都是"戴着镣铐跳舞";真正要想在这个领域有所作为,要做到有所为有所不为。就在本书创作之时,笔者惊闻国内某大型律师事务所西部某地区分所一名"80 后"女律师因为担任某涉黑企业的法律顾问,并

通过民事诉讼达到敲诈勒索目的而被认定为黑恶势力犯罪的共犯，这也给从事刑事风控领域的同行敲响了警钟。尤其是建筑、房地产行业，各种利益纠葛错综复杂，可能触及的犯罪形态花样百出，从事建筑、房地产行业刑事风控服务的律师如果没有“金刚钻”，连自身潜在风险都难以防控，又如何为客户防控刑事风险？

“内功”如何练？万丈高楼平地起，做刑事风控律师，基本功十分重要。精准掌握建筑、房地产行业可能涉及的刑法典中的罪名自不用说，但仅仅做到这一步是远远不够的。建筑、房地产行业涉及的部分刑事风险往往存在民、行、刑交叉的可能，如果将自己的研究领域局限在刑事方面，最后就会显得力不从心。又因建筑、房地产行业专业性极强，如果对行业专业知识没有充分的储备，最后就无法深入，只能做表面功夫。从事刑事风控业务，就是通常说的“治未病”，需要打交道的都是企业的高管、实际控制人或者中层干部，如果没有在商业管理方面储备相应的知识，与建筑、房地产行业的精英人士打交道可能就会特别吃力，甚至很容易被拒之门外。

第二，修好外功。“酒香不怕巷子深”的时代已经渐行渐远，在资讯十分发达的时代，仅仅“酿出好酒”还不足够。刑事风控律师要想更好地助力粤港澳大湾区建筑、房地产行业，就应该有勇气通过适当的机会，将自己展示在聚光灯下，让相关企业的负责人认识、了解自己。通过发表专业文章、参加专业论坛、介绍典型案例等方式适当地营销推广，都不失为好的尝试。

第三，急企业之所急，想企业之所想。对于企业急什么、想什么，刑事风控律师一定要有充分了解。一家企业，尤其是建筑、房地产行业的企业，即便是单个项目，往往都是投资巨大，面临各种各样的风险。企业显然希望能够获得较好的投资回报，在经营过程中，在要解决现实问题时，难免出现“富贵险中求”的想法。作为刑事风控律师，需要思考如何为企业负责人平衡好交易安全和交易效率之间的关系，不是一味强调风险，而是真正地站在企业负责人的位置思考问题。比如，有的企业负责人存在一些误区，认为下属踩踏红线，或者企业集体决策违反相关法律、法规不会波及自身而“隔岸观火”。此时，刑事风控律师就十分有必要通过各种方式，将单位犯罪的后果等方面的知识传达给企业负责人，让企业负责人有充分的认识。

第四，为企业提供专业服务。企业家的刑事风险无处不在，但是也无须悲观。纵观我国改革开放以来在经济建设方面取得的巨大成就，企业家功不可没，尤其是建筑、房地产行业对国家经济的贡献，更是举世共睹。也正因如此，刑事风控律师的工作尤其重要，其可以为企业、企业家以及相关人员提供优质法律服务，对于已发生的刑事责任妥当处理，对于未发生的防患于未然。刑事风控律师法律服务的范围主要包括为城市更新（旧城改造）方面提供法律服务，合法合理获取城市更新（旧城改造）项目以及项目开发建设；为房地产开发活动各个环节（包括投资、融资、土地使用权出让、建筑工程规划许可证、房地产建设、产权登记、销售、税务筹划等）提供专业的法律服务，避免刑事风险的产生；另外，如果建筑、房地产企业及相关人员的行为已触犯刑事法律，刑事风控律师要根据相关法律规定进行充分娴熟的分析、解读，提供最佳辩护策略，尽己所能以达到最佳诉讼结果。

编　者

目　录

第一章 安全生产篇

安全生产问题已然成为重大的社会问题,改革开放后对其刑事规制逐渐趋于严厉。不过,此前对于安全生产的刑事风险防控更侧重于事后救济,而忽视了事前和事中预防。在建筑房地产领域,部分建筑房地产公司为了追求利润,往往会降低工程质量标准、劳动安全条件未达标、建筑材料不合格等,造成安全事故的频发,并由此带来一系列的刑事风险。因此,就需要依据《刑法》的规定,在"危害公共安全罪"一章中找出与建筑房地产安全管理相关的罪名,从对相关罪名的法律分析中发现风险点,并提出可行、有效、合理的风险防控措施,将风险控制到最低程度。

通过"律小牛刑事辩护智能办案辅助系统"大数据检索功能,笔者对重大责任事故罪、强令违章冒险作业罪、重大劳动安全事故罪、工程重大安全事故罪以及消防责任事故罪进行案例检索、筛选、分析,获取重大责任事故罪、强令违章冒险作业罪案例 159 个,重大劳动安全事故罪案例 26 个,工程重大安全事故罪案例 24 个以及消防责任事故罪案例 16 个(见图 1 - 1)。本章将结合典型案例,分别对上述五个罪名(重大责任事故罪、强令违章冒险作业罪放在一节中综合分析)的刑事风险、罪名及辩点分析、风险防控措施展开阐述。

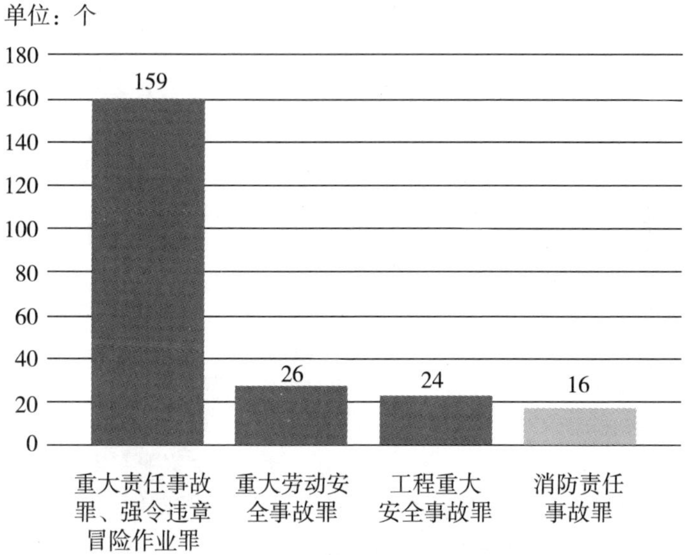

图1-1 本章各罪名案例数量*

第一节 重大责任事故罪刑事风险与防控

一、风险点一：承包方施工资质缺失

案例一：陈某、田某某重大责任事故案[1]

【基本案情】

2016年10月24日20时40分许，位于明水县仕林苑小区一期C区8号、11号楼间裙房（二层商服）发生坍塌。该小区建设单位是明水县嘉卓房地产开发有限公司，坍塌的二层商服楼建筑单位是明水县北方建筑工程公司。经查，被告人陈某通过挂靠明水县北方建筑工程公司获得承包明水县仕林苑小区4号、8号、11号楼主体及4号、8号、11号楼间的裙房（二层商服

* 资料来源：律小牛刑事辩护智能办案辅助系统。

〔1〕（2017）黑1225刑初59号。

楼)的施工建筑合同。在获得建筑合同后,陈某违反国家规定将其承包的明水县仕林苑小区4号、8号、11号居民楼主体及明水县仕林苑小区4号、8号、11号居民楼中间的两栋二层商服楼建筑工程整体转包给无建筑资质的田某某。随后,田某某又将工程五项转包给无建筑资质的武秀龙。2016年10月7日,明水县仕林苑小区8号、11号居民楼中间的二层商服楼开始施工建设。2016年10月23日,武秀龙指挥木工工人对明水县仕林苑小区8号、11号居民楼中间的二层商服楼的一层模板进行拆除。2016年10月24日20时40分,明水县仕林苑小区8号、11号居民楼中间在建的二层商服楼发生坍塌事故,事故造成武某龙、徐某2、张某三人死亡,张某1受伤。2016年11月2日,黑龙江省寒地建筑科学研究院作出《明水县仕林苑一期C区8楼与11楼裙房坍塌原因鉴定报告》,依据鉴定报告结论,该在建的二层商服楼坍塌原因是违反施工规定进行施工。

【法院判决】

法院认为,被告人陈某、田某某在生产、作业中违反有关安全管理的规定,造成三死一伤的重大事故,二被告人的行为均已构成重大责任事故罪。公诉机关指控二被告人犯罪的事实清楚,证据确实、充分,适用法律条款意见正确,罪名成立,予以支持。被告人陈某认罪态度较好,在案发后能够积极赔偿各被害人及其家属的经济损失,具有悔罪表现,可酌定从轻处罚。被告人田某某系自动投案,如实供述犯罪,具有自首情节,可依法从轻处罚。据此,依照《刑法》第134条、第67条第1款、第72条第1款、第73条第1款、第3款和最高人民法院、最高人民检察院《关于办理危害生产安全刑事案件适用法律若干问题的解释》(以下简称《危害生产安全刑事案件司法解释》)第7条第1项的规定,判决如下:

1. 被告人陈某犯重大责任事故罪,判处有期徒刑3年,缓刑5年(缓刑考验期限自判决确定之日起计算)。

2. 被告人田某某犯重大责任事故罪,判处有期徒刑3年,缓刑5年(缓刑考验期限自判决确定之日起计算)。

【风险提示】

在重大责任事故案件中,不具备相关施工资质的承包方承接工程项目的情形最为常见,而施工资质恰恰是最基本的施工前提条件,缺乏施工资质会在源头上留下安全风险及法律风险，从一开始就埋下安全事故的隐患。建筑施工资质，指包括企业资信、技术条件、技术装备及管理水平方面的相关要求与规定，具体规范都有细化规定，在此不赘述。当事人硬性要求不达标，心态上抱有侥幸，盲目地追求利益最大化，无视工程参与人员生命健康安全，极易人为酿成灾难，最终以赔付大额赔偿金或医药费结束。更甚者是导致生命消逝，相关家庭陷入不幸，甚至可能引发社会的不稳定。

上述案例中，陈某违反国家规定将其承包的明水县仕林苑小区 4 号、8 号、11 号居民楼主体及明水县仕林苑小区 4 号、8 号、11 号居民楼中间的两栋二层商服楼建筑工程整体转包给无建筑资质的田某某，田某某又将工程五项转包给无建筑资质的武某龙，层层非法转包最终造成事故发生。

二、风险点二：安全隐患排查工作未落实

案例二：徐某重大责任事故案[1]

【基本案情】

2017 年 5 月底，某某公司承接了某二公司发包的丹阳市某二售楼处精装修工程。李某为某某公司该工程项目负责人，其安排女婿即被告人徐某为工程现场负责人。徐某通过张某的介绍，违规将装修工程中的水电施工工作交给未取得《特种行业操作证》的高某等人进行施工作业。同年 7 月 5 日晚，被告人徐某在施工现场疏于安全管理，未能督促作业人员高某在检修空调线路前切断电源，佩戴绝缘手套、安全带和安全帽，严格执行安全操作规程，当晚 7 时许，高某在检修室内空调时触电并从高处坠地，经抢救无效死亡。丹阳市公安局刑事科学技术室对尸表检验认定，高某右手损伤符合电击形成，其枕顶部挫裂创符合从高处坠落形成。丹阳市人民政府成立的事故调查组认定，被告人徐某对事故的发生负主要责任。

案发后，被告人徐某主动投案，如实供述了上述工程发包及事故发生经过等事实。经丹阳市云阳街道劳动人事争议调处中心主持，某某公司与被害人高某的近亲属达成赔偿 155 万元的调解协议，赔偿款已付清。

---

〔1〕 (2018)苏 1181 刑初 834 号。

【法院判决】

法院认为,被告人徐某在作业中违反有关安全管理规定,发生重大伤亡事故,致一人死亡,其行为已触犯刑法,构成重大责任事故罪,依法应予刑罚处罚。丹阳市人民检察院指控的罪名成立,法院予以支持。被告人徐某主动投案,归案后如实供述自己的罪行,系自首,依法可以从轻处罚。被害方的损失已获赔偿,可对被告人徐某酌情从轻处罚。被告人徐某认罪、悔罪,法院决定对其适用缓刑。对辩护人关于高某死亡原因不唯一确定,不能据此判定被告人构成重大责任事故罪的辩护意见,法院认为,各位证人的证言、被害人的病历和尸表检验记录及其补充解释、触电事故调查报告等可以形成证据锁链,足以相互印证,反映高某在高处作业触电坠落,经抢救无效死亡的事实。而无论高某系触电死亡还是高坠死亡,均与被告人徐某在作业中违反有关安全管理规定存在刑法上的因果关系。因此,法院对辩护人的该辩护意见未予采纳。根据被告人具体的犯罪事实、性质、情节以及对社会的危害程度,依照《刑法》第 134 条第 1 款、第 67 条第 1 款、第 72 条第 1 款、第 73 条第 2 款、第 3 款的规定,判决如下:

被告人徐某犯重大责任事故罪,判处有期徒刑 10 个月,缓刑 1 年(缓刑考验期限,从判决确定之日起计算)。

【风险提示】

施工安全是工程建设中的共性问题,贯穿于施工作业过程中,并且涉及管理、财务及后勤保障等相关内容,关系重大。因此,法律法规和行业规定均对工程建设行业,尤其是建筑房地产行业的人员及单位作出了明确的要求。安全教育在建筑房地产行业经常被忽视,相当数量企业本身缺乏施工资质,存在安全隐患,而有的企业领导或有关高管自身法律素养不高,没有风险意识,认为出现安全事故仅需要面对赔偿问题,没有认识到一时疏忽可能面临刑事责任。事故单位往往在安全隐患排查部分没有落实到位,同时也缺乏安全教育培训。安全隐患排查工作未落实,是诸多重大责任事故发生的重要原因之一。

上述案例中,徐某违规将装修工程中的水电施工工作交给未取得《特种行业操作证》的高某等人进行施工作业,且在施工现场疏于安全管理,未能督促作业人员高某在检修空调线路前切断电源,佩戴绝缘手套、安全带和安全帽,严格执行安全操作规程,导致事故发生。

三、风险点三:综合管理能力不足

案例三:杜某君重大责任事故案[1]

【基本案情】

自2011年开始,被告人杜某君以郴州市同新房地产有限公司的名义与桂阳县原机修厂院内的59户原居民签订拆迁协议,以补偿的方式将该地块(以下称为金某中央花园项目)交给杜某君开发建设,2012年8月拆迁完毕。2012年11月,杜某君在未办理任何审批手续的情况下,与没有资质的自然人段某签订了桩基施工合同,进行桩基施工。2013年6月28日,杜某君以湖南君富房地产开发有限公司的名义与湖南中格建设集团有限公司签订了《金某中央建设施工总承包合同》,在建设施工图纸未经审查合格,且未取得《建设用地规划许可证》《建设工程规划许可证》《国有土地使用证》《建筑工程施工许可证》的情况下,忽视安全生产的重要性,未采取有效的防护措施,致使湖南中格建设集团未批先建、违法施工。2013年8月上旬,连降大雨。2013年8月18日,金某中央花园项目西侧邻近居民房发生地基、墙体开裂,房屋整体倾斜的地质灾害事故。

2015年2月25日,桂阳县人民政府批准成立了湖南君富房地产开发有限公司"8·18"地质滑坡事故调查组(以下简称事故调查组),经过事故调查组认定,湖南君富房地产开发有限公司未批先建,偷建抢建,违法施工,擅自使用未经审查合格的建设施工图纸施工,拒不执行相关监管部门的停工指令,将桩基施工发包给没有任何施工资质的段某个人;未及时排查生产安全事故隐患,没有向施工单位、设计单位及时提供真实、准确、完整的有关金某中央花园项目施工现场的边坡勘察报告、周边实测地形图及周边建筑物基础资料,安全作业环境提供不到位;对施工现场及毗邻区域存在的安全隐患没有及时要求采取措施,对施工单位不按规定履职督促整改不力;对安全施工措施未履行审批程序。

---

[1] (2018)湘10刑终302号。

【法院判决】

一审法院认为，被告人杜某君在开发桂阳县金某中央花园项目建设过程中，违反有关安全管理的规定，发生严重后果，其行为构成重大责任事故罪。依照《刑法》第 134 条第 1 款、第 72 条第 1 款、第 73 条第 2 款、第 3 款，《危害生产安全刑事案件司法解释》第 1 条、第 6 条第 1 款第 2 项，《刑事诉讼法》(2012 年版)第 195 条第 1 项之规定，并经原审法院审判委员会决定，判决如下：被告人杜某君犯重大责任事故罪，判处有期徒刑 1 年 6 个月，缓刑 2 年。

杜某君提出上诉，请求撤销原判，改判无罪。

二审法院认为，上诉人杜某君在开发桂阳县金某中央花园项目建设过程中，违反有关安全管理的规定，造成严重后果，其行为构成重大责任事故罪。裁定驳回上诉，维持原判。该裁定为终审裁定。

【风险提示】

实践中，建筑房地产企业存在对施工单位监督不力，综合管理职责履行不到位，主体责任落实不到位，一线工人无特种作业资质等情况。

而在施工前线，事故发生大多与现场作业的工人不具备特种作业资质，没有做好安全防护措施有关。根据我国相关法律规定，特种作业证件由安监部门、质检部门、建设部门等考核并颁发，特种作业人员必须经专门的安全技术培训并考核合格，取得特种作业操作证后，方可上岗作业。但在实践中，企业缺乏整体综合管理，加之一线作业工人的文化水平普遍较低，安全意识薄弱，这两方面原因共同造成了重大安全事故的发生。

上述案例中，湖南君富房地产开发有限公司综合管理职责履行严重不到位，内部管理混乱，违反法律规定未批先建，偷建抢建，违法施工，擅自使用未经审查合格的建设施工图纸施工，拒不执行相关监管部门的停工指令，将桩基施工发包给没有任何施工资质的段某个人，一系列的违法违规操作酿成了重大事故。

四、罪名解析与辩护策略

重大责任事故罪是指在生产、作业中违反有关安全管理的规定，因而发生重大伤亡事故或者造成其他严重后果的行为；强令违章冒险作业罪是指强令他人违章冒险作业，因而发生重大伤亡事故或者造成其他严重后果的行为。

（一）构成要件

1. 客体要件

重大责任事故罪侵害的客体是作业、生产的公共安全。

现代生产越来越表现为协作、有序的状态，从而形成各行各业生产的系统化。某个环节发生的问题，不仅仅是操作者个人的人身安全和财产安全问题，并且往往直接关系到整个生产安全。世界各国普遍重视运用法律手段保护生产安全。为了贯彻执行安全生产方针，加强企业安全生产的管理工作，1963 年 3 月 30 日国务院《关于加强企业生产中安全工作的几项规定》（已失效）发布，对安全生产责任制，安全技术措施计划，安全生产的教育、检查等方面作出规定。此外，为了使各行业的安全生产规范化，国家陆续发布了《矿山安全法》、《矿山安全监察条例》、国务院《关于加强防尘防毒工作的决定》、《防止沥青中毒办法》（已失效）、《工厂安全卫生规程》（已失效）、《建筑安装工程安全技术规程》（已失效）、《锅炉压力容器安全监察暂行条例》（已失效）、《森林防火条例》、《放射性同位素与射线装置放射防护条例》（已失效）、《特别重大事故调查程序暂行规定》（已失效）等一系列有关安全生产的法规。重大责任事故罪所侵犯客体的生产安全，是公共安全的重要组成部分。危害生产安全，同样表现为使不特定的多数人的生命、健康或者公、私财产遭受重大的损害。

2. 客观要件

重大责任事故罪的客观方面表现为在生产、作业中违反有关安全管理的规定，因而发生重大伤亡事故或者造成其他严重后果的行为，应当符合以下三点：

（1）行为人必须存在违反安全管理规定的行为。

一是在生产、作业中违反有关安全管理的规定，因而发生重大伤亡事故或者造成其他严重后果的，即一般职工本人直接违反有关生产安全方面的操作规程、劳动纪律和劳动保护等规定，造成严重后果的行为。既可以表现为作为，如擅自移动有关安全生产方面的标志、开关、信号，在禁火区生产时使用明火作业等；也可以表现为不作为，如值班时擅离职守、精神不集中等。二是强令他人违章冒险作业，因而发生重大伤亡事故或者造成其他严重后果的,即有关生产、指挥、管理人员利用职权强令职工违章冒险作业。

从犯罪构成来看,强令违章冒险作业罪被重大责任事故罪所包容,两罪之间具有普通法条和特别法条的竞合关系。根据《危害生产安全刑事案件司法解释》第5条的规定:"明知存在事故隐患、继续作业存在危险,仍然违反有关安全管理的规定,实施下列行为之一的,应当认定为刑法第一百三十四条第二款规定的'强令他人违章冒险作业':(一)利用组织、指挥、管理职权,强制他人违章作业的;(二)采取威逼、胁迫、恐吓等手段,强制他人违章作业的;(三)故意掩盖事故隐患,组织他人违章作业的;(四)其他强令他人违章作业的行为。"

(2)行为人违反有关安全管理规定的行为应发生在生产过程中并与生产有直接联系。

重大责任事故罪与失火罪、过失决水罪、过失爆炸罪、过失投毒罪等过失危害公共安全犯罪的主要区别,就在于违章行为发生在生产过程中并且与生产有直接联系。只有在生产过程中有违规行为,才可能出现责任事故。就普通职工而言,虽然在生产过程中具有违章行为,引起严重的危害结果,但如果同其生产活动没有直接联系,仍然属于危害公共安全罪中的其他过失犯罪,而不构成重大责任事故罪。就生产管理人员而言,其违章管理、违章指挥行为只有与生产直接联系,才构成重大责任事故罪,否则,仅在一般管理层面上出现漏洞,不贯彻执行有关安全管理规定,造成严重危害结果的,构成玩忽职守罪,不属于重大责任事故罪。

(3)行为人违反有关安全管理规定的行为引起了重大伤亡事故,造成严重后果。

虽然有违规行为,但尚未造成重大伤亡事故,造成严重后果的,不构成重大责任事故罪,必要时可予以适当的行政处罚。从造成的结果看,本条规定"重大伤亡"和"严重后果"两个标准,具备其一便构成犯罪。具体标准在后文有详细阐述,在此不赘述。

3. 主体要件

重大责任事故罪、强令违章冒险作业罪的主体为特殊主体。根据《危害生产安全刑事案件司法解释》第1条的规定,重大责任事故罪的犯罪主体包括对生产、作业负有组织、指挥或者管理职责的负责人、管理人员、实际控制人、投资人等人员,以及直接从事生产、作业的人员,适应了生产经营主体多元化的现实状况。该解释第2条规定了强令违章冒险作业罪的犯罪主体，包括对生产、作业负有组织、指挥或者管理职责的负责人、管理人员、实际控制人、投资人等人员。

4. 主观要件

重大责任事故罪的主观方面表现为过失，即主体应当预见自己在生产、作业中违反有关安全管理的规定，可能发生重大伤亡事故或者造成其他严重后果，由于疏忽大意没有预见，或者已经预见而轻信能够避免的心理态度。

犯罪主体无论违反有关安全管理规定的主观心理态度是“过失”还是“故意”，对实施的危害行为及其危害结果所持的心态应该为“过失”。如果不同时具备这一基本特征，则有可能涉嫌其他罪名。因为故意违反了某种规范并不等于故意实施某行为，也并不等于希望和放任这种行为导致社会危害结果的发生。比如“故意”违反道路交通安全法规不得超速行驶的规定，轻信自己开车技术高超能够避免事故的发生，仍然属于过失犯罪。

（二）量刑规定

1. “重大伤亡事故”或“其他严重后果”认定

《刑法》第134条第1款关于重大责任事故罪的量刑规定为：“在生产、作业中违反有关安全管理的规定，因而发生重大伤亡事故或造成其他严重后果的，处三年以下有期徒刑或者拘役；情节特别恶劣的，处三年以上七年以下有期徒刑。”

《刑法》第134条第2款关于强令违章冒险作业罪的量刑规定为：“强令他人违章冒险作业，因而发生重大伤亡事故或者造成其他严重后果的，处五年以下有期徒刑或者拘役；情节特别恶劣的，处五年以上有期徒刑。”

除此之外，相关法律法规还规定了“造成严重后果”“发生重大伤亡事故”的认定标准及具体情形。

《危害生产安全刑事案件司法解释》第6条规定：“实施刑法第一百三十二条、第一百三十四条第一款、第一百三十五条、第一百三十五条之一、第一百三十六条、第一百三十九条规定的行为，因而发生安全事故，具有下列情形之一的，应当认定为‘造成严重后果’或者‘发生重大伤亡事故或者造成其他严重后果’，对相关责任人员，处三年以下有期徒刑或者拘役：（一）造成死亡一人以上，或者重伤三人以上的；（二）造成直接经济损失一百万元以上的;(三)其他造成严重后果或者重大安全事故的情形。实施刑法第一百三十四条第二款规定的行为,因而发生安全事故,具有本条第一款规定情形的,应当认定为'发生重大伤亡事故或者造成其他严重后果',对相关责任人员,处五年以下有期徒刑或者拘役……"

《危害生产安全刑事案件司法解释》第12条规定:"实施刑法第一百三十二条、第一百三十四条至第一百三十九条之一规定的犯罪行为,具有下列情形之一的,从重处罚:(一)未依法取得安全许可证件或者安全许可证件过期、被暂扣、吊销、注销后从事生产经营活动的;(二)关闭、破坏必要的安全监控和报警设备的;(三)已经发现事故隐患,经有关部门或者个人提出后,仍不采取措施的;(四)一年内曾因危害生产安全违法犯罪活动受过行政处罚或者刑事处罚的;(五)采取弄虚作假、行贿等手段,故意逃避、阻挠负有安全监督管理职责的部门实施监督检查的;(六)安全事故发生后转移财产意图逃避承担责任的;(七)其他从重处罚的情形。实施前款第五项规定的行为,同时构成刑法第三百八十九条规定的犯罪的,依照数罪并罚的规定处罚。"

2."情节特别恶劣"认定

《危害生产安全刑事案件司法解释》第7条规定:"实施刑法第一百三十二条、第一百三十四条第一款、第一百三十五条、第一百三十五条之一、第一百三十六条、第一百三十九条规定的行为,因而发生安全事故,具有下列情形之一的,对相关责任人员,处三年以上七年以下有期徒刑:(一)造成死亡三人以上或者重伤十人以上,负事故主要责任的;(二)造成直接经济损失五百万元以上,负事故主要责任的;(三)其他造成特别严重后果、情节特别恶劣或者后果特别严重的情形。实施刑法第一百三十四条第二款规定的行为,因而发生安全事故,具有本条第一款规定情形的,对相关责任人员,处五年以上有期徒刑……"

(三)立案标准

在生产、作业中违反有关安全管理的规定,涉嫌下列情形之一的,应予立案追诉:造成死亡1人以上,或者重伤3人以上的;造成直接经济损失50万元以上的;发生矿山生产安全事故,造成直接经济损失100万元以上的;其他造成严重后果的情形。

（四）认定标准

1. 重大责任事故罪与自然事故的界限

所谓自然事故，是因不依人的意志为转移的自然原因而造成的事故，如雷电、暴风雨造成电路故障而引起的人员伤亡或经济损失。如果无人违章，纯属自然事故，不构成犯罪。如果违章行为与自然事故相竞合，如离岗时不按规定关机，遇雷击而造成重大经济损失的，构成重大责任事故罪，而不是单纯的自然事故。

2. 重大责任事故罪与技术事故的界限

所谓技术事故，是指受技术手段或者设备条件所限而无法避免的人员伤亡或经济损失。在生产和科学实验中，总会因现有科技水平和设备条件的限制，不可避免地出现事故，造成一些损失，这不是犯罪问题；但是，如果凭借现有的科技和设备条件，经过主观努力本来可以避免事故的发生，而由于疏忽大意未能避免的，则可能构成重大责任事故罪。

3. 重大责任事故罪与以危险方法危害公共安全罪的界限

两者最大的差异在于主观心态的不同，应结合以下三点综合判断：

（1）考察企业的营利本质。企业存续目的为营利，工作场所的安全违法行为往往是基于对经济利益的追求而冒险行事，且基于自身的经验判断这样的冒险不会发生事故，所以工作场所的安全事故一般情况下可排除"故意"的可能。但也不能完全排除有人为追求更大的利润空间而"以小博大"的可能性，故仅凭这一点仍然无法准确进行定性。

（2）考察违法者的从业经历、违法行为的具体表现。如果违法者有从事该工作的经验，对其业务十分熟悉，其违法行为的表现依同行评判也并未超出生产中常见违法违章行为的范围和程度，则说明违法者对结果有一定的预判。

（3）考察违法者是否就其违法行为安排了补救措施。如果违法者实施某些违法行为的同时又为防止可能发生的事故而采取了相应防范措施的，则可以视为其主观上并未"放任"事故的发生。

4. 重大责任事故罪与强令违章冒险作业罪的界限

（1）二者属于一般法与特殊法的关系。强令违章冒险作业罪是重大责任事故罪的特殊形式。

（2）两罪主体不同。重大责任事故罪的主体可以是单位生产活动的组织管理者,也可以是普通从业人员,而强令违章冒险作业罪的主体只能是生产活动的组织管理者。

（五）辩点分析

对于重大责任事故罪,通常有以下几方面的辩点:(1)犯罪主体的认定;(2)"安全管理规定"范围的认定;(3)"生产、作业过程中"的认定;(4)"重大伤亡事故"或"其他严重后果"的认定;(5)"情节特别恶劣"的认定;(6)事故调查报告的认定;(7)"强令违章冒险作业"的责任认定;(8)犯罪时空的判断;(9)客观行为与因果关系。

1. 犯罪主体的认定

本罪犯罪主体为从事生产、作业的一线人员,即只要在生产作业中违反有关的安全管理规定,因而发生重大事故或者造成其他严重后果的,都构成本罪。

从立法本意看,本罪犯罪主体更倾向于从事生产、作业一线人员,但在本罪中,从事生产、作业的一线人员,包括依法设立的企业、事业单位,没有依法设立的企业、事业单位,以及群众合作经营组织、个体经营户。从事生产、作业的人员不限于正式职工,还包括合同工、聘任工、长期工、临时工、季节工等。非直接从事生产、作业的人员是否可以构成本罪主体应视其是否直接从事生产活动,不能简单因其属于非生产性人员,就否认其有直接从事生产活动的可能性。如果非生产、作业人员出于各种原因从事了生产、作业活动,违反安全管理规定,造成重大伤亡事故或者其他严重后果,则也可以成为本罪主体,依法应当追究刑事责任。

例如,在前文所述案例三杜某君案中,上诉人提出"杜某君并非金某中央花园项目的实际投资人,原判认定犯罪主体错误"的上诉理由。经查,依据《危害生产安全刑事案件司法解释》第1条规定,重大责任事故罪的犯罪主体,包括对生产、作业负有组织、指挥或者管理职责的负责人、管理人员、实际控制人、投资人等,以及直接从事生产、作业的人员。杜某君身为湖南君富房地产开发有限公司的法定代表人,在开发金某中央花园项目过程中既是该公司的投资人又是项目管理人,因此符合重大责任事故罪的犯罪主体的规定。

2. "安全管理规定"范围的认定

违反有关安全管理的规定,是本罪的行为要件之一。只有违反了安全管理规定,才能构成本罪。因此,它是界定罪与非罪的重要依据之一。2006年的《刑法修正案(六)》将"不服管理,违反规章制度"修改为"违反有关安全管理的规定",可以说是更加严格地限制了行为方式,放宽了入罪的标准。

司法实践中,安全管理规定不仅指上述国家发布的各种有关安全生产的法规,以及企业、事业单位及其上级管理机关制定的反映安全生产客观规律并涉及工艺技术、生产操作、技术监督、劳动保护、安全管理等方面的规程、规章、章程、条例、办法和制度等,还包括那些虽无明文规定,但却反映了生产、科研、设计、施工中安全操作的客观规律并长期为群众所公认的、行之有效的正确操作习惯与惯例。但是,实践中应逐步将这些操作习惯和惯例条理化、规范化并见诸文字,以便于衡量和检验。违反上述有关安全管理的规定,是造成事故的直接原因,也是构成重大责任事故罪的前提条件。处于不同岗位的人员,其违反有关安全管理规定的行为往往具有不同的形式。普通职工违反规章制度,主要表现为不服管理、不听指挥、不遵守操作规程和工艺设计要求、盲目蛮干以及擅离岗位。技术人员违反规章制度,主要表现为违背科学原理,对设计、配方等应予论证、检验而不进行论证、检验。生产管理人员违反规章制度,主要表现为不遵守劳动保护法规,强令工人违章冒险作业,或者违背客观规律在现场瞎指挥。认定某人是否构成重大责任事故罪,首先应查明其是否实施了有关安全管理规定的行为,存在违规行为则可能构成犯罪。

3."生产、作业过程中"的认定

构成本罪的前提条件是,职工必须是在生产、作业的过程中违反了安全管理规定,造成了重大伤亡事故或者其他严重后果,两者必须要有直接的因果关系;如果两者之间并不具备因果关系,则不构成本罪。如果职工没有从事生产、作业活动,或者在生产、作业活动的休息时间违反有关的保障安全的规章制度,造成严重事故的,都不属于重大责任事故罪。从行业上来看,生产、作业包括制造业、采矿业、修理业、建筑业、运输业等行业。从形式上来看,包括三种形式:一是普通职工的直接操作活动,如建筑行业的泥工、木工、水电工,制造业的电焊工,矿山业的炮手等;二是科技人员的设计、实验、化验活动;三是指挥、管理人员对工人的生产、作业的指挥、管理活动。

4."重大伤亡事故"或"其他严重后果"的认定

《刑法》规定,只有发生重大伤亡事故或者造成其他严重后果的,才构成本罪。1989 年 11 月 30 日最高人民检察院《关于印发〈人民检察院直接受理的侵犯公民民主权利、人身权利和渎职案件立案标准的规定〉的通知》(已失效)发布,其中明确规定,重大伤亡,是指死亡 1 人以上或者重伤 3 人以上;造成严重后果,是指直接经济损失 5 万元以上,或者直接经济损失不足 5 万元,但是情节严重,使生产、工作受到重大损害的。直接经济损失,是指由于事故造成的建筑、设备、产品等毁坏损失(全部或部分丧失价值或使用价值),以及因人员伤亡而支付的医药、丧葬抚恤等费用。

随着经济、社会的发展,2007 年 2 月 28 日,最高人民法院、最高人民检察院《关于办理危害矿山生产安全刑事案件具体应用法律若干问题的解释》(已失效)发布,对上述规定的部分内容作出了修改和完善。该解释规定,发生矿山安全生产事故,具有下列情形之一的,应当认定为《刑法》第 134 条规定的"重大伤亡事故或者其他严重后果":(1)造成死亡 1 人以上,或者重伤 3 人以上的;(2)造成直接经济损失 100 万元以上的;(3)造成其他严重后果的情形。

《危害生产安全刑事案件司法解释》对本罪的适用作出了新的司法解释,但本罪的入罪标准仍然沿用 2007 年的标准,即对于造成死亡 1 人以上、重伤 3 人以上的,造成直接经济损失 100 万元以上的,造成其他严重后果的情形,应当立案追诉,并判处 3 年以下有期徒刑或者拘役。

对于"死亡 1 人或者重伤 3 人以上"这类硬标准,辩护的空间看似不大。但要注意,重伤的后果要以伤情鉴定为准。如果伤情鉴定不准确或者有重大的瑕疵,则可就该伤情鉴定的真实性、合法性、关联性进行质证,将该伤情鉴定的证据资格排除。"直接经济损失 100 万元",通常要作物价鉴定或者损失鉴定,也可以对该鉴定意见进行质证,以寻找辩护空间。

5."情节特别恶劣"的认定

按照法条的规定,本罪情节特别恶劣的,处 3 年以上 7 年以下有期徒刑。因此,在司法实践中,案件是否属于情节特别恶劣,就显得非常重要。根据《危害生产安全刑事案件司法解释》的规定,对于具有以下情形的,应当认定为情节特别恶劣:(1)造成死亡 3 人以上或者重伤 10 人以上,负事故主要责任的;(2)造成直接经济损失 500 万元以上的,负事故主要责任的;(3)其他特别恶劣的情节。

在"情节特别恶劣"的认定上,可以参照前述证据质证的方法,对重伤 10

人的每个伤情鉴定进行充分有力的质证，只要能排除一个重伤的鉴定意见书，案件就不能认定为“情节特别恶劣”。同理，对于造成直接经济损失500万元的物价鉴定或损失鉴定，也可对其进行证据能力和证明力上的充分质证。如果在损失数额上能够降到500万元以下，则也不能认定为“情节特别恶劣”。

6. 事故调查报告的认定

在重大责任事故罪案件中，事故调查报告在查清事故发生原因、事实经过、厘清主要责任和直接管理责任等方面，发挥着重要作用。按照《危害生产安全刑事案件司法解释》的规定，行为人对事故是否承担主要责任，是构成情节是否“特别恶劣”的前提条件，直接关系到量刑。但事故调查报告并非不可置疑，它通常是行政部门组织调查取得的调查结果，从法律层面看仍为普通证据，被告人、辩护人可就其证据能力、证明力以及真实性、合法性、关联性对其进行质证，对于不具有证据资格的、不具有真实性的、证明力较弱的，均可以将其证明力削弱或直接否认其证明力。

杜某君案中，杜某君提出原判应采信《技术鉴定报告》，未采信湖南省湘南工程勘察公司出具《调查报告》，从而认定杜某君在投资开发管理该项目中应承担事故的直接责任错误。经查，根据《生产安全事故报告和调查处理条例》第19条第2款、第22条、第27条规定，县级人民政府可以直接组织事故调查组进行调查，也可以授权或者委托有关部门组织事故调查组进行调查。事故调查组可以聘请有关专家参与调查，事故调查中需要进行技术鉴定的，事故调查组应当委托具有国家规定资质的单位进行技术鉴定。必要时，事故调查组可以直接组织专家进行技术鉴定。在本案中，事故调查组委托具有鉴定资质的专家对该起地质灾害事故进行技术鉴定符合法律规定。经事故技术鉴定认为，本次事件是一起因人为因素而造成的地质灾害，事故发生的直接原因是金某中央花园建设项目基础基坑施工未采取有效的支护措施，截除临近民房区域土方后周边土体失稳滑坡。杜某君在投资开发管理该项目中承担事故的直接责任，且造成100万元以上的重大经济损失，应以重大责任事故罪追究杜某君的刑事责任。以上的事故结果需要结合事故调查报告、伤情鉴定、经济损失评估等综合认定，律师在辩护时可就相关证据的合法性、真实性、关联性进行质证，从各方面寻找辩护空间。

7."强令违章冒险作业"的责任认定

对于工人被强令违章冒险作业时造成严重后果应如何承担责任,应区分不同的情况做不同的处理。不能将"强令"机械地理解为必须有说话态度强硬或者大声命令等外在表现,强令者也不一定必须在生产、作业现场,而应理解为"强令"者发出的信息内容所产生的影响,达到了使工人不得不违心继续生产、作业的心理强制程度,比如,工人如果拒绝服从,会面临扣工资、辞退等后果,使其产生畏惧而不得不继续工作。因此,在这种表现形式中,首先是工人不服从本单位安全生产的要求或者不服从单位领导有关安全方面的工作安排,其次是生产指挥、管理人员利用自己的职权强迫命令工人在违章的情况下冒险作业,即强迫工人服从其错误的指挥,而工人不得不违章作业。在这种情况下,虽然工人客观上是违章作业,但由于违章作业不是工人本人的意愿,而是被指挥、管理人员强迫去违章作业,即使该工人明知对方要求自己实施的是违章冒险作业行为,并可能产生严重的后果,也不能追究被强迫违章作业的工人的刑事责任,而要追究发出违章冒险作业命令的指挥者的刑事责任。

8.犯罪时空的判断

根据《刑法》的规定,本罪的犯罪时空限定在生产、作业中,而生产、作业具有反复性、持续性及一定危险性的特征。辩护律师应区分判断事故发生在生产、作业的哪个环节,以此审查当事人对该环节的生产、作业是否具有责任。事故不是发生在生产、作业实质运行阶段的,一般不构成重大责任事故罪。

9.客观行为与因果关系

依据最高人民法院《印发〈关于进一步加强危害生产安全刑事案件审判工作的意见〉的通知》(以下简称《危害生产安全刑事案件审判意见》)第8条的规定,多个原因行为导致生产安全事故发生的,应当根据原因行为在引发事故中所具作用的大小,分清主要原因与次要原因,确认主要责任和次要责任,合理确定罪责。

发生在工程项目领域的重大责任事故多涉及转包、分包,管理混乱,层次不清。根据上述规定,辩护律师应仔细审查在案《事故调查报告》,向检察官厘清工程主体结构,并分析事故发生的根本原因。

五、防控措施

（一）落实安全隐患排查工作

在实践中，应当强化安全教育工作，将安全责任意识落到实处。从一线作业的工人角度看，工人文化水平普遍不高，缺乏有效施工安全知识，对相关法律法规理解不足；从企业角度看，安全审查程序不严格，缺乏以人为本的理念，对工人的安全教育不到位，导致违规行为频频发生，危及整体工程进程及生命健康。因此，企业除处理自身资质是否具备的问题外，还应当严格审查工人相应的作业资格证书，对工人进行安全技术培训、安全教育培训、施工安全管理等，从根本上减少安全事故的发生，平时施工时还应定期进行检查，形成定期和不定期检查相结合的科学、合理的检查机制，减少不必要的伤亡结果。在施工过程中，不仅要监督检查工地各处的安全防护措施，还需对房地产施工中的主要安全技术与施工技艺加以了解，有效采取措施，提前预防各类伤亡事故，保障安全生产的顺利进行。

（二）明确安全责任划分

安全责任划分首先应当明确房地产项目中安全生产各主体责任，根据实际职务确定安全责任，如项目经理、现场施工负责人等职责，并加大对安全生产的投入，按规定设置安全管理机构并配备专职安全管理人员，使安全生产的各项措施落到实处，对事前预防和事后追责均有积极意义。

（三）提升企业综合管理能力

建筑房地产企业日常安全管理工作松散懈怠，要想提升企业综合管理能力，使其安全管理工作摆脱随意性、盲目性，就要从源头上降低日常安全管理的工作难度，减少重大安全事故的发生。这需要建筑房地产企业加强安全技术措施，实行切实可行的安全防护方案，将安全技术向一线工人交底落实，明确相关人员责任划分，加强事前警示作用，且在事后也能做到有效追责。

第二节 重大劳动安全事故罪刑事风险与防控

一、风险点一：安全隐患排查工作严重缺位

案例一：陈某祥等重大劳动安全事故案[1]

【基本案情】

2010年，被告人黄某文所在的交建公司（前身为龙岩市馨安建设工程有限公司）承建其下属的福建海盛房地产开发有限公司作为业主单位的武平县岩前镇龙洲·东方威尼斯建筑工程项目，被告人黄某文自2010年起担任该项目1号、2号、3号、9号楼的专职安全员，2012年1月被交建公司抽回公司办公室上班，但交建公司未安排其他专职安全员，工程专职安全员仍为被告人黄某文。在该建筑工程项目2号楼建筑施工过程中，被告人黄某文未常驻项目建设工程施工现场，大约一个星期到现场进行安全检查一次，2号楼进行砌砖工序前也未进行工序交接。其未认真履行其专职安全员职责，在该项目建筑工程的日常施工安全监督检查管理上严重失职。

被告人陈某祥所在的闽建公司自2010年8月5日起担任武平县岩前镇龙洲·东方威尼斯建筑工程项目工程总监。被告人陈某祥作为该建筑工程项目的工程总监，未按照《监理规划》的规定认真履行其监理职责，未对该建筑工程项目工地存在"四口""五临边"的安全防护不到位等安全隐患签发《监理工程师通知单》或向上级安全监督部门报告。

2013年1月14日16时30分许，该建筑工程项目的2号楼工地砌墙班组工人曾某1在搬运砖块过程中，未注意安全，身体超越未设置临边安全防护设施的天井边缘，导致失足坠落至一楼地面，经送武平县岩前卫生院抢救无效死亡。

事故后，为应付事故调查，闽建公司伪造了时间为2012年8月30日、10月17日、12月24日的三份《监理工程师通知单》（以下简称三份通知单），交

---

〔1〕（2017）闽08刑终17号。

建公司伪造了2012年9月5日、10月26日、12月31日的三份《监理工程师通知回复单》(以下简称三份回复单),闽建公司在复查意见栏填写了内容为“已基本整改”或“已按要求整改”的复查意见,并由他人签署“陈某祥”的姓名。

【法院判决】

一审法院认为,被告人陈某祥没有严格履行工程总监职责,对存在的安全隐患未监督施工单位整改,也未按规定向建设主管部门报告,安全隐患长期存在,直到事故发生,对监理工作组织管理不力,安全监理严重失职;被告人黄某文未认真履职,对该项目建筑工程的日常施工安全管理严重失职。二被告人在安全生产监督管理中严重失职,以致在生产设施或者安全生产条件不符合国家规定的情况下发生致1人死亡的重大事故,二被告人的行为均构成重大劳动安全事故罪。依照《刑法》第135条、第67条第1款、第61条、第45条、第72条第1款、第73条第2款、第3款之规定,判决如下:(1)被告人陈某祥犯重大劳动安全事故罪,判处有期徒刑6个月,缓刑1年。(2)被告人黄某文犯重大劳动安全事故罪,判处有期徒刑8个月,缓刑1年。

陈某祥不服一审法院判决,提起上诉。二审法院认为,上诉人陈某祥、原审被告人黄某文在安全生产监督管理中严重失职,以致在生产设施或者安全生产条件不符合国家规定的情况下发生致1人死亡的重大事故,其行为均构成重大劳动安全事故罪。上诉人陈某祥的上诉理由和辩护人的辩护意见均不能成立,不予采纳。原审定罪准确,量刑适当,适用法律正确,审判程序合法。依照《刑事诉讼法》(2012年版)第225条第1款第1项的规定,裁定如下:驳回上诉,维持原判。该裁定为终审裁定。

【风险提示】

建筑房地产领域作业环节多且环环相扣,涉及的人员繁杂,每一环节的风险防控都很重要,不论是施工单位、监理单位还是安全员,都应当严格履行环节职责,否则牵一发动全身,最终不仅造成建筑工程进展停滞或工程毁损,还经常伴随人员的伤亡。

本案中,被告人陈某祥作为工程建设项目的安全监理,没有严格履行工程总监职责,对存在的安全隐患未监督施工单位整改,也未按规定向建设主管部门报告,导致安全隐患长期存在,其对监理工作组织管理不力,安全监理严重失职。被告人黄某文作为专职安全员，未认真履职，对该项目建筑工程的日常施工安全管理严重失职。2 人的严重失职致使该项目在生产设施和安全生产条件不符合国家规定的情况下发生致 1 人死亡的重大事故。

二、风险点二：安全生产设施无保障，工作人员履责不到位

案例二：邓某波、廖某林重大劳动安全事故案[1]

【基本案情】

2017 年 1 月 4 日，被告人邓某波接受攀枝花市建筑机械化施工有限公司（以下简称攀枝花机械化公司）的法定代表人田某的委托，办理《中国铁塔股份有限公司广安市分公司（以下简称铁塔公司广安分公司）2017 年新建及改造基站土建工程项目》招标的相关事宜。2017 年 1 月 13 日，攀枝花机械化公司中标铁塔公司广安分公司 2017 年新建及改造基站土建工程项目的 12%。2017 年 4 月 5 日，被告人邓某波通过认领“骨头站点”的方式获得华蓥山广场基站土建项目。嗣后，被告人邓某波将华蓥山广场基站土建项目分包给没有资质的被害人林某组织施工。2017 年 6 月 10 日 8 时许，被害人林某、胡某、阳某、付某四人在华蓥山广场基站土建项目施工过程中死亡。经华蓥市公安局物证鉴定室鉴定，鉴定意见为：被害人林某、胡某、阳某、付某四人符合有毒气体（甲硫醚）中毒后溺水死亡。

同时查明，重庆市鼎信建设监理有限公司（以下简称重庆鼎信监理公司）系华蓥山广场基站土建项目的监理单位。重庆鼎信监理公司安排被告人廖某林为华蓥山广场基站土建项目总监，是华蓥山广场基站土建项目中唯一取得监理工程师资格证书的监理工作人员。被告人廖某林安排彭某为华蓥山广场基站土建项目资料员，舒某为华蓥山广场基站土建项目现场监理员。

【法院判决】

法院认为，被告人邓某波作为工程施工单位的实际控制人，在工程安全生产设施和安全生产条件不符合国家规定的情况下组织施工作业；被告人

---

〔1〕（2019）川 1681 刑初 28 号。

廖某林作为工程监理单位的总监理工程师，没有按照国家相关规定履行监理职责，导致在工程施工过程中造成死亡 4 人的安全事故。被告人邓某波、廖某林的行为触犯了《刑法》第 135 条之规定，构成重大劳动安全事故罪，且情节特别恶劣，依法应当受到刑罚处罚。华蓥市人民检察院指控的事实清楚，证据确实、充分，指控的罪名成立。被告人邓某波、廖某林到案后如实供述自己的罪行，在庭审中自愿认罪，依法可以从轻处罚；被告人邓某波、廖某林承认华蓥市人民检察院指控的犯罪事实，愿意接受处罚，依法可以从宽处理；被告人邓某波在事故发生后，积极配合调查、主动赔偿损失，且取得被害人林某亲属的谅解，可以酌情从轻处罚。华蓥市人民检察院关于对被告人邓某波、廖某林判处有期徒刑 3 年并宣告缓刑的量刑建议适当，法院予以采纳。据此，结合本案的事实、情节、社会危害程度及被告人的认罪、悔罪、认罚态度，参照社区矫正机构的调查评估意见，依照《刑法》第 135 条、第 67 条第 3 款、第 61 条、第 62 条、第 45 条、第 72 条、第 73 条第 2 款及第 3 款，《刑事诉讼法》第 15 条，《危害生产安全刑事案件司法解释》第 3 条、第 7 条第 1 款第 1 项、第 13 条、第 16 条之规定，判决如下：

1. 被告人邓某波犯重大劳动安全事故罪，判处有期徒刑 3 年，缓刑 5 年（缓刑考验期，从判决确定之日起计算）。

2. 被告人廖某林犯重大劳动安全事故罪，判处有期徒刑 3 年，缓刑 4 年（缓刑考验期，从判决确定之日起计算）。

3. 禁止被告人邓某波、廖某林在缓刑考验期限内从事与安全生产相关联的特定活动。

【风险提示】

安全生产设施无保障，工作人员履职不到位是建筑房地产领域中的两大问题，缺乏对安全生产设施的检查检修和定期维护，加之工作人员的职责履行不到位，更容易埋下安全事故隐患，从而导致悲剧的发生。本案中，被告人邓某波作为工程施工单位的实际控制人，在工程安全生产设施和安全生产条件不符合国家规定的情况下组织施工作业，被告人廖某林作为工程监理单位的总监理工程师，没有按照国家相关规定履行监理职责，导致在工程施工过程中造成死亡 4 人的安全事故。

三、风险点三：一线操作人员技术不过关，项目负责人疏于管理

案例三：朱某洋、朱某华重大劳动安全事故案[1]

【基本案情】

2017年12月7日13时30分许，上海祥舜电力技术服务有限公司龙某分公司员工被告人朱某华无证驾驶叉车将用吊装布带和手拉葫芦固定的废旧卸料门搬运至堆放区时，因卸料门前端过低无法堆放，徐某上前调整手拉葫芦的过程中，吊装布带断裂，卸料门掉落并砸中徐某致其受伤，经送医院抢救无效死亡。被告人朱某洋作为上海祥舜电力技术服务有限公司龙某分公司的项目负责人，负责该公司在龙海市漳州环境再生能源有限公司废料清理工作的协调和安全管理，在日常巡查过程中，未能严格执行公司制定的安全生产规章制度和安全操作规程，未按时按规检查吊装布带可靠性，在吊装布带表面陈旧性破损、起毛、松脱现象明显的情况下，仍让员工继续施工作业。经龙海市公安局物证鉴定室鉴定，徐某符合巨大机械性暴力砸、压致胸部闭合性损伤、多发性骨折，引起创伤性失血性休克死亡可能。经龙海市人民政府协调相关部门成立调查组的调查认定，该起事故是一起一般生产安全责任事故，朱某华应负事故的主要责任，朱某洋负事故的主要领导责任。2018年8月22日，被告人朱某华、朱某洋分别到龙海市公安局榜山派出所投案。

另查明，上海祥舜电力技术服务有限公司与死者家属达成调解协议，赔偿死者家属160万元。死者家属对二被告人表示谅解。

【法院判决】

法院认为，被告人朱某华系上海祥舜电力技术服务有限公司龙某分公司的员工，在生产、作业中违反安全生产管理规定，发生重大伤亡事故致1人死亡，其行为已构成重大责任事故罪。被告人朱某洋作为该分公司项目负责人，在安全生产条件不符合国家规定的情况下，仍让员工继续作业，因而发生重大事故致1人死亡，其行为已构成重大劳动安全事故罪。公诉机关指

---

〔1〕（2019）闽0681刑初294号。

控罪名成立。应当追究二被告人的刑事责任。案发后,被告人朱某洋、朱某华均能够自动投案,并如实供述自己的罪行,均是自首,均可以从轻处罚。案发后,二被告人所在的上海祥舜电力技术服务有限公司已赔偿死者家属的经济损失,取得谅解,可以酌情对二被告人从轻处罚。被告人朱某洋的辩护人建议从轻处罚的意见,可以采纳。综合被告人朱某华、朱某洋的犯罪性质、情节和危害结果,对二被告人可适用缓刑,但被告人朱某华、朱某洋在本判决生效后,应当依法接受社区矫正。据此,依照《刑法》第134条第1款、第135条、第67条第1款、第61条、第72条第1款以及第73条第2款、第3款的规定,判决如下:

1. 被告人朱某华犯重大责任事故罪,判处有期徒刑9个月,缓刑1年(缓刑考验期限,从判决确定之日起计算)。

2. 被告人朱某洋犯重大劳动安全事故罪,判处有期徒刑6个月,缓刑1年(缓刑考验期限,从判决确定之日起计算)。

【风险提示】

上述案例反映出该企业没有做好自查及内部安全监督工作,安全生产培训和安全教育均不到位,企业管理层没有尽到应尽的勤勉义务,法律意识淡薄。

本案中,被告人朱某华作为该公司员工,在生产、作业中违反安全生产管理规定,发生重大伤亡事故致1人死亡;被告人朱某洋作为项目负责人,在安全生产条件不符合国家规定的情况下,仍让员工继续作业,因而发生重大事故致1人死亡,均构成重大劳动安全事故罪。

四、罪名解析与辩护策略

重大劳动安全事故罪,是刑法修改后新增设的罪名,是指安全生产设施或者安全生产条件不符合国家规定,因而发生重大伤亡事故或者造成其他严重后果的行为。

(一)构成要件

1. 客体要件

本罪侵犯的客体是生产经营单位的劳动生产安全,即生产经营单位不特定人的生命、健康或重大公私财产的安全。

2. 客观要件

本罪的客观方面为单位劳动安全设施不符合国家规定，经有关部门或单位职工提出后，仍不采取措施，因而发生重大伤亡事故或者造成其他严重后果的行为，表现为生产、科研单位中的安全生产设施或者安全生产条件不符合国家规定，因而发生重大伤亡事故或者造成其他严重后果。

本罪有两个构成的前提，一个前提是安全生产设施或者安全生产条件不符合国家规定；另一个前提是不作为，表现为没有履行国家法律、法规、规章等规范性法律文件规定的提供安全生产设施和安全生产条件的义务或者已经着手履行该义务，但没有达到国家法定要求，从而导致重大伤亡事故或者其他严重后果的发生。上述两个前提是罪与非罪的界限，如果不存在这两个前提，不能成立本罪。

3. 主体要件

该罪的主体为特殊主体，即单位中对排除事故隐患、防止事故发生负有职责义务的主管人员和其他直接责任人员。1997 年《刑法》中原重大劳动安全事故罪规定，劳动安全设施不符合国家规定，经有关部门或者单位职工提出后，对事故隐患仍不采取措施，因而发生重大伤亡事故或者造成其他严重后果的才可以定罪。而 2006 年修改为只要"安全生产设施或者安全生产条件不符合国家规定，因而发生重大伤亡事故或者造成其他严重后果的"就可构成犯罪，删去了经"提出"而又"不采取措施"等程序要求，降低入罪条件。

4. 主观要件

本罪的主观方面表现为过失，其特征相对较为复杂。在《刑法》修正前，由于法条规定"工厂矿山、林场、建筑企业或者其他企业、事业单位的劳动安全设施不符合国家规定，经有关部门或者单位职工提出后，对事故隐患仍不采取措施，因而发生重大伤亡事故或者其他严重后果的"，意味着行为人对安全隐患有明确的认知，以至于引发了学者对该罪行为人对发生的重大伤亡事故或其他严重后果的心理态度只能是过失还是另外仍存在间接故意的争议。

《刑法修正案（六）》将原法条的规定修改为："安全生产设施或者安全生产条件不符合国家规定，因而发生重大伤亡事故或者造成其他严重后果的，对直接负责的主管人员和其他直接责任人员，处三年以下有期徒刑或者拘役；情节特别恶劣的，处三年以上七年以下有期徒刑。"经过本次修正，本罪的罪过形式发生了细微的变化，故对罪过心理的判断应基于以下两种情形：

一是指行为人应当知道劳动安全设施或安全生产条件不符合国家规定，并可能导致重大伤亡事故或者其他严重后果，但由于疏忽大意没有预见。在这种情况下，行为人对危害结果的心理是过失，即疏忽大意的过失。

二是行为人明知劳动安全设施或安全生产条件不符合国家规定，已经预见到自己不消除安全隐患的不作为可能会发生重大伤亡事故或其他严重后果，但轻信能够避免重大伤亡事故的发生。在这种情况下，行为人对危害结果的心理是过于自信的过失。

综上所述，经过此次修正，本罪的主观方面就只能是过失犯罪，从而排除了间接故意犯罪的可能性，这和本罪的量刑标准也是一致的。

（二）量刑规定

根据《刑法》第135条规定，重大劳动安全事故罪的量刑标准为："安全生产设施或者安全生产条件不符合国家规定，因而发生重大伤亡事故或者造成其他严重后果的，对直接负责的主管人员和其他直接责任人员，处三年以下有期徒刑或者拘役；情节特别恶劣的，处三年以上七年以下有期徒刑。"本罪属于实行单罚制的单位犯罪，只处罚直接负责的主管人员和其他直接责任人员。

值得注意的是，在司法实践中，"情节特别恶劣"主要包括以下几种情况：

1. 造成了特别严重后果的。主要是指：（1）致多人死亡；（2）致多人重伤；（3）直接经济损失特别巨大；（4）特别恶劣的社会影响。

2. 行为人的犯罪行为特别恶劣的。如经有关部门或单位职工提出多次意见后，对事故隐患仍不采取措施，以致发生重大事故的；已发生过事故仍不重视劳动安全设施，造成多人重伤、死亡或者其他特别严重后果的等。

3. 重大安全事故发生后，犯罪行为人的表现特别恶劣的。如重大事故发生后，行为人不是积极采取措施抢救伤残人员或防止危害后果扩大，而是只顾个人逃跑或者抢救个人财物，致使危害结果蔓延扩大的；事故发生后，为逃避罪责而故意破坏、伪造现场或者故意隐瞒事实真相、企图嫁祸于人的等。

根据《危害生产安全刑事案件司法解释》第6条的规定，实施《刑法》第135条规定的行为，因而发生安全事故，具有下列情形之一的，应当认定为

“发生重大伤亡事故或者造成其他严重后果”，对相关责任人员，处3年以下有期徒刑或者拘役：(1)造成死亡1人以上，或者重伤3人以上；(2)造成直接经济损失100万元以上的；(3)其他造成严重后果或者重大安全事故的情形。

《危害生产安全刑事案件司法解释》第7条规定，实施《刑法》第135条规定的行为，因而发生安全事故，具有以下情形的，对相关责任人员，处3年以上7年以下有期徒刑：(1)造成死亡3人以上或者重伤10人以上，负事故主要责任的；(2)造成直接经济损失500万元以上，负事故主要责任的；(3)其他造成特别严重后果、情节特别恶劣或者后果特别严重的情形。

《危害生产安全刑事案件司法解释》第12条还规定，实施《刑法》第135条的行为，具有下列情形之一的，从重处罚：(1)未依法取得安全许可证件或者安全许可证件过期、被暂扣、吊销、注销后从事生产经营活动的；(2)关闭、破坏必要的安全监控和报警设备的；(3)已经发现事故隐患，经有关部门或者个人提出后，仍不采取措施的；(4)一年内曾因危害生产安全违法犯罪活动受过行政处罚或者刑事处罚的；(5)采取弄虚作假、行贿等手段，故意逃避、阻挠负有安全监督管理职责的部门实施监督检查的；(6)安全事故发生后转移财产意图逃避承担责任的；(7)其他从重处罚的情形。

《危害生产安全刑事案件审判意见》对本罪有如下的规定（部分与上述规定相同或相似）：

1. 造成重大伤亡事故或其他严重后果，同时具有下列情形之一的也可以认定为《刑法》第134条、第135条规定的“情节特别恶劣”：(1)非法、违法生产的；(2)无基本劳动安全设施或未向生产、作业人员提供必要的劳动防护用品，生产、作业人员劳动安全无保障的；(3)曾因安全生产设施或者安全生产条件不符合国家规定，被监督管理部门处罚或责令改正，一年内再次违规生产致使发生重大生产安全事故的；(4)关闭、故意破坏必要安全警示设备的；(5)已发现事故隐患，未采取有效措施，导致发生重大事故的；(6)事故发生后不积极抢救人员，或者毁灭、伪造、隐藏影响事故调查的证据，或者转移财产逃避责任的；(7)其他特别恶劣的情节。

2. 对于事故发生后，积极施救、努力挽回事故损失，有效避免损失扩大；积极配合调查，赔偿受害人损失的，可以依法从宽处罚。

3. 具有下列情形的，依法从重处罚：(1)国家工作人员违反规定投资入股包括建筑企业在内的生产经营企业，构成本罪的；(2)贪污贿赂行为与事故发生存在关联性的；(3)国家工作人员的职务犯罪与事故存在直接因果关系的；(4)以行贿方式逃避安全生产监督管理，或者非法、违法生产、作业的；(5)生产安全事故后，负有报告职责的国家工作人员不报或谎报事故情况，贻误事故抢救，尚未构成不报、谎报安全事故罪的；(6)事故发生后，采取转移、藏匿、毁灭遇难人员尸体，或者毁灭、伪造、隐藏影响事故调查的证据，或者转移财产，逃避责任的；(7)曾因安全生产设施或者安全生产条件不符合国家规定，被监督管理部门处罚或责令改正，一年内再次违规生产致使发生重大生产安全事故的。

(三)立案标准

安全生产设施或者安全生产条件不符合国家规定，涉嫌下列情形之一的，应予立案追诉：造成死亡1人以上，或者重伤3人以上；造成直接经济损失50万元以上的；发生矿山生产安全事故，造成直接经济损失100万元以上的；其他造成严重后果的情形。

(四)认定标准

1. 本罪与重大责任事故罪的界限

两罪都有重大事故的发生，并且行为人对重大事故的发生都是一种过失的心理态度，但两者有明显区别：(1)犯罪主体不同。重大劳动安全事故罪的犯罪主体是特殊主体，即单位中对排除事故隐患，防止事故发生负有职责义务的主管人员和其他直接责任人员，一般不包括普通职工；重大责任事故罪的犯罪主体为一般主体。(2)客观方面的行为方式不同。重大劳动安全事故罪在客观方面则表现为安全生产设施或者安全生产条件不符合国家规定，因而发生重大伤亡事故或者造成其他严重后果；重大责任事故罪在客观方面表现为厂矿企业、事业单位的职工不服从管理、违反规章制度，或者生产作业的领导、指挥人员强令工人违章冒险作业，是作为形式的犯罪。

2. 本罪与普通劳动安全事故的界限

二者的区别在于是否造成了重大伤亡事故或其他严重后果，即致人死亡的或者致多人重伤的，或者是造成重大经济损失，使生产、工作受到重大损害的。虽然劳动安全设施或安全生产条件不符合国家规定，对其负有直接责任的主管人员或其他直接责任人员没有采取消除隐患的措施，但是没有造成严重后果的，不构成本罪；属于行政违法的，可根据相关规定对其处以行政处罚或行政处分。

3. 本罪与自然事故的界限

二者的区别在于引起重大劳动安全事故的原因不同：前者是由于不履行职业中的注意义务，造成劳动安全设施或安全生产条件不符合国家规定，从而引发重大事故；后者是由于无法预见或无法抗拒的自然现象，如暴风雨、雷电、地震、泥石流等，使劳动安全设施或安全生产条件无法满足保障劳动者人身安全或生产正常进行的需要，从而引发了重大事故。但司法实践中比较复杂的、难以准确认定的情形是，自然现象和行为人不履行保障劳动安全设施或生产条件安全的义务共同造成了重大劳动事故的发生，行为人是否构成重大劳动安全事故罪。在这种情形下要看行为人的不作为对引发重大事故的影响程度，如果自然现象因素的影响程度高于不作为的因素，则不宜以犯罪论处；如果不作为因素的影响程度高于自然现象的因素，则依法构成本罪。

（五）辩点分析

对于重大劳动安全事故罪，通常有如下方面的辩点：（1）“直接负责的主管人员和其他直接责任人员”的认定；（2）“安全生产设施或者安全生产条件不符合国家规定”的认定；（3）“重大伤亡事故”或者“其他严重后果的认定”；（4）因果关系的认定；（5）“情节特别恶劣”的认定；（6）事故调查报告的认定；（7）“自首”的认定；（8）赔偿和被害人亲属的谅解。

1. “直接负责的主管人员和其他直接责任人员”的认定

《刑法修正案（六）》根据不同的事实情况区分各类事故犯罪，将本罪的犯罪主体由“直接责任人员”变更为“直接负责的主管人员和其他直接责任人员”，扩大了承担责任的主体范围。从《刑法修正案（六）》的立法本意来看，重大责任事故罪的犯罪主体倾向于从事生产、作业的一线操作人员和对违反有关安全管理规定负有责任的管理人员；而重大劳动安全事故罪除了用来追诉一线管理人员外，还有一个重要的功能，就是用来追诉负有责任的企业老板、投资人和实际控制人。

在本罪中，直接负责的主管人员和其他直接责任人员既可以隶属于依法设立的企业、事业单位，也可以隶属于没有依法设立的企业、事业单位或经济组织。人员不限于正式职工，还包括非正式职工和项目负责人、法定代表人、投资人、实际控制人等。对于责任的认定，则要根据该人的职务职责范围、对安全生产设施或者安全生产条件不符合国家规定是否具有管理义务和直接责任。在这里,需要特别注意的是,本罪与重大责任事故罪的责任是不同的:重大责任事故罪的责任主要是指在生产、作业中违反有关安全管理规定应承担的责任,包括对生产、作业进行组织、指挥、管理和直接操作的责任;而本罪的责任主要是指对安全生产设施或安全生产条件不符合国家规定应承担的责任,二者之间具有重大的区别。这也是界定重大责任事故罪和本罪界限重要依据。

《危害生产安全刑事案件司法解释》第3条规定,“刑法第一百三十五条规定的‘直接负责的主管人员和其他直接责任人员’,是指对安全生产设施或者安全生产条件不符合国家规定负有直接责任的生产经营单位负责人、管理人员、实际控制人、投资人,以及其他对安全生产设施或者安全生产条件负有管理、维护职责的人员。”《建设工程安全生产管理条例》第4条规定:“建设单位、勘察单位、设计单位、施工单位、工程监理单位及其他与建设工程安全生产有关的单位,必须遵守安全生产法律、法规的规定,保证建设工程安全生产,依法承担建设工程安全生产责任。”第57条规定:“违反本条例的规定,工程监理单位有下列行为之一的,责令限期改正;逾期未改正的,责令停业整顿,并处10万元以上30万元以下的罚款;情节严重的,降低资质等级,直至吊销资质证书;造成重大安全事故,构成犯罪的,对直接责任人员,依照刑法有关规定追究刑事责任;造成损失的,依法承担赔偿责任:(一)未对施工组织设计中的安全技术措施或者专项施工方案进行审查的;(二)发现安全事故隐患未及时要求施工单位整改或者暂时停止施工的;(三)施工单位拒不整改或者不停止施工,未及时向有关主管部门报告的;(四)未依照法律、法规和工程建设强制性标准实施监理的。”因此,根据上述规定,前述案例中陈某祥作为监理总监属于对安全生产设施或者安全生产条件负有管理、维护职责的人员,符合重大劳动安全事故罪的主体要件。

2.“安全生产设施或者安全生产条件不符合国家规定”的认定

所谓“安全生产设施或者安全生产条件不符合国家规定”,包括以下三种情形:一是一开始装备的劳动安全生产设施质量、性能等本就不符合国家规定的安全标准;二是虽然一开始装备的劳动安全设施完全符合国家规定的安全标准,但是该设施或者是缺乏正常的管理和维护,或者是使用时间比较长而使其原有质量性能等降低等原因,从而不符合国家规定的安全标准;

三是根本就不具备按国家规定应当具备的安全生产设施或人员，从而不具备国家规定的安全生产条件。不管属于上述哪一种情形，只要重大伤亡事故的发生是由于在该事故发生前正在使用的某劳动安全设施不符合国家规定或不具备国家规定的安全生产条件的，就符合本罪在这方面的构成要件。

所谓的不符合国家规定，是指用人单位的劳动安全设施或安全生产条件没有达到国家规定的标准。这些标准在《安全生产法》、《矿山安全条例》（已失效）、《危险化学品安全管理条例》、《建筑安装工程安全技术规程》（已失效）等相应的法律、法规、规章、技术规范技术标准、规章制度等规范性文件中有具体的规定，违反了这些规定即构成"不符合国家规定"。

3."重大伤亡事故"或者"其他严重后果"的认定

《刑法》规定，只有发生重大伤亡事故或者造成其他严重后果的，才构成本罪。根据《危害生产安全刑事案件司法解释》第6条规定，实施《刑法》第132条、第134条第1款、第135条、第135条之一、第136条、第139条规定行为，因而发生安全事故，具有下列情形之一的，应当认定为"重大伤亡事故"或者"其他严重后果"，对相关责任人员，处3年以下有期徒刑或者拘役：(1)造成死亡1人以上，或者重伤3人以上；(2)造成直接经济损失100万元以上的；(3)其他造成严重后果的情形。

"直接经济损失"，是指由于事故造成的建筑、设施设备、产品等毁坏损失（全部或部分丧失价值或使用价值），以及因人员伤亡而支付的医药、丧葬抚恤等费用，不包括履行合同预期可获得的收益等间接经济损失。死亡1人或者重伤3人以上是个硬标准，其辩护的空间看似不大；但要注意，重伤的后果是要看伤情鉴定的，如果伤情鉴定不准确或者有重大的瑕疵，可就该伤情鉴定的真实性、合法性、关联性进行质证，将该伤情鉴定意见的证据排除掉。对于直接经济损失100万元，通常要作物价鉴定或者损失鉴定，故也可以对该鉴定意见进行质疑或质证，以寻找辩护空间。

4.因果关系的认定

构成本罪的前提条件是安全生产设施或者安全生产条件不符合国家规定，因而发生重大伤亡事故或者造成其他严重后果，两者必须要有直接的因果关系，才能构成本罪；如果两者之间并不具备因果关系，则不构成本罪。如果重大伤亡事故或者其他严重后果是由其他的原因造成的，那就不属于重大劳动安全事故罪。

5.“情节特别恶劣”的认定

按照法条的规定，本罪情节特别恶劣的，处3年以上7年以下有期徒刑。因此，在司法实践中，案件是否情节特别恶劣，就显得非常重要。

根据《危害生产安全刑事案件司法解释》的规定，对于具有以下情形的，应当认定为情节特别恶劣，处3年以上7年以下有期徒刑：(1)造成死亡3人以上或者重伤10人以上，负事故主要责任的；(2)造成直接经济损失500万元以上，负事故主要责任的；(3)其他情节特别恶劣的。

在“情节特别恶劣”的认定上，可以参照前述证据质证的方法，对重伤10人的每个伤情鉴定进行充分有力的质证；只要能排除一个重伤的鉴定意见书，案件就不能认定为“情节特别恶劣”。同理，对于造成直接经济损失500万元的物价鉴定或损失鉴定，也可对其进行证据能力和证明力上的充分质证；如果在损失数额上能够降到500万元以下，则也不能认定为“情节特别恶劣”。

6.事故调查报告的认定

事故调查报告在查清事故发生的原因和事故的事实经过、厘清事故的主要责任和直接管理责任方面，发挥着重要的作用。并且，按照《危害生产安全刑事案件司法解释》的规定，行为人对事故是否承担主要责任，是构成情节是否“特别恶劣”的前提条件，直接关系到是否加一档量刑的问题。因此，事故调查报告非常重要。但它并非不可置疑。虽然事故调查报告通常是行政部门组织的调查组进行调查的结果，但在法律上仍然只是一份普通的证据，其效力和其他证据的效力一样。被告人、辩护人可以就其证据能力、证明力以及真实性、合法性、关联性进行质证，对于不具有证据资格、不具有真实性或证明力较弱的，均可以将其削弱或直接将其排除掉。

7.“自首”的认定

如果本罪的被告人在事故发生后自动投案，如实供述；或者在公安机关采取强制措施、正在服刑时如实供述本罪罪行，属于自首，这也是一个很有效的辩点。

8.赔偿和被害人亲属的谅解

对于本罪，积极赔偿被害人及被害人家属的经济损失，获得被害人及其家属的谅解是一个很有效的辩点。

五、防控措施

(一)切实加强企业安全生产经营管理,防患于未然

接连不断发生的安全事故时刻在警醒着企业和企业管理人员,安全工作责任重大,应切实加强安全生产经营管理,防患于未然,避免刑事风险。谁都不希望安全事故的发生,相信发生安全事故的企业也因为眼前小利而造成更大的损失,甚至重大人身伤亡事故而悔不当初。

企业管理人员对企业生产经营的监督管理,既是其对公司、企业应尽的勤勉义务,也是其所在公司、企业应尽的社会责任。企业务必将安全生产的法律、法规、规章制度细化,真正将安全生产的规章制度落到实处。否则,一旦发生安全事故,不仅危及企业与社会大众,企业管理人员自己也会在"不知不觉"中成为犯罪人,对自己的人生、事业、家庭造成不利影响。

(二)保障安全生产设施正常运作,严格要求各环节人员履责

"安全生产设施"包括:(1)具有防护功能的设备和用品,用于保护劳动者的人身在劳动生产中免受损害,如防毒面罩、安全防护网等;(2)具有警示功能的设备,用于提醒劳动人员危险的存在,防止事故的发生,如信号灯、逃生指示标志等;(3)具有救助功能的装置或用品,用于排除事故危险,帮助劳动人员逃生,如消防设备、疏散楼梯等。

"安全生产条件"侧重于对主管人员、劳动人员的要求,包括:(1)责任要求,主要负责人应制定生产安全方面的制度和规章,特殊职业的从业人员要经过专门的培训和考核等;(2)场所要求,如投入生产经营的厂房、设施等要符合国家法律、法规设置的要求;(3)资金要求,即必须保证必要的资金用于安全生产,否则要对产生的不利后果承担法律责任。

在企业内部,要明确安全生产主管及各安全项目具体负责人,由其领导并管理安全生产工作,做到权责统一。

(三)密切关注相关法律政策,做好自查工作

生产经营单位应注意在生产作业中严格遵照国家、地方以及行业的安全生产规定,密切留意国家及当地出台的安全生产监管要求,严格依据相关部门出台的整治方案完善企业安全生产工作,并加强与相关部门的业务沟通,做好自查及内部安全监控工作,并充分意识到刑事法律后果。同时,建议生产经营单位组织并加强生产作业人员以及相关负责人的安全生产培训

工作,向各生产作业人员及相关负责人明确安全生产的要求,向其发放安全生产告知书,并由相关人员签收,以确保在出现的安全事故后,证明公司及公司高管已经勤勉尽责。

第三节 工程重大安全事故罪刑事风险与防控

一、风险点一:承包人不具备施工资质

案例一:胡某某等重大劳动安全事故案[1]

【基本案情】

被告人胡某某系湖北某安装有限公司总经理。2013 年 10 月初,在未取得建筑工程施工许可证的情况下,胡某某、辛某某即组织人员进场施工。10 月 24 日,曾某、王某甲得知桩基施工时将埋在地下的污水管道钻破,二被告人遂商量决定绕过被堵塞的污水管,在桩基和活动板房之间开挖一条深沟,铺设新污水管,与原污水管对接。10 月 26 日上午,在没有进行安全培训、没有配备安全防护设施的情况下,王某甲即安排临时雇请的 4 名民工王某乙、刘某某、宋某甲、宋某乙铺设新污水管。在挖沟铺设排污管期间,沟西边的土方发生坍塌,4 名民工被埋并均死亡。经法医检验鉴定,4 人均系机械性窒息死亡。10 月 27 日至 29 日,某公司、某公司先后与 4 名死者家属签订协议,共赔付王某乙等 4 名死者家属经济损失 263 万余元。

【法院判决】

襄阳市襄州区人民法院认为,被告人胡某某、辛某某在不具备施工资质的情况下从某公司处承接某公司二期项目工程,组织建筑施工时,没有按规定安排安全员、质量员、施工员等有资质人员进场施工、落实安全措施,进行安全培训、安装必备的防护措施。被告人王某甲作为现场施工负责人,在没有管网施工资质的情况下盲目指挥钩机违规操作,且在施工现场未安装防护措施,导致事故发生,造成人员伤亡。被告人曾某作为某公司项目负责

〔1〕 (2014)鄂襄州刑初字第 00132 号。

人，在未取得《建筑工程施工许可证》的情况下，擅自允许施工单位进场施工，同时在发现“污水管改道需深挖沟存在安全隐患”的情况下，作为建设单位没有履行监理作用，对这一违规操作不制止、不汇报，导致事故发生。被告人王某甲、辛某某、胡某某系直接负责的主管人员，被告人曾某作为某公司二期项目负责人，没有履行施工现场的监理职责，在安全生产设施、安全生产条件不符合国家规定的情况下允许施工方组织人员进行施工，发生塌方事故，系其他直接责任人员。四被告人的行为造成四人死亡，情节特别恶劣，其行为均触犯了《刑法》第135条的规定，均已构成重大劳动安全事故罪。襄阳市襄州区人民检察院指控四被告人犯罪成立。审理认为，污水管改道工程是某公司二项目建设工程的衍生工程，曾某作为某公司项目负责人在该单位未取得《建筑工程施工许可证》的情况下，擅自同意施工单位进场施工，发现打桩将污水管道打破又与施工单位商量决定污水管改道，同时在发现污水管改道挖深沟存在安全隐患情况下，作为建设单位没有起到监理作用，对某公司违规操作不制止、不汇报，导致事故发生。因此，被告人曾某符合此起劳动安全事故罪的主体构成。某公司没有行政许可而建设施工，与本案安全事故的发生有一定因果关系，曾某作为某公司的负责人，应负刑事责任。故辩护人的辩护意见，法院未予支持。被告人曾某案发后主动到公安机关接受调查，并如实供述参与犯罪事实，有自首情节。被告人胡某某案发后主动到公安机关投案，如实供述参与犯罪的事实，有自首情节，可从轻处罚。庭审中四被告人认罪，案发后四被告人所在单位赔偿了被害人的经济损失，对四被告人可从轻处罚，判处缓刑没有再犯罪的危险，对所居住的社区没有重大不良影响，可宣告缓刑。四辩护人关于本案是过失犯罪，四被告人的单位已赔偿了被害人亲属的经济损失，请求对四被告人从轻处罚的辩护意见，法院予以采纳。

襄阳市襄州区人民法院依照《刑法》第135条、第67条第1款、第72条第1款之规定，判决如下：

1. 被告人王某甲犯重大劳动安全事故罪，判处有期徒刑3年，缓刑5年（缓刑考验期限，从判决确定之日起计算）。

2. 被告人辛某某犯重大劳动安全事故罪，判处有期徒刑3年，缓刑4年（缓刑考验期限，从判决确定之日起计算）。

3. 被告人曾某犯重大劳动安全事故罪，判处有期徒刑3年，缓刑3年

（缓刑考验期限，从判决确定之日起计算）。

4. 被告人胡某某犯重大劳动安全事故罪，判处有期徒刑3年，缓刑3年（缓刑考验期限，从判决确定之日起计算）。

【风险提示】

不具备相关的施工资质承接工程项目的情况屡见不鲜。以本案为例，被告人胡某某、辛某某在不具备施工资质的情况下承接涉案项目，从一开始就为安全事故的发生埋下隐患。建筑施工资质分为三级，包括三个方面：企业资信、技术条件以及技术装备与管理水平。以一级建筑资质为例，在企业资信方面，需要具有独立企业法人资格，近5年独立承担过单项合同额不少于1500万元的装饰装修工程（设计或施工或设计施工一体）不少于2项，或单项合同额不少于750万元的装饰装修工程（设计或施工或设计施工一体）不少于4项，以及近3年每年工程结算收入不少于4000万元。在技术条件方面，需要企业技术负责人具有不少于8年从事建筑装饰装修工程从业经历，具备一级注册建造师（一级结构工程师、一级建筑师、一级项目经理）执业资格或高级专业技术职称，企业具备一级注册建造师（一级结构工程师、一级项目经理）执业资格的专业技术人员不少于6人。在技术装备及管理水平方面，需要有必要的技术装备及固定的工作场所，有完善的质量管理体系，运行良好，以及具备技术、安全、经营、人事、财务、档案等管理制度。

二、风险点二：安全教育不到位

案例二：黄某甲、王某甲工程重大安全事故案[1]

【基本案情】

2013年12月以来，武汉某房地产开发有限公司在武汉市汉阳区某村进行某村“城中村”改造还建项目某某嘉苑还建房建设。2014年12月，被告人王某甲、黄某甲通过时任武汉某房地产开发有限公司副总经理的陈某某（另案起诉）的帮助，在没有取得《承装（修、试）电力设施许可证》《电工进网许可证》的情况下，承接了某某嘉苑1、2号楼的临时电表和电缆线安装工程。

---

〔1〕（2016）鄂0105刑初325号。

并在陈某某的帮助下，被告人王某甲经与被告人闵某商议，借用被告人闵某担任法定代表人但无《承装（修、试）电力设施许可证》的武汉某某水电工程有限公司的名义与武汉某房地产开发有限公司签订施工合同，并由被告人黄某甲具体组织施工。施工过程中，被告人黄某甲违反安全操作规范，在没有设计图纸的情况下，随意雇佣无《电工进网许可证》的安装人员，违规将4根电缆捆扎在一起，并将电缆与铜芯分支线采取缠绕搭接的方式进行安装，致使2015年7月11日23时许，某某嘉苑1号楼2单元电缆井临时供电线路发生短路，引燃电缆井内的可燃物发生火灾，造成郑某、陈某、贾某等7人死亡，及其他12人因吸入有毒烟气受伤。经法医学检验，被害人郑某、陈某、贾某等7人均因CO中毒而死亡。2015年8月9日，被告人黄某甲、闵某经公安机关电话传唤后主动到案。次日，被告人王某甲经公安机关电话传唤后主动到案。案发后，被害人及家属已获全部经济赔偿。

【法院判决】

法院认为，被告人黄某甲、王某甲、闵某作为施工单位的直接责任人，违反国家规定，在单位及个人均无施工资质的情况下，违背操作规范要求，降低工程质量标准，造成重大安全事故，其行为均已构成工程重大安全事故罪。公诉机关指控被告人黄某甲、王某甲、闵某犯工程重大安全事故罪的罪名成立。被告人黄某甲在共同犯罪中起主要作用，系主犯，被告人王某甲、闵某起次要、辅助作用，系从犯，可从轻处罚。被告人黄某甲、王某甲、闵某经公安机关电话传唤，主动投案，并如实供述自己的全部犯罪事实，且在庭审中自愿认罪，系自首，可从轻处罚。本案中被害人及家属的经济损失已获得全部赔偿，可对被告人黄某甲、王某甲、闵某酌情从轻处罚。被告人黄某甲及其辩护人辩称其具有自首情节，希望从轻处罚的观点与本案事实、证据和法律规定相符，法院予以采纳；但其辩护人辩称被告人黄某甲不应承担主要责任，请求对其从轻处罚的观点与本案事实、证据和法律规定不相符，法院不予采信。被告人王某甲的辩护人辩称其具有自首情节，且系从犯，被害人家属也已获得全部赔偿，请求对其从轻处罚的观点，与本案事实、证据和法律规定相符，法院予以采纳。被告人闵某的辩护人辩称其具有自首情节，系初犯，在共同犯罪中起辅助作用，且被害人已经得到全部赔偿，请求对其从轻处罚的观点，与本案事实、证据和法律规定相符，法院予以采纳。依照

《刑法》第137条、第25条第1款、第26条第1款、第27条、第65条第1款、第52条，最高人民法院《关于处理自首和立功具体应用法律若干问题的解释》（以下简称《关于自首和立功的解释》）第1条之规定，判决如下：

1. 被告人黄某甲犯工程重大安全事故罪，判处有期徒刑1年3个月，并处罚金人民币2万元（已缴纳）（刑期从判决执行之日起计算，判决执行以前先行羁押的，羁押一日折抵刑期一日，即自2015年8月10日起至2016年11月9日止）。

2. 被告人王某甲犯工程重大安全事故罪，判处有期徒刑1年，并处罚金1万元（已缴纳）（刑期从判决执行之日起计算，判决执行以前先行羁押的，羁押一日折抵刑期一日，即自2015年8月10日起至2016年8月9日止）。

3. 被告人闵某犯工程重大安全事故罪，判处有期徒刑1年，并处罚金1万元（已缴纳）（刑期从判决执行之日起计算，判决执行以前先行羁押的，羁押一日折抵刑期一日，即自2015年8月10日起至2016年8月9日止）。

【风险提示】

施工安全是各个行业工程建设中都会遇到的安全问题，涵盖了在作业过程中所有的安全问题。我国政府历来重视生产安全、人民生命和财产安全，并制定了相关的法律法规，对我国领域内从事工程建设行业，尤其是建筑房地产行业的人员及单位进行了明确的要求。

在本案中，除了被告人王某甲、黄某甲在没有取得《承装（修、试）电力设施许可证》《电工进网许可证》的情况下，承接了某某嘉苑1、2号楼的临时电表和电缆线安装工程以外，其还在施工过程中违反安全操作规范，在没有设计图纸的情况下，随意雇佣无《电工进网许可证》的安装人员，导致安全事故后果的发生。通过上述事实，再结合实践中的案例可知，安全教育在施工工程中的重要性不言而喻，却又是非常容易被忽视的。绝大多数缺乏安全教育培训的施工单位是小企业，本身并未具备完整的施工资质，没有意识到安全事故的发生带来怎样的严重后果。安全事故的发生，不仅仅是赔偿的问题，还会涉及刑事案件。但绝大多数项目负责人并没有此类风险意识，仅以为作出赔偿，安抚家属即可。在此种情况下，安全教育不到位，是诸多安全事故发生的重要原因。

三、风险点三：监理人员玩忽职守

案例三：刘某楠、于某玩忽职守、工程重大安全事故案[1]

【基本案情】

2013年9月，中房联合集团中部房地产开发公司商丘分公司依据与商丘市梁园区政府的协议，委托河南豫达建筑安装有限公司为商丘市梁园区高铁安置区修建500米的新建北路。2014年12月，该路段经完工验收后，共支付了工程款及各项费用817.12万元，一年后又支付41.92万元质保金。2017年2月至5月该路段相继出现多处严重塌陷形成空洞，致使该道路无法使用，给该处居民造成极大人身安全隐患。被告人刘某楠在担任梁园区高铁建设指挥部项目组副组长期间，在新建北路完工验收过程中不认真履行自己的职责，给国家造成重大经济损失。经河南信则资产有限公司评估，施工质量不合格是造成塌陷的主要原因，因施工质量造成的道路直接经济损失（维修道路费用）为297.23万元。河南省万安工程建设监理有限公司负责对新建北路建设进行监理，指派本公司监理人员于某任商丘市梁园区新建北路工程施工总监理。被告人于某不按规定的施工程序进行监理，违反国家规定，降低工程质量标准，致使新修的新建北路发生严重的下陷坍塌事故，给国家造成直接经济损失297.23万元，并给当地居民造成极大的安全隐患。

【法院判决】

法院认为，被告人刘某楠身为国家机关工作人员，在工作中不认真履行职责，致使公共财产、国家和人民利益遭受重大损失，其行为已构成玩忽职守罪。被告人于某作为监理公司总监理工程师，在工作中不严格履行监理职责，造成工程安全事故，是直接负责人员，其行为已构成重大安全事故罪。公诉机关指控罪名成立。关于被告人刘某楠的辩护人提出的被告人刘某楠不是直接责任人员，不构成玩忽职守罪的辩护意见，经查，被告人刘某楠身为项目组副组长，对新建北路的工程质量在验收时没认真履行职责，负有一

---

〔1〕（2017）豫1402刑初1185号。

定的监管责任，但考虑该工程的隐蔽工程质量主要有指挥部委托的具有专业能力的监理公司负责，被告人刘某楠不具备相应的专业能力，且实际损失为55万余元等情节，被告人构成玩忽职守罪，但犯罪情节轻微，法院对其免予刑事处罚。被告人于某归案后认罪态度较好，确有悔罪表现，适用缓刑不致再危害社会，法院依法对其宣告缓刑。依照《刑法》第397条第1款、第137条、第37条、第72条、第73条之规定，判决如下：

1. 被告人刘某楠犯玩忽职守罪，免予刑事处罚。

2. 被告人于某犯工程重大安全事故罪，判处有期徒刑3年，缓刑3年（缓刑考验期限自判决生效之日起计算）。

【风险提示】

工程监理是指具有相关资质的监理单位受甲方的委托，依据国家批准的工程项目建设文件，有关工程建设的法律、法规和工程建设监理合同及其他工程建设合同，代表甲方对乙方的工程建设实施监控的一种专业化服务活动。工程监理是一种有偿的工程咨询服务，是受甲方委托进行的，监理的主要依据是法律、法规、技术标准、相关合同及文件，准则是守法、诚信、公正和科学，目的是确保工程建设质量和安全，提高工程建设水平，充分发挥投资效益。

在实践中，监理人员玩忽职守的现象并不少见。建筑房地产工程项目的监理人员的职责包括组织检查施工单位现场质量、安全生产管理体系的建立及运行情况等。但众多安全事故的发生，却是监理人玩忽职守，未发现违法施工，或者对违规操作不制止、不汇报而导致的。甚至某些监理人员连施工现场都没有去过，更谈不上履行监理职责。从监理本身的心态分析，其认为施工主要由项目经理负责，自己只是负监管职责，不是现场负责人，不需要过于操心。但是监理本身就是监督项目进程的主要人员，具有审查开复工报审表，签发开工令、工程暂停令和复工令等职责，若没有外力的监督，项目经理的行为无法被制约，安全事故发生的风险也会较大。

四、风险点四：一线工人无特种作业资质

案例四：刘某甲等工程重大安全事故案[1]

【基本案情】

2012年10月至2013年3月，资兴市鸿亿地产开发有限公司作为资兴市雄森豪庭酒店附楼多功能厅的建设单位，在组织施工过程中，未依法办理规划许可证、建筑工程施工许可证、工程质量安全监督手续，未依法落实建筑工程监理制度，未依法组织工程竣工验收，并在该情况下进行室内装修，擅自使用未经图审的施工图纸和未经图审的修改后的施工图纸，以及将工程发包给无相应资质的个人，降低了工程质量标准，造成2013年3月27日9时45分雄森豪庭酒店附楼多功能厅发生坍塌事故，致2人死亡、4人受伤，直接经济损失244.2648万元（含死者死亡赔偿金）。被告人武某某、刘某甲、刘某乙系此次工程重大安全事故的直接责任人员。

【法院判决】

一审法院认为，被告人武某作为资兴市鸿亿地产开发有限公司的工程部部长，在建设资兴市雄森豪庭附楼多功能厅过程中，使用未经 图审的设计图纸用于指导土建工程施工，并未按设计图纸施工。被告人刘某甲作为资兴市鸿亿地产开发有限公司聘用的钢结构质量监督技术顾问，在建设资兴市雄森豪庭附楼多功能厅过程中使用未经图审的设计图纸用于指导钢结构工程施工，并未按程序就绘制变更方案草图，找到原设计单位的委托代理人验算同意变更后，直接用于指导施工。被告人刘某乙作为资兴市鸿亿地产开发有限公司法定代表人的委托人，在组织资兴市雄森豪庭附楼多功能厅施工过程中，准许使用未经图审程序的设计图纸，未聘请监理单位，将钢结构工程发包给无资质施工队伍，未聘请检测单位适时检测，降低了工程质量标准，造成2人死亡，4人受伤，直接经济损失244万余元的工程重大安全事故。上述3人在该起事故中负有直接责任，均系直接责任人，其行为已构成工程重大安全事故罪。被告人武某、刘某甲、刘某乙能够主动投案，并如实

---

〔1〕（2015）郴刑一终字第205号。

供述基本犯罪事实,是自首,依法可以从轻或者减轻处罚。鉴于本次事故系多方面的原因造成,责任较为分散,资兴市鸿亿地产开发有限公司积极赔偿被害人的损失,被告人武某、刘某甲具有自首情节,依法对其2人适用缓刑不致危害社会;同时,被告人刘某乙具有自首情节,其于本案坍塌事故发生前未被明确聘为资兴市鸿亿地产开发有限公司总经理,虽受公司法定代表人刘某甲的委托参与公司管理,权责不明确,且其参与和实施的犯罪行为属于造成本案坍塌事故的综合原因,犯罪情节较轻,依法对其可免予刑事处罚。公诉机关要求追究资兴市鸿亿地产开发有限公司的刑事责任,但《刑法》第137条并未就单位的处罚作出相应规定,故对该指控不予支持。综上所述,原审法院对被告人武某、刘某甲适用《刑法》第137条、第67条第1款、第72条第1款、第3款、第73条第2款、第3款,对被告人刘某乙适用《刑法》第137条、第67条第1款以及《刑事诉讼法》(2012年版)第195条第1项之规定,并经审判委员会讨论决定,判决:(1)被告人武某犯工程重大安全事故罪,判处有期徒刑1年,缓刑2年,并处罚金2万元;(2)被告人刘某甲犯工程重大安全事故罪,判处有期徒刑1年6个月,缓刑2年,并处罚金2万元;(3)被告人刘某乙犯工程重大安全事故罪,免予刑事处罚。

上诉人刘某甲上诉提出,原审认定刘某甲犯工程重大安全事故罪的事实不清,证据不足。

二审法院认为,资兴市鸿亿地产开发有限公司违反国家规定,降低工程质量标准,造成2人死亡,4人受伤,造成直接经济损失244万余元的工程重大安全事故。上诉人刘某甲作为资兴市鸿亿地产开发有限公司雄森酒店多功能厅钢结构质量监督技术顾问,在建设资兴市雄森豪庭附楼多功能厅过程中使用未经图审的设计图纸用于指导钢结构工程施工,并未按程序绘制变更方案草图,而是找到原设计单位的委托代理人经验算同意变更后,直接用于指导施工;原审被告人武某某作为资兴市鸿亿地产开发有限公司的工程部部长,在建设资兴市雄森豪庭附楼多功能厅过程中,使用未经图审的设计图纸用于指导土建工程施工,并未按设计图纸施工;原审被告人刘某乙作为资兴市鸿亿地产开发有限公司法定代表人的委托人,在组织资兴市雄森豪庭附楼多功能厅施工过程中,准许使用未经图审程序的设计图纸,未聘请监理单位,将钢结构工程发包给无资质施工队伍,未聘请检测单位适时检测,降低了工程质量标准。上述3人在该起事故中负有直接责任,均系直接责任人,其行为已构成工程重大安全事故罪。武某某、刘某甲、刘某乙有自首情节,依法可以从轻或者减轻处罚。关于上诉人刘某甲提出"原审认定刘某甲犯工程重大安全事故罪的事实不清,证据不足"的上诉理由,经查,上诉人刘某甲作为质量监督技术顾问,使用未经图审的设计图纸来指导钢结构工程施工,并未按程序绘制变更方案草图,而是找到原设计单位的委托代理人经验算同意变更后,直接用于指导施工,造成重大安全事故。刘某甲对该事实供认不讳,且有证人证言相印证,足以认定。故上诉人的上诉理由不成立,法院不予采纳。综上所述,原判认定事实清楚,证据确实、充分,审判程序合法,适用法律正确,量刑适当,依法应予以维持。依照《刑事诉讼法》(2012 年版)第 225 条第 1 款第 1 项之规定,裁定驳回上诉,维持原判。

【风险提示】

在实践中笔者发现,虽然在某些案件中施工单位确实没有相应的施工资质,监理人或多或少存在疏忽大意、玩忽职守的现象,但事故发生的主要原因却是现场作业的工人自己没有特种作业资质,也没有做好安全防范措施。住房和城乡建设部《关于印发〈建筑施工特种作业人员管理规定〉的通知》规定,建筑施工特种作业人员是指在房屋建筑和市政工程施工活动中,从事可能对本人、他人及周围设备设施的安全造成重大危害作业的人员。在笔者检索的百余个案例中,以高空作业最为典型。高空作业是指专门或经常在坠落高度基准面 2 米及以上有可能坠落的高处进行的作业,包括登高架设作业以及高处安装、维护、拆除作业;其中,登高架设作业是指在高处从事脚手架、跨越架设或拆除的作业,高处安装、维护、拆除作业是指在高处从事安装、维护、拆除的作业。高空特种作业操作资格证适用于利用专用设备进行建筑物内外装饰、清洁、装修,电力、电信等线路架设,高处管道架设,小型空调高处安装、维修,各种设备设施与户外广告设施的安装、检修、维护以及在高处从事建筑物、设备设施拆除作业。同时,根据我国相关法律规定,特种作业操作证由安全生产监管监察及行业管理部门考核并发证;特种作业人员必须经过专门的安全技术培训并考核合格,取得特种作业操作证后,方可上岗作业。除了高空作业之外,电工作业、制冷与空调作业等也与建筑房地产案件息息相关,同样需要相应的资格证书。但在实践中,由于部分工人的文化水平较低,加上安全意识薄弱,极其可能为了贪图一时之利而丧命,造成重大安全事故的发生。

五、罪名解析与辩护策略

工程重大安全事故罪,是指建设单位、设计单位、施工单位、工程监理单位违反国家规定,降低工程质量标准,造成重大安全事故的行为。

(一)构成要件

1. 客体要件

本罪侵犯的客体是人民财产和生命安全,以及国家的建筑管理制度。近年来,随着我国建筑市场的发展,一些地方出现管理混乱的现象:有的单位违反国家规定,降低工程质量标准;一些建设单位在工程发包时故意压低价款,从中索取回扣;一些承包商、中间商从中大捞好处,肆意增加工程非生产性成本;一些施工单位一味压缩工期、降低造价、偷工减料、粗制滥造、索贿受贿、贪图私利,置人民群众生命、财产安全于不顾。辽宁大连,四川德阳,湖北武汉,广东东莞、广州、深圳等地先后发生过楼房坍塌、阳台落地、横梁断裂等一系列重大建筑工程恶性事故。1997 年 3 月 25 日,福建省莆田市江口镇一栋集体宿舍楼坍塌,致 31 名女工无辜死亡。据 1994 年有关统计,我国大中城市住宅工程合格率仅为 81%;1995 年,建设部对河北、辽宁、湖北、安徽、四川、陕西 6 个省的省会城市进行抽样检查,结果表明,房屋结构工程质量的合格率仅为 81.94%,这意味着,约 1/5 的房屋存有隐患。《刑法》修订时增加关于建筑工程事故犯罪的规定,对于依法惩处这类事故的直接责任人员、治理建筑市场的人祸具有重要意义。

2. 客观要件

本罪在客观方面表现为违反国家规定,降低工程质量标准,造成重大安全事故的行为。违反国家规定而造成严重后果,是这种犯罪行为的本质特征。所谓违反国家规定,是指违反国家有关建筑工程质量监督管理方面的法律、法规。建设单位的违规行为主要有两种情况:一是要求建筑设计单位或者施工企业压缩工程造价或增加建房的层数,从而降低工程质量;二是提供不合格的建筑材料、构配件和设备,强迫施工单位使用,从而造成工程质量下降。建筑设计单位的违规行为主要是不按质量标准进行设计。建筑施工单位的违规行为主要有三种情况:一是在施工中偷工减料,故意使用不合格的建筑材料、构配件和设备;二是不按设计图纸施工;三是不按施工技术标准施工。上述违规行为是造成建筑工程重大安全事故的根本原因，即违反国家规定与严重后果之间存在因果关系；若违反国家规定的行为与严重后果之间没有因果联系，则不构成本罪。但是，并不是任何违反与安全生产有关的国家规定的行为都构成犯罪，只有引起重大安全事故，造成严重后果，危害公共安全的行为，才构成犯罪。所谓重大安全事故，是指因工程质量下降导致建筑工程坍塌，致人重伤、死亡或重大经济损失的情况，这是构成本罪的重要条件。根据司法实践经验和有关规定，所谓重大伤亡事故，一般是指死亡 1 人以上，或者重伤 3 人以上；所谓严重后果，既包括重大人身伤亡，也包括重大的直接经济损失，直接经济损失的数额一般规定在 5 万元以上，直接经济损失虽不足上述规定的数额，但情节严重，使生产、工作受到重大损失的，也应追究直接责任人员的刑事责任。

3. 主体要件

本罪的主体为特殊主体，即本罪为单位犯罪，主体只能是建设单位、设计单位或者是施工单位及工程监理单位中对建筑工程质量安全负有直接责任的人员。所谓建设单位，是指以营利为目的，从事房地产开发和经营的企业或者是经国家有关部门审批，具有工程建设者的资格，能支付工程价款的单位。设计单位，是指专门承担勘察设计任务的勘察设计单位以及其他承担勘察设计任务的勘察设计单位。施工单位，是指从事土木建筑、线路管道、设备安装和建筑装饰装修等工程新建、扩建、改建活动的建筑业企业，其中包括工程施工总承包企业、施工承包企业，而工程监理单位是指对建筑工程专门进行监督管理，以保证质量、安全的单位。

4. 主观要件

本罪在主观方面表现为过失，可以是出于疏忽大意的过失，也可以是过于自信的过失。这里所说的过失，是就行为人对其所造成的危害结果的心理状态而言。但是，对行为人违反国家规定来说，有时却是明知故犯的。行为人明知其违反了国家规定，应当预见到可能发生严重后果，但因疏忽大意而没有预见，或者已经预见到会发生某种严重后果，但轻信能够避免，以致发生了严重后果。

（二）量刑规定

《刑法》第 137 条规定："建设单位、设计单位、施工单位、工程监理单位违反国家规定，降低工程质量标准，造成重大安全事故的，对直接责任人员，处五年以下有期徒刑或者拘役,并处罚金;后果特别严重的,处五年以上十年以下有期徒刑,并处罚金。"

(三)认定标准

1. 本罪与一般安全事故的界限

两者都实施了违反国家规定,降低工程质量标准的行为,区分两者的关键就在于是否造成了重大安全事故。设计单位、施工单位、工程监理单位违反国家规定,降低工程质量标准,造成了重大安全事故的,则构成工程重大安全事故罪;如果上述单位虽然违反了国家规定,降低工程质量标准,却没有造成重大安全事故的,则按不构成犯罪处理,或对直接责任人员予以行政处罚,或按有关建筑合同承担相应的法律责任。

2. 本罪与重大责任事故罪的界限

两者都是过失犯罪,都以法定的严重后果作为构成犯罪的必备条件,但两者具有明显区别。

(1)犯罪主体不同。

工程重大安全事故罪的犯罪主体是建设单位、设计单位、施工单位、工程监理单位,属于单位犯罪;重大责任事故罪的主体是工厂、矿山、林场、建筑企业或者其他企业、事业单位的职工,属于自然人犯罪。

(2)客观方面的表现不同。

工程重大安全事故罪在客观方面表现为违反国家规定,降低工程质量标准,造成重大安全事故的行为;重大责任事故罪则表现为不服从管理、违反规章制度或者强令工人违章冒险作业,因而发生重大伤亡事故或者造成其他严重后果的行为。

(四)立案标准

最高人民检察院、公安部《关于公安机关管辖的刑事案件立案追诉标准的规定(一)》(以下简称《刑事案件立案追诉标准一》)第 13 条规定:"建设单位、设计单位、施工单位、工程监理单位违反国家规定,降低工程质量标准,涉嫌下列情形之一的,应予立案追诉:(一)造成死亡一人以上,或者重伤三人以上;(二)造成直接经济损失五十万元以上的;(三)其他造成严重后果的情形。"

(五)辩点分析

对于工程重大安全事故罪,通常有如下方面的辩点:(1)"直接责任人员”的认定；(2)对“国家规定”的理解；(3)对“降低工程质量标准”的认定；(4)对被告人负有“直接责任”证据的审查与认定；(5)对“重大安全事故”的认定；(6)因果关系的认定；(7)事故技术鉴定报告的审查与认定；(8)“后果特别严重”的认定；(9)“自首”的认定；(10)赔偿和被害人亲属的谅解。

1.“直接责任人员”的认定

本罪是单位犯罪。单位犯罪按《刑法》的规定，通常实行双罚制，即对应当承担责任的自然人处以刑罚，同时对单位处以罚金。但由于本罪发生了重大安全事故，需要对伤亡的人员进行抚恤和赔偿，为了不降低单位的赔偿能力，使被害人尽可能地多渠道获得赔偿，维护社会的和谐与安宁，《刑法》第137条规定，只对涉及本罪的直接责任人员处以刑罚，而对单位不处以罚金，即实行单罚制。这一点和本章第二节介绍的重大劳动安全事故罪是一致的。

本罪中的“直接责任人员”，是指建设单位、设计单位、施工单位、工程监理单位的直接责任人员。其他单位的人员，不能称为本罪中的“直接责任人员”。需要特别指出的是，由于建设、设计、施工、监理单位业务的特殊性，“直接责任人员”强调的是“责任”两个字。只要对重大安全事故负有责任，就应该追责。其可以是与这些单位具有劳动关系的人员，如企业干部、正式工、合同工、临时工等；也可以是与这些单位形成雇佣关系的人员，如施工单位雇用的班组长、农民工等；还可以是与这些单位形成业务承包、转包、分包关系的单位人员或自然人。

在本罪中，“直接责任人员”既可以隶属于依法设立的企业、事业单位，也可以隶属于没有依法设立的企业、事业单位或经济组织，不限于正式职工，也包括非正式职工等。只要是实际从事建设、设计、施工、监理业务的单位，不管是否依法成立，隶属于该单位的人员都可以成为本罪中的“直接责任人员”。今后，在本罪的辩护中，被告人究竟是承担“直接责任”还是领导责任，将是一个很重要的辩点。

2.对“国家规定”的理解

不符合国家规定，是指违反国家或者行业管理部门制定、发布的有关建筑工程质量标准的法律规定、章程规定的要求等行为。这些规定包括法律、法规、规章技术规范、技术标准、规章制度等规范性文件的规定，范围比较广。有人认为，国家规定只能是法律、法规、规章，这种理解是错误的。由于工程重大安全事故罪中“工程”技术性比较强，法律、法规、规章作为法律规范，不可能对技术性的问题作出如此详细的规定。因此，法律会授权行业管理部门、行业研究机构、行业协会在技术上作出详细的规定，形成技术规范、技术标准、规章制度。

3. 对“降低工程质量标准”的认定

按照法律、法规、规章、技术规范技术标准、规章制度等规范性文件的规定，每个分部分项工程或种类工程都会有具体的质量标准：工业建筑、民用建筑、道路、桥梁、码头、飞机场、隧道等都会有质量技术标准；土建工程、结构工程、水电工程、通风空调工程、建筑装饰、园林绿化等工程都会有具体的质量标准；同样，在工程建设过程中为修建永久工程而架设的临时工程、施工装备以及施工方案也有具体的质量标准。对于这些质量标准，必须严格遵守，“工程质量重于泰山”，绝对不能马虎。

4. 对被告人负有“直接责任”证据的审查与认定

对于“直接责任”的认定，则要根据该人员在重大安全事故中的实际工作职务、实际的职责范围，以及是否违反国家规定、降低工程质量标准等方面进行认定。

5. 对“重大安全事故”的认定

《刑法》第 137 条规定，只有造成“重大安全事故”的，才构成本罪。《危害生产安全刑事案件司法解释》第 6 条规定，建设单位、设计单位、施工单位、工程监理单位违反国家规定，降低工程质量标准，因而发生安全事故，具有以下情形之一的，应当认定为“造成重大安全事故”，对直接责任人员，处 5 年以下有期徒刑或者拘役，并处罚金：(1)造成死亡 1 人以上，或者重伤 3 人以上的；(2)造成直接经济损失 100 万元以上的；(3)造成其他严重后果的情形。这里的“直接经济损失”，是指由于事故造成的建筑、设施设备、产品等毁坏损失(全部或部分丧失价值或使用价值)，以及因人员伤亡而支付的医药、丧葬抚恤等费用，不包括履行合同预期所获得的收益。“死亡 1 人以上或者重伤 3 人以上”，看似一个硬标准，但还是有辩护空间的。重伤的后果以看伤情鉴定为准，如果伤情鉴定意见书不准确或者有重大的瑕疵，可就该伤情鉴定的真实性、合法性、关联性进行质证(必要时聘请专家证人帮忙)，将该伤情鉴定意见的证据排除掉。同理，对于“直接经济损失 100 万元”，通常也要作物价鉴定或者损失鉴定，故也可以对该鉴定意见书进行质疑或质证。如果在这方面能够找到辩点,将取得意想不到的辩护效果。

6. 因果关系的认定

构成本罪的前提条件,是建设单位、设计单位、施工单位、工程监理单位违反国家规定、降低工程质量标准与重大安全事故的发生,这两者必须要有直接的因果关系,才能构成本罪;如果两者之间不具备因果关系,则不构成本罪。如果重大伤亡事故是由其他的原因造成的,那就不属于工程重大安全事故罪。这一点在本罪中是一个重要的辩点,需要予以注意。

7. 事故技术鉴定报告的审查与认定

在工程重大安全事故罪的案件中,事故技术鉴定报告或事故调查报告在查清发生的原因、厘清事故的主要责任和直接责任方面,发挥着重要的作用。并且,按照《危害生产安全刑事案件司法解释》的规定,行为人对事故是否承担主要责任,是构成“后果特别严重”的前提条件,直接关系到是否加一档量刑的问题。因此,事故调查报告非常重要,但它并非不可置疑。虽然它通常是行政部门组织调查的结果,但在法律上仍然只是一份普通的证据,和其他的证据一样。被告人、辩护人可以就其证据能力、证明力以及真实性、合法性、关联性对其进行质证,对于不具有证据资格、不具有真实性、证明力较弱的,照样可以将其削弱或直接将其打掉,从而获得意想不到的辩护空间。

8. “后果特别严重”的认定

根据《危害生产安全刑事案件司法解释》第 7 条第 1 款、第 3 款规定,对于具有以下情形的,应当认定为《刑法》第 137 条规定的“后果特别严重”,对直接责任人员,处 5 年以上 10 年以下有期徒刑,并处罚金:(1)造成死亡 3 人以上或者重伤 10 人以上,负事故主要责任的;(2)造成直接经济损失 500 万元以上,负事故主要责任的;(3)其他后果特别严重的情形。这里的“直接经济损失”,是指由于事故造成的建筑、设施设备、产品等毁坏损失(全部或部分丧失价值或使用价值),以及因人员伤亡而支付的医药、丧葬抚恤等费用,不包括履行合同预期所获得的收益。“死亡 3 人以上或者重伤 10 人以上”,也是有辩护空间的。重伤的后果要以伤情鉴定为准,如果伤情鉴定意见书不准确或者有重大的瑕疵,可就该伤情鉴定的真实性、合法性、关联性进行质证(必要时聘请专家证人帮忙),将该伤情鉴定意见的证据排除。如果能够排除 1 个重伤的鉴定,使重伤的人员在 10 人以下,就可以调低一档量刑。同理,“直接经济损失五百万元”以上通常也要作物价鉴定或者损失鉴定,故也可以对该鉴定意见书进行质疑或质证。如果能够使直接经济损失降低到500万元以下,也可以调低一档量刑。

9.“自首”的认定

在工程重大安全事故罪发生后,如果直接责任人员自动投案,并如实供述自己的罪行,即构成自首。这里需要注意的是,对于并非直接责任人员主动而是经亲友规劝、陪同投案的,投案后如实供述的,视为自首;公安机关通知该人员的亲友,或者亲友主动报案后,将该人员送去投案的,投案后如实供述的,也视为自首;直接责任人员经公安机关电话传唤后到案并如实供述的,由于电话传唤并非强制措施,所以也视为自首。自首对于本罪的从轻量刑非常重要。直接责任人员要抓住自首的机会,或者能够准确界定自己的行为是不是自首,并牢牢抓住这个重要的辩点。

10.赔偿和被害人亲属的谅解

对于本罪,积极赔偿被害人及被害人家属的经济损失,获得被害人及其家属的谅解是一个很有效的辩点。众所周知,人民法院对刑事案件的判决通常要考虑法律效果和社会效果的有机统一。如果在工程重大安全事故案件中,被告人已经获得了被害人的谅解,则更容易获得从轻量刑的判决结果。

六、防控措施

(一)强化安全教育培训与安全责任落实

以人为本是建筑施工过程中的基本理念,加强安全技术教育培训,有利于减少不必要的伤亡结果,将安全责任意识落到实处。一线施工作业的工人由于文化水平的局限性,十分缺乏相应的施工安全知识和法律法规知识,其所受安全教育不到位,屡屡发生违规行为,使自己及他人的生命安全受到重大伤害。建设施工及相关单位应当从劳务用工资格审查做起,对无相应作业资格证书的工人不予任用,对农民工进行安全技术培训、安全教育培训、施工安全管理等,从根本上减少安全事故的发生。

关于安全教育培训的形式,不必拘泥于培训、会议等传统形式,可以利用形式多样的安全文化教育活动,普及安全生产知识。例如,可在工作区、休闲区营造“安全至上”等标语,使工人长期耳濡目染,提高个人的安全防范意识。面对特种作业的工人，需要额外加强各工种安全操作规程的培训，强化岗位安全操作、规范行为意识，保证施工人员在有安全保护意识的前提下从事施工作业，从本质上保证施工安全。除此之外，还应定时检查劳务用工的情况，包括劳务用工手续是否齐全，对不符合用工条件的人员一律清退出场，对分包劳务人员的年龄结构进行普查，严禁老弱病残者以及无相应资质的人员从事危险作业和高处作业。

针对安全责任的具体落实，需要进一步明确房地产项目中安全生产主体责任、领导责任、管理责任，明确项目经理、监理、包工头等人的职责，并加大对安全生产的投入，按规定设置安全管理机构并配备专职安全管理人员，使安全生产的各项措施落到实处。将"安全生产人人有责"的原则贯彻落实到各级各层，加强其责任心，明确其职责范围，这不仅有利于事前预防，而且有利于事后追责。针对队伍里建设人员的素质参差不齐的问题，需要通过各种专业培训与教育，掌握安全标准，提高安全意识。设立专门的安全监督员这一职位，在施工过程中，不仅要监督检查工地各处的安全防护措施，还需对建筑房地产施工中的主要安全技术与施工技艺加以了解，有效采取措施，提前预防各类伤亡事故，保障安全生产的顺利进行。

（二）强化多层次安全监督检查，提高安全责任意识

安全监督检查是预防事故发生、确保施工作业人员人身安全，积极促进工程建设顺利进行的重要措施和最佳途径。安全监督检查贯穿于施工生产的全过程，因此，安全工作存在于每个分部分项工程、每道工序中。针对安全监督检查工作，需要开展定期和不定期的检查。安全检查须以相应的规章制度作为检查标准，逐步开展各级检查。大型房地产企业应定期或不定期由安全值班领导牵头组织相关部门人员按照部颁标准、规范开展一次全面的安全检查，同时对检查结果进行公示，责令限期整改；如在规定的时间没有整改，则依照相应规定作出罚款甚至停工的惩罚措施。同时，部门领导尤其是安全总监作为管理安全的直接负责人，需要跟踪项目的安全隐患整改情况，在安全检查活动中排查事故隐患，积极采取整改措施，有效预防伤亡发生。在检查过程中，尽量做到公平公正，对于任何大小的安全隐患都不应抱有侥幸心理，应当及时处理。

针对建设单位日常安全管理工作松散懈怠现象，要加强建设单位、监理单位安全责任意识，使其安全管理工作摆脱随意性、盲目性，这才是减少安

全事故发生的根本。根据现有案例，建设方指定肢解工程，逐级分包的现象十分普遍，安全责任划分不清。通过上述风险分析可知，无论是承包房地产工程一方没有相应的施工资质，还是监理人玩忽职守、工人无特种作业资格证书，均或多或少反映出安全责任意识的薄弱。而提高安全意识，能够有效降低日常安全管理的工作难度，还能有效避免重大安全事故的发生。

（三）强化安全技术措施与安全技术交底措施的落实

强化安全技术措施，需要拟定切实可行的安全防护方案。作为在安全生产方面具有某种指导性意义的文件，该防护方案必须全面具体，内容除了应当包括施工主体、施工地点、监理单位、业主单位等基本信息外，还应当包括现场施工环境、施工条件、施工人员配置、是否有相应的资质等。在施工安全防护部署和防护方法方面，除应对临边、洞口、悬空和交叉、安全网张挂及正确使用安全防护用品作出明确具体规定外，还应考虑季节、环境及天气的影响，如何应对突发情况等措施和职业健康防护内容也应纳入方案中。

根据《建设工程安全生产管理条例》第 27 条的规定："建设工程施工前，施工单位负责项目管理的技术人员应当对有关安全施工的技术要求向施工作业班组、作业人员作出详细说明，并由双方签字确认。"通过该规定可知，技术负责人应当在生产作业前对直接生产作业人员进行该作业的安全操作规程和注意事项进行培训，并通过书面文件方式予以确认。建设项目中，在分部（分项）工程施工前，项目部应按批准的施工组织设计或专项安全技术措施方案，向有关人员进行安全技术交底。安全技术交底主要包括两个方面的内容：一是在施工方案的基础上按照施工的要求，对施工方案进行细化和补充；二是要将操作者的安全注意事项讲清楚，保证作业人员的人身安全。安全技术交底工作完毕后，所有参加交底的人员必须履行签字手续，施工负责人、生产班组、现场专职安全管理人员三方各留执一份，并记录存档，以起到安全技术交底的作用。只有明确具体地将安全技术交底落实到每一个施工队伍成员，明确交底人与施工人的责任划分，才能在事前起到警示作用与强制作用，而且在安全事故发生后也能做到有力追责，使负责人承担其应负的法律责任。

第四节　消防责任事故罪刑事风险与防控

一、风险点一：未经消防部门验收

案例一：王某消防责任事故案[1]

【基本案情】

2014年7月1日，被告人王某从殷某某处租赁位于青岛市黄岛区红石崖办事处红柳河路×××号院内房屋作为仓库使用，在该房屋未办理消防验收的情况下，仍用于存放橡胶、椰丝、纸浆、木材、羊皮、石蜡等大量易燃货物。2014年8月20日青岛市公安消防支队青岛经济技术开发区大队对该仓库进行消防监督检查后，发现该仓库未进行消防设计备案，未进行竣工验收消防备案、消防安全管理制度不健全、仓库钢结构未进行防火处理、仓库顶棚采用可燃材料、仓库与邻近建筑防火间距不足等问题并下达责令限期改正通知书，限2014年9月25日前整改。王某在接到责令整改通知书后未按要求采取措施改正，2015年8月16日19时许，该仓库失火，火灾过火面积2000平方米，造成仓库建筑主体结构严重破坏，存储的货物受到不同程度烧毁、烧损，事故直接损失为9,894,677元。

火灾事故调查报告认定，事故发生的直接原因是仓库内电器线路故障引燃仓库内货物而导致的火灾。间接原因：一是青岛某国际货运代理有限公司所使用的物流仓库未办理规划、建设、消防、环保等审批手续，消防设施、器材、消防安全标志配置、设置不符合标准，且未保持完好有效，存在重大安全隐患；二是政府有关部门及属地街道办事处对青岛某国际货运代理有限公司使用不符合消防标准的违章建筑从事生产经营活动的安全生产违法行为，未能及时发现整改。

【法院判决】

一审法院认为，被告人王某违反消防管理法规，经消防监督机构责令改

---

〔1〕 (2018)鲁02刑终157号。

正而拒绝执行，造成特别严重后果，其行为构成消防责任事故罪。王某案发后主动投案，并如实供述其犯罪事实，系自首，依法从轻处罚。王某到案后自愿认罪，态度较好，并取得了部分被害单位的谅解，酌情从轻处罚。依照《刑法》第 139 条、第 67 条之规定，以消防责任事故罪判处被告人王某有期徒刑 3 年。王某不服一审判决，提起上诉。

二审法院认为，消防部门对上诉人使用的仓库进行消防监督检查后，发现该仓库未进行消防设计备案，未进行竣工验收消防备案、消防安全管理制度不健全、仓库钢结构未进行防火处理、仓库顶棚采用可燃材料、仓库与邻近建筑防火间距不足等问题并下达责令限期改正通知书。通知书下达后，上诉人虽进行了部分整改，但并未按照消防部门下达的要求进行彻底整改。上诉人提出其将消防部门整改的通知告知过出租人殷某某，但上诉人在公安侦查期间的供述中并未提到其将消防部门的整改通知告知过殷某某，仅是在一审开庭时提出其告知过殷某某，而殷某某证言中称对消防部门的整改通知不知情。即使上诉人将消防部门整改的通知告知过出租人，但因出租人及上诉人对消防部门提出的整改要求未进行彻底有效整改，亦属拒绝整改。上诉人继续使用存在重大消防安全隐患的仓库储存众多可燃物品，发生火灾造成特别严重后果，其行为构成消防责任事故罪。火灾事故调查报告对火灾事故的直接原因及间接原因均有明确结论，黄岛区政府对相关责任人亦进行了相关处理，原审判决考虑到上诉人的行为系该起火灾事故发生的间接原因以及上诉人有自首、自愿认罪、无前科劣迹及取得部分受害人谅解等情节，对其判处的刑罚并无不当，所提量刑过重的上诉理由及辩护意见不成立，不予采纳。依照《刑事诉讼法》第 225 条第 1 款第 1 项之规定，裁定驳回上诉，维持原判。

【风险提示】

《消防法》第 12 条明确规定："特殊建设工程未经消防设计审查或者审查不合格的，建设单位、施工单位不得施工；其他建设工程，建设单位未提供满足施工需要的消防设计图纸及技术资料的，有关部门不得发放施工许可证或者批准开工报告。"但是在实践中，许多消防事故的发生原因为未经消防部门验收即投入使用，带来极大的失火隐患。《消防法》第 13 条第 1 款规定了申请消防验收的不同主体，"国务院住房和城乡建设主管部门规定应当申请消防验收的建设工程竣工，建设单位应当向住房和城乡建设主管部门申请消防验收”。即在房地产建设完成后，此类工程的建筑单位应当主动向住房和城乡建设主管部门申请消防验收。第13条第2款规定，“前款规定以外的其他建设工程，建设单位在验收后应当报住房和城乡建设主管部门备案，住房和城乡建设主管部门应当进行抽查”。该规定表明其他建设工程竣工后，即便不需要主动申请消防验收，也需要向住房和城乡建设主管部门进行消防备案，随时准备被抽查。第13条第3款规定：“依法应当进行消防验收的建设工程，未经消防验收或者消防验收不合格的，禁止投入使用；其他建设工程经依法抽查不合格的，应当停止使用。”第14条规定：“建设工程消防设计审查、消防验收、备案和抽查的具体办法，由国务院住房和城乡建设主管部门规定。”第15条规定：“公众聚集场所在投入使用、营业前，建设单位或者使用单位应当向场所所在地的县级以上地方人民政府消防救援机构申请消防安全检查。消防救援机构应当自受理申请之日起十个工作日内，根据消防技术标准和管理规定，对该场所进行消防安全检查。未经消防安全检查或者经检查不符合消防安全要求的，不得投入使用、营业。”即便立法机关对消防部门验收制定了如此详细的规定，但消防事故依旧频发，反映出法律与实践的脱节。

二、风险点二：违规使用建筑物

案例二：黎某桥等消防责任事故案[1]

【基本案情】

被告人黎某桥作为广州建业大厦（以下简称建业大厦）的实际控制人、广州市信龙企业管理有限公司、广州信浓物业管理公司实际经营者，聘请李某生（另案处理）为广州信浓物业管理有限公司的总经理，指派被告人黎某洪与李某生一起管理建业大厦，在该大厦未经消防部门验收的情况下擅自对外出租经营。2010年11月，广州市公安局越秀区分局在消防监督检查中发现建业大厦未经消防验收，被广州市信龙企业管理有限公司出租，擅自用

---

〔1〕 (2014)穗越法刑初字第488号。

作货物仓储和办公室使用，该局决定责令停止使用建业大厦，并处罚款。2011 年 1 月 4 日，广州市信龙企业管理有限公司逾期拒不执行上述处罚决定，广州市公安局越秀区分局决定对建业大厦出租的仓库予以查封，强制停止使用。同年 7 月，被告人黎某桥在建业大厦仍未经消防验收的情况下，以政府支持其盘活复建建业大厦需筹集资金等为由，以公司的名义继续出租建业大厦给承租人邓某甲等 50 多名商户，作为存放鞋类等货物的仓库。2013 年 12 月 15 日 18 时 37 分许，建业大厦发生火灾，造成该大厦局部受损，烧毁、烧损货物一批（经鉴定，直接财产损失 4066.23 万元）。

【法院判决】

法院认为，被告人黎某桥是建业大厦的实际控制人和经营者，违反消防管理法规，未进行消防验收而将该大厦投入使用，且停用消防设施，经消防监督机构通知采取改正措施而拒绝执行，被告人黎某桥是本次火灾的直接责任人，其行为危害公共安全，后果特别严重，已构成消防责任事故罪；被告人黎某洪作为建业大厦经营管理和消防责任负责人，不履行防火安全责任制规定的职责义务，对消防监督机构要求采取改正措施而拒绝执行，也是本次火灾的直接责任人，其行为危害公共安全，后果特别严重，已构成消防责任事故罪；被告人金某廉作为建业大厦维护电路的电工，在作业中违反安全管理规定，不按操作规程更换电源线，致电源线短路引燃可燃物因而发生本次火灾，其行为危害公共安全，情节特别恶劣，已构成重大责任事故罪；被告人黎某桥为谋取不正当利益，给予国家工作人员以财物，情节严重，其行为已构成行贿罪。被告人黎某桥犯数罪，依法应数罪并罚。公诉机关指控各被告人构成犯罪的事实清楚，法院予以支持。惟指控被告人金某廉构成失火罪的定性不当，法院经庭审查明后予以纠正。行贿一节事实中，被告人黎某桥在被追诉前主动交代行贿行为，依法可以减轻处罚。重大责任事故一节事实中，被告人金某廉犯罪以后自动投案，如实供述自己的罪行，是自首，依法可以从轻处罚。根据被告人的犯罪事实、情节及认罪态度，依照《刑法》第 139 条、第 389 条第 1 款、第 390 条、第 134 条第 1 款、第 69 条、第 67 条第 1 款及最高人民法院、最高人民检察院《关于办理行贿刑事案件具体应用法律若干问题的解释》（以下简称《办理行贿刑事案件解释》）第 2 条之规定，判决如下：

1. 被告人黎某桥犯消防责任事故罪，判处有期徒刑5年。犯行贿罪，判处有期徒刑3年。决定执行有期徒刑7年（刑期从判决执行之日起计算。判决执行以前先行羁押的，羁押一日折抵刑期一日，即自2013年12月16日起至2020年12月15日止）。

2. 被告人黎某洪犯消防责任事故罪，判处有期徒刑3年（刑期从判决执行之日起计算。判决执行以前先行羁押的，羁押一日折抵刑期一日，即自2013年12月17日起至2016年12月16日止）。

3. 被告人金某廉犯重大责任事故罪，判处有期徒刑3年（刑期从判决执行之日起计算。判决执行以前先行羁押的，羁押一日折抵刑期一日，即自2013年12月18日起至2016年12月17日止）。

【风险提示】

除了建筑物未按规定进行消防验收，造成火灾事故的原因还有违规使用建筑物。实践中，建筑类别按使用功能分类可分为居住建筑、公共建筑、工业建筑、农业建筑。居住建筑主要是指提供人们日常居住生活使用的建筑物，如住宅、宿舍、公寓等。公共建筑主要是指提供人们进行各种社会活动的建筑物，其中包括：行政办公建筑，如机关、企业单位的办公楼等；文教建筑，如学校、图书馆、文化宫、文化中心等；托教建筑，如托儿所、幼儿园等；科研建筑，如研究所、科学实验楼等；医疗建筑，如医院、诊所、疗养院等；商业建筑，如商店、商场、购物中心、超级市场等；观览建筑，如电影院、剧院、音乐厅、影城、会展中心、展览馆、博物馆等；体育建筑，如体育馆、体育场、健身房等；旅馆建筑，如旅馆、宾馆、度假村、招待所等；交通建筑，如航空港、火车站、汽车站、地铁站、水路客运站等；通信广播建筑，如电信楼、广播电视台、邮电局等；园林建筑，如公园、动物园、植物园、亭台楼榭等；纪念性建筑，如纪念堂、纪念碑、陵园等。工业建筑主要是指为工业生产服务的各类建筑，如生产车间、辅助车间、动力用房、仓储建筑等。农业建筑主要是指用于农业、牧业生产和加工的建筑，如温室、畜禽饲养场、粮食与饲料加工站、农机具维修站等。

建筑物使用类型不同，其耐火等级也不同。现行国家标准《建筑设计防火规范》把建筑物的耐火等级划分成四级，其中一级耐火性能最好，四级最差。性质重要或规模较大的建筑通常按一、二级耐火等级进行设计；普遍性或一般的建筑按二、三级耐火等级设计;次要或临时建筑按四级耐火等级设计。由于各类建筑物耐火等级不同,若违规使用建筑物,将会带来极大的火灾隐患,严重威胁人身安全,造成巨大的财产损失。

三、风险点三:责令后不予整改

案例三:李某生消防责任事故案[1]

【基本案情】

2010年至2013年,被告人李某生受同案人黎某桥(已判决)的聘请,先后担任广州信龙企业管理有限公司副总经理、广州信浓物业管理有限公司总经理,负责管理建业大厦。被告人李某生明知该大厦未经消防部门验收,仍接受同案人黎某桥的指派对外出租经营牟取暴利。2010年11月,广州市公安局越秀区分局在消防监督检查中发现建业大厦未经消防验收,被广州市信龙企业管理有限公司出租,擅自用作货物仓储和办公室,该局决定责令停止使用建业大厦并处罚款。2011年1月4日,广州市信龙企业管理有限公司逾期拒不执行上述处罚决定,广州市公安局越秀区分局决定对建业大厦出租的仓库予以查封,强制停止使用。同年7月,被告人李某生明知建业大厦已被消防监督机构查封且未取得消防验收的情况下,仍接受同案人黎某桥的授意,以政府支持其盘活复建建业大厦需筹集资金等为由,以公司的名义继续出租建业大厦给承租人邓某甲等50多名商户,作为存放鞋类等货物的仓库。2013年12月15日18时37分许,建业大厦发生火灾,造成该大厦局部受损,烧毁、烧损货物一批(经鉴定,直接财产损失4066.23万元)。

【法院判决】

法院认为,被告人李某生作为建业大厦经营管理负责人,违反消防管理法规,对消防监督机构要求采取改正措施而拒绝执行,是本次火灾的直接责任人,其行为危害公共安全,后果特别严重,已构成消防责任事故罪。公诉机关指控被告人李某生构成犯罪的事实清楚,法院予以支持。辩护人认为被告人李某生成立自首的辩护意见据理不足,法院不予采纳。根据被告人

---

[1] (2015)穗越法刑初字第1112号。

的犯罪事实、情节及认罪态度，依照《刑法》第139条之规定，判决如下：

被告人李某生犯消防责任事故罪，判处有期徒刑3年（刑期从判决执行之日起计算。判决执行以前先行羁押的，羁押一日折抵刑期一日，即自2014年10月31日起至2017年10月30日止）。

【风险提示】

导致事故发生的直接原因，在于消防部门已经下令限期整改后，相关负责人出于各种侥幸心理不予整改，最终导致火灾事故的发生。《消防法》第六章规定了法律责任。其中第58条规定："违反本法规定，有下列行为之一的，由住房和城乡建设主管部门、消防救援机构按照各自职权责令停止施工、停止使用或者停产停业，并处三万元以上三十万元以下罚款：（一）依法应当进行消防设计审查的建设工程，未经依法审查或者审查不合格，擅自施工的；（二）依法应当进行消防验收的建设工程，未经消防验收或者消防验收不合格，擅自投入使用的；（三）本法第十三条规定的其他建设工程验收后经依法抽查不合格，不停止使用的；（四）公众聚集场所未经消防安全检查或者经检查不符合消防安全要求，擅自投入使用、营业的。建设单位未依照本法规定在验收后报住房和城乡建设主管部门备案的，由住房和城乡建设主管部门责令改正，处五千元以下罚款。"从该法条规定来看，如若未经消防安全检查或者经检查不符合消防安全要求的，将会被停产停工，并处以罚款的行政处罚。虽然停止使用将会影响办公，阻碍公司的日常经营，处以相当数额的罚款会对公司经济利益带来损失，但是如若进行整改，将会花费更多时间，严重影响公司的正常运营节奏，损失的可期利益远远超出罚款的数额；再加上消防整改本来只是为了消除隐患，只要没有火源，真正发生火灾的概率是微乎其微的——很多相关负责人便是因为抱着上述侥幸心理，即便是责令其整改，对其进行罚款等行政措施也置之不理。因此，即便是法律明确规定的消防责任，大厦的使用者也并没有履行。

四、风险点四：消防意识淡薄

案例四：刘某消防责任事故案[1]

【基本案情】

2014年4月25日00时许，晋中市榆次区华钜商城东门通道B165号杨某经营的精品拖鞋店内发生火灾，火灾造成不同程度受灾户共7户，烧损建筑面积约500平方米，经晋中市物价局价格认证中心对火灾所造成的损失进行价格鉴定，直接财产损失为1,211,501元。经榆次区公安消防大队侦查，该火灾之所以造成重大的经济损失，是华钜商城管理部负责人刘某没有对消防大队在日常检查中提出的消防隐患进行有效整改，致使火灾发生初期不能得到有效的处置。此次火灾发生的直接原因为杨某经营的精品拖鞋店内连接插座线路短路，引起整条线路过热起火，引燃附近可燃物蔓延所致。起火地点2楼的疏散通道上设有的摊位及悬挂有大量的可燃性广告牌，使火情快速蔓延至周边商铺，且起火地点附近消火栓夜间无水，致使火情不能得到有效控制。针对华钜商城存在的上述火灾隐患，榆次区消防大队在2013年6月1日至2014年4月25日发生火灾之前，对华钜商城进行了多次检查，并针对存在的火灾隐患共下发了3次《责任限期改正通知书》，责令华钜商城物业管理部门按要求整改，华钜商城消防管理部门（华钜商城物业管理部）在接到整改文书后未按照要求一一予以整改，对造成此次火灾的发生负有重大责任。

【法院判决】

法院认为，被告人刘某作为山西华钜房地产发展有限公司管理服务部的负责人违反消防管理法规，经消防监督机构通知采取改正措施而拒绝执行，致使引起火灾，造成直接财产损失1,211,501元，已造成严重后果，其行为已构成消防责任事故罪，应依法惩处，公诉机关的指控成立。被告人刘某在犯罪以后自动投案，如实供述自己的罪行，系自首，可从轻或者减轻处罚。其在案发后与闫某达成和解协议，已赔偿闫某经济损失8万元，取得闫某的

---

[1] (2015)榆刑初字第57号。

谅解，在法院审理期间选择自愿认罪，法院依法酌情对其予以从轻处罚。对于被告人刘某的辩护人提出的辩护意见不予采纳。经法院审判委员会讨论决定。依据《刑法》第139条、第61条、第67条第1款、第72条第1款、第73条第2款、第3款之规定，判决如下：

被告人刘某犯消防责任事故罪，判处有期徒刑2年，缓刑2年（缓刑考验期限从判决确定之日起计算）。

【风险提示】

我国《消防法》第6条明确规定："各级人民政府应当组织开展经常性的消防宣传教育，提高公民的消防安全意识。机关、团体、企业、事业等单位，应当加强对本单位人员的消防宣传教育。应急管理部门及消防救援机构应当加强消防法律、法规的宣传，并督促、指导、协助有关单位做好消防宣传教育工作。教育、人力资源行政主管部门和学校、有关职业培训机构应当将消防知识纳入教育、教学、培训的内容。新闻、广播、电视等有关单位，应当有针对性地面向社会进行消防宣传教育。工会、共产主义青年团、妇女联合会等团体应当结合各自工作对象的特点，组织开展消防宣传教育。村民委员会、居民委员会应当协助人民政府以及公安机关、应急管理等部门，加强消防宣传教育。"但笔者认为，消防教育的对象应当具有一定的针对性，尤其对于建筑房地产行业，提高管理人员的消防意识是十分必要的，其不仅仅要掌握相关的消防知识，明白逃生技巧，懂得消防器材的简易使用方式，同时也需要大力宣扬如何消除安全隐患。只有消除大厦负责人的侥幸心理，提高消防观念，才能真正做到防患于未然。

五、罪名解析与辩护策略

消防责任事故罪，是指违反消防管理法规，经消防监督机构通知采取改正措施而拒绝执行，造成严重后果的行为。

（一）构成要件

1. 客体要件

本罪侵犯的客体是国家的消防监督制度和公共安全。消防工作是全民同火灾作斗争的事业，关系到国计民生和社会的安定，涉及各行各业、千家万户。我国对消防工作实行严格的监督管制，专门制定了《消防法》《消防监督程序规定》(已失效)等消防法规,其中规定,我国消防工作由各级公安机关实施监督,县以上公安机关设置消防监督机构,消防监督机构发现有重大火灾隐患的,应及时向被检查的单位或居民以及上级主管部门发出《火险隐患整改通知书》,被通知单位的防火负责人或公民,应当采取有效措施,消除火灾隐患,并将整改的情况及时告诉消防监督机构。每个单位和公民都必须严格遵守消防法规,认真搞好消防工作,及时消除火灾隐患。而有些单位和公民片面追求经济效益,违反消防管理法规,经消防监督机构通知采取改正措施而拒绝执行,因而发生火灾,造成严重后果,严重破坏消防监督管理秩序,危害公共安全,给国家、集体和人民群众带来巨大损失。

2. 客观要件

本罪在客观方面表现为违反消防管理法规且经消防监督机构通知采取改正措施而拒绝执行的行为。违反消防管理法规而造成严重后果,是这种犯罪行为的本质特征。所谓违反消防管理法规,是指违反了我国《消防条例》(已失效)、《消防条例实施细则》(已失效)、《仓库防火安全管理规则》、《高层建筑消防管理规则》等。本罪要求经消防监督管理机构通知采取改正措施而拒绝执行,如果行为人只是违反了消防管理法规,但没有接到过消防监督机构采取改正措施的通知,即使造成了严重后果,也不构成本罪。消防监督机构,是指根据有关法律、法规建立的专门负责消防监督检查工作的机构。违反消防管理法规须与严重后果之间存在因果关系,即严重后果是违反消防管理法规的行为引起的;如果违反消防管理法规的行为与严重后果之间没有因果联系,则不构成本罪。

严重后果,通常是指造成了人身伤亡或公私财产的重大损失。后果特别严重,一般是指造成多人重伤、死亡或者公私财产的巨大损失。根据司法实践经验和有关规定,所谓重大伤亡事故,一般是指死亡 1 人以上,或者重伤 3 人以上;所谓严重后果,既包括重大人身伤亡,也包括重大的直接经济损失,直接经济损失的数额一般掌握在 5 万元以上,直接经济损失虽不足上述规定的数额,但情节严重,使生产、工作受到重大损失的,也应追究直接责任人员的处罚。

3. 主体要件

本罪的主体为一般主体。行为人既包括自然人,即年满 16 周岁、具有刑事责任能力的人,也包括单位。

4. 主观要件

本罪在主观方面表现为过失，可以是疏忽大意的过失，也可以是过于自信的过失。这里所说的过失，是指行为人对其所造成的危害结果的心理状态而言。行为人主观上并不希望火灾事故发生，但就其违反消防管理法规，经消防机构通知采取改正措施而拒绝执行而言，则是明知故犯的。行为人明知是违反了消防管理法规，但却未想到会因此立即产生严重后果，或者轻信能够避免，以致发生了严重后果。

（二）量刑规定

《刑法》第 139 条规定："违反消防管理法规，经消防监督机构通知采取改正措施而拒绝执行，造成严重后果的，对直接责任人员，处三年以下有期徒刑或者拘役；后果特别严重的，处三年以上七年以下有期徒刑。"

所谓后果特别严重，是指发生重大火灾，造成多人重伤、死亡或者公私财产的巨大损失。具体确定犯罪行为人的具体刑罚时，还可考虑以下因素：（1）犯罪行为人的一贯表现；（2）行为人是否多次违反消防管理法规，是否经消防监督机构多次通知采取改正措施而多次拒绝执行；（3）犯罪后的表现，如有无自首、立功表现，犯罪后是否积极采取有效措施抢救人员、防止危害结果的扩大，是否为逃避罪责而破坏、伪造现场；（4）犯罪行为人的刑事责任年龄和刑事责任能力；（5）严重后果的具体情况等。

（三）认定标准

1. 本罪与一般消防事故的界限

区分两者的关键在于造成后果的严重程度不同。构成消防责任事故罪，必须造成严重后果。而一般消防事故，虽然发生了事故，造成了一定危害后果，但未达到严重程度，故不构成犯罪。

2. 本罪与失火罪的界限

本罪是指行为人在存在火险隐患的情况下拒不执行消防监督机构关于采取改正措施的通知，致使引起火灾，造成严重后果。失火罪是指行为人在日常生活与生产活动中用火不慎，引起火灾，造成严重后果。

3. 本罪与玩忽职守罪的界限

本罪的犯罪主体是一般主体，玩忽职守罪的犯罪主体是国家机关工作人员。

如果单位的负责人或有关人员是国家机关工作人员，违反消防管理法规,经消防监督机构通知采取改正措施而拒绝执行,致使发生火灾事故,造成严重后果的,则属于法条竞合,依据《刑法》第 397 条第 1 款"本法另有规定的,依照规定",应以特别法条即本条的规定定罪处罚。也就是说,对犯罪行为人应以消防责任事故罪论处,而不应以玩忽职守罪论处。

(四)立案标准

违反消防管理法规,经消防监督机构通知采取改正措施而拒绝执行,涉嫌下列情形之一的,应予立案追诉:(1)造成死亡 1 人以上,或者重伤 3 人以上;(2)造成直接经济损失 50 万元以上的;(3)造成森林火灾,过火有林地面积 5 公顷以上,或者过火疏林地、灌木林地、未成林地、苗圃地面积 4 公顷以上的;(4)其他造成严重后果的情形。

(五)辩点分析

在进行消防责任事故罪的辩护时,应当着重考虑以下辩点:(1)是否造成严重后果;(2)犯罪行为人的一贯表现;(3)行为人是否多次违反消防管理法规,是否经消防监督机构多次通知采取改正措施而多次拒绝执行;(4)犯罪后的表现,如有无自首表现,犯罪后是否积极采取有效措施抢救人员、防止危害结果的扩大,是否为逃避罪责而破坏、伪造现场;(5)犯罪行为人的刑事责任年龄和刑事责任能力等。

1. 造成严重后果

是否达到"严重后果",参考上文所述"立案标准"。

消防责任事故罪与无罪的界限在于造成后果的严重程度不同。构成消防责任事故罪,必须造成严重后果;而在一般消防事故中,虽然发生了事故,造成了一定危害后果,但未达到严重程度,故不构成犯罪。因此,是否达到法律法规规定的"严重后果",可以作为辩点之一。

2. 犯罪行为人一贯表现

本罪为过失犯罪,可分为过于自信的过失以及疏忽大意的过失,行为人主观方面并没有故意引起火灾的意图。因此,行为人的表现可以作为从轻判决的条件之一,应当从归案前和归案后两个方面进行观察。

一看犯罪嫌疑人归案前的表现。主要判断犯罪嫌疑人是否存在较大的危险性;从心理状态、一贯表现来判断犯罪嫌疑人是否存在妨碍刑事诉讼进程的危险性;从犯罪嫌疑人个人品质、性格特征、成长经历、教育状况等来判断其危害社会可能性。一般而言,有稳定的职业、固定的住所、家庭环境较好的犯罪嫌疑人,或者是初犯、过失犯罪、胁从犯、中止犯,其社会危险性比较小;而有前科、有劣迹、有暴力倾向的犯罪嫌疑人,其再次犯罪或者实施干扰刑事诉讼活动正常进行的可能性较大。

二看犯罪嫌疑人归案后的表现,也就是犯罪嫌疑人在归案后是否有悔罪表现,是自首还是被抓获,有没有如实供述罪行,是否积极配合诉讼进程,等等,这些表现都可以作为判断社会危险性大小的依据。

3. 是否多次违反法律法规

我国《消防法》第 58 条规定:"违反本法规定,有下列行为之一的,由住房和城乡建设主管部门、消防救援部门按照各自职权责令停止施工、停止使用或者停产停业,并处三万元以上三十万元以下罚款:(一)依法应当进行消防设计审查的建筑工程,未经依法审查或者审查不合格,擅自施工的;(二)依法应当进行消防验收的建筑工程,未经消防验收或者消防验收不合格,擅自使用的……(四)公众聚集场所未经消防安全检查或者经检查不符合消防安全要求,擅自投入使用、营业的……"

行为人是否多次违反消防管理法规,是否经消防监督机构多次通知采取改正措施而多次拒绝执行,是本罪的重要辩点之一。如果行为人只是法律意识不强,甚至已经具有整改想法,但却没有来得及付诸行动,那么辩护人应当及时向法庭说明情况,为行为人争取从轻处罚。

4. 自首的认定

"自首"是一个法律名词,《刑法》第 67 条第 1 款规定,"犯罪以后自动投案,如实供述自己的罪行的,是自首"。自首是指犯罪后自动投案,向公安、司法机关或其他有关机关如实供述自己的罪行的行为。对于自首的犯罪分子,可以从轻或减轻处罚,其中,犯罪较轻的可以免除处罚。被采取强制措施的犯罪嫌疑人、被告人和正在服刑的罪犯,如实供述司法机关还未掌握的本人其他罪行的,以自首论。犯罪嫌疑人虽不具有前两款规定的自首情节,但是如实供述自己罪行的,可以从轻处罚;因其如实供述自己罪行,避免特别严重后果发生的,可以减轻处罚。在本罪中,如果行为人有自首的表现,那么就有从轻、减轻处罚的机会。自首应当作为消防责任事故罪的辩点之一。

5. 积极采取有效措施

高层建筑楼道狭窄、楼层高,发生火灾不容易逃生,救援困难,而且常因人员拥挤阻塞通道,造成互相践踏的惨剧。如果行为人在火灾事故发生后,能够及时扑救,利用各楼层的消防器材扑灭初起火灾,并且在发现火灾后,尽快拨打"119"电话呼救,及时向消防队报火警;此外,火场中的儿童和老弱病残者本人不具备或者丧失了自救能力,行为人除自救外,如果还积极救助他们尽快逃离险境,疏散群众,且并没有为了逃避罪责而破坏、伪造现场,那么,这些行为也可以作为本罪的辩点之一,其辩护律师应当从该角度进行辩护。

六、防控措施

(一)制定火灾事故应急预案

建筑工地是一个多工种、立体交叉作业的施工场地,在施工过程中存在着火灾隐患。明火作业多、易燃材料多的办公场所和建筑工地极易发生各种火灾。为了提高消防应急能力,全力、及时、迅速、高效地控制火灾事故,最大限度地减少火灾事故损失和事故造成的负面影响,保障国家、企业财产和人员的安全,针对办公场所和施工现场的实际情况,项目部应制定办公场所和施工现场火灾事故应急预案。

火灾事故应急预案的内容不仅应当包括完善的应急组织管理指挥系统,还应当包括强有力的应急工程救援保障体系等。应急预案重要子系统为:完善的应急组织管理指挥系统;强有力的应急工程救援保障体系;综合协调、应对自如的相互支持系统;充分备灾的保障供应体系;体现综合救援的应急队伍等。应急预案应形成体系,针对各级各类可能发生的事故和所有危险源制定专项应急预案和现场处置方案,并明确事前、事发、事中、事后的各个过程中相关部门和有关人员的职责。对于生产规模小、危险因素少的生产经营单位,其综合应急预案和专项应急预案可以合并编写。

(二)提高消防意识

企业应通过开展消防宣传教育,提高员工的消防意识。采用各种贴近群众、贴近实际的宣传形式和手段,积极扩大宣传面,普及消防法律知识、安全常识和消防信息,努力提高员工的消防法制观念和消防安全意识。

要想提高消防意识,首先需要加大消防法律法规的宣传教育,增强员工消防法制意识。由于消防工作涉及《消防法》等各种法律法规和行业标准(尤其是建筑工地以及房地产行业标准),具有强制性和专业性,在加强消防法律法规、技术规范和标准建设的同时，更要加大对消防意识重要性的宣传教育、指导和规范，发挥消防意识在员工职务行为中的自我规范作用。

除此之外，企业还可以通过定期的消防演习，引起员工及管理人员对于消防问题的重视。使其在日常工作中规范操作，防止因轻信不会发生火灾而最终导致事故的发生。

第二章 资本市场篇

房地产行业是我国国民经济的支柱产业，在一定程度上可以促进整个国民经济的发展，拉动消费需求。房地产同时也是一个资金密集型产业，其投资规模大、周期长等特点使得房地产的开发建设需要大量的资金，因此，融资成为房地产企业资本运作的重要环节。而我国目前房地产企业融资渠道单一，对银行贷款依赖过高的特点已成为资金筹措的“瓶颈”。

房地产企业融资相较于其他企业有以下特点：

1. 开发资金需求庞大，内源性融资较为贫乏，外源性融资依赖性强。一般企业的内源性融资方式不足以支撑房地产企业的需求，外源性融资成为最主要的资金支持方式。

2. 政府的政策对房地产企业融资具有非常直接、重大的影响。在我国，房地产业发展具有鲜明的中国特色，即受政策调控。政府通过对金融工具、金融政策等方面的调控，形成对房地产企业融资行为的影响。

3. 融资的主要抵押品为土地与房产。目前，房地产企业融资中的银行贷款、投资信托贷款都将抵押物集中在土地和房产上，以房地产企业的土地使用权、在建工程等作为抵押物，向金融机构融通资金，以防止和降低借贷风险。

4. 财务杠杆过高，财务风险大。房地产企业大量采用外源性融资渠道，使得房地产企业的财务杠杆过高。2018 年中国上市房企资产负债率排行榜 TOP100 中，过半数的房地产企业资产负债率超过 80% 的财务杠杆警戒线。因此，对于宏观经济周期关联性较强的房地产行业来说，任何波动都可能导致企业的财务风险加大，甚至崩溃。

2019 年 7 月 29 日，中国人民银行在京举行“全国银行业金融机构信贷结构调整优化座谈会”,会议明确指出“房地产行业占用信贷资源依然较多”,将房地产信贷进一步提高到站位正确的问题。会议要求,各类银行要主动提高政治站位,从宏观审慎角度审视经营思想、经营策略,重塑和培养经营能力,转变传统信贷路径依赖,合理控制房地产贷款投放。针对大型房地产企业,特别提出“要坚持‘房子是用来住的,不是用来炒的’定位,认真落实房地产市场平稳健康发展的长效机制。保持房地产金融政策连续性稳定性。加强对存在高杠杆经营的大型房企的融资行为的监管和风险提示,合理管控企业有息负债规模和资产负债率”。

对于大型房地产企业来说,其融资的渠道、资源较多;而对于中小型房地产企业来说,除了向银行贷款遭遇高门槛外,其在尝试其他融资方式的过程中也存在较大障碍,在资金重压下往往容易心存侥幸、铤而走险。

笔者通过“律小牛刑事辩护智能办案辅助系统”大数据检索功能,对《刑法》第三章破坏社会主义市场经济秩序罪中的合同诈骗罪,非法吸收公众存款罪,集资诈骗罪,骗取贷款、票据承兑、金融票证罪,串通投标罪,非法转让、倒卖土地使用权罪进行案例检索、筛选、分析,获取合同诈骗罪案例10,307个,非法吸收公众存款罪案例5290个,集资诈骗罪案例1665个,骗取贷款、票据承兑、金融票证罪案例821个,串通投标罪案例1489个,非法转让、倒卖土地使用权罪案例326个(见图2-1)。

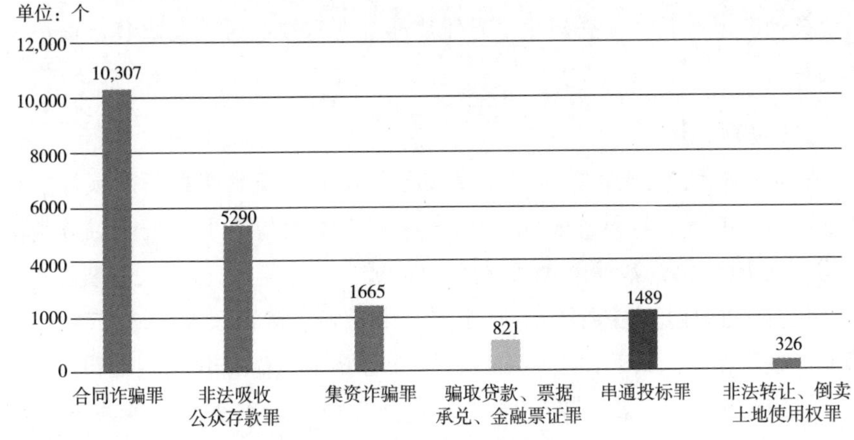

图2-1 本章各罪名案例数量*

---

* 资料来源:律小牛刑事辩护智能办案辅助系统。

第一节　合同诈骗罪刑事风险与防控

一、风险点一：以买卖合同形式作为融资担保，被推定为具有“非法占有目的”

案例一：深圳市厚基房地产开发有限公司惠阳分公司、陈某乙合同诈骗案[1]

【基本案情】

深圳市厚基房地产开发有限公司惠阳分公司（以下简称厚基惠阳分公司）在建设小区过程中因资金短缺，遂通过向他人借款、以房产折抵工程和材料款等方式继续项目建设，同时将部分房产以买卖方式在房管部门备案登记在出借人或债权人名下作还款担保。2012年5月21日，厚基惠阳分公司与叶某签订借款协议，以其名下小区的2B104号商铺等房产作为借款担保，未到有关部门办理抵押权登记。2012年7月5日，厚基惠阳分公司及总公司将涉案2B104号商铺出售给吴某，总价款为114万元，吴某以分期付款方式于2013年3月30日前付清房款。2013年3月28日，吴某到小区售楼处欲交纳剩余房款时被告知涉案商铺被厚基惠阳分公司重复出售后向公安机关报案。

【法院判决】

一审法院认为：被告单位厚基惠阳分公司故意隐瞒涉案商铺预告登记在他人名下的事实与第三人订立合同，采用重复销售的手段骗取对方当事人购房款100万元，数额巨大，其行为已构成合同诈骗罪；被告人陈某乙作为小区负责销售的直接主管人员，是主要实施者和直接责任人员，构成合同诈骗罪。鉴于买受人提起民事诉讼后权利可以得到保障，酌情从轻处罚。

二审法院认为：被告单位厚基惠阳分公司将其名下枫叶雅堤小区的2B104号商铺预告登记在叶某名下的行为，实际上是为借款提供担保，并不

[1] （2015）惠中法刑二终字第97号。

是将涉案房产销售给叶某，因此，上诉单位在借款后又将涉案房产销售给吴某的行为并不是重复销售。一审判决认为本案上诉单位厚基惠阳分公司、上诉人陈某乙犯合同诈骗罪的证据不充分，对上诉单位及上诉人行为的定性不准确，故依法应属无罪，并由民事法律进行调整。

【风险提示】

近年来，房地产交易中出现一种新的融资方式，即房地产企业与融资对象同时签订借款合同和买卖合同，并约定若到期债务清偿，买卖合同不再履行；若到期债务不清偿，双方则履行买卖合同，借款债务与买卖价金相抵销。此种融资方式往往被检察院以“明知没有归还能力而大量骗取资金”为由推定为具有“非法占有目的”。

房地产企业对此必须高度重视，尽量避免使用这一融资方式，或者配套相应的方案解决由此带来的刑事风险，为企业的健康发展保驾护航。

二、风险点二：“一房多卖”被推定为具有“非法占有目的”

案例二：肇庆德宝房地产有限公司、梁某锋合同诈骗案[1]

【基本案情】

被告单位肇庆德宝房地产有限公司（以下简称德宝公司），于2002年11月19日成立，被告人梁某锋是德宝公司的股东之一。公诉机关指控：被告人梁某锋在梁某志（另案处理）的指使下，为骗取资金用于归还德宝公司的借款及经营，以德宝公司名义，以签订《广东省商品房买卖合同》、借款协议书等形式，隐瞒该公司的房产已经销售的事实，取得被害人的信任后，骗取被害人的资金，具体行为如下：

1. 2004年9月20日，在出售聚雅居D10栋给被害人梁某时，梁某志及被告人梁某锋隐瞒广东省古今拍卖有限公司肇庆分公司已签订《广东省商品房买卖合同》并办理预告登记的事实，骗取了被害人梁某的购房款145.6万元。

2. 2004年10月6日，在出售逸湖居D16栋给被害人朱某时，梁某志及

---

〔1〕 (2015)肇端法刑初字第303号。

被告人梁某锋隐瞒翁某锋已签订《广东省商品房买卖合同》并办理预告登记的事实，骗取了被害人朱某的购房款145万元。

3. 2005年10月16日，在出售逸湖居C10栋给被害人唐某等人时，梁某志及被告人梁某锋隐瞒唐某明已签订《广东省商品房买卖合同》并办理预告登记的事实，骗取了被害人唐某的购房款145万元。

4. 2006年4月28日，在出售聚贤居E2-02给被害人蓝某时，梁某志及被告人梁某锋隐瞒肇庆市端州区城东办事处已签订《广东省商品房买卖合同》并办理预告登记的事实，骗取了被害人蓝某的购房款157.5万元。

5. 2008年4月28日，为取得被害人何某甲的借款，梁某志及被告人梁某锋隐瞒聚贤居E10栋已销售给冯某、逸湖居C15栋已销售给陈某、紫云亭C01栋已销售给黄某甲及黄某慧、紫云亭C08栋已销售给黄某丙及杨某珍的事实，将上述房产作为抵押物抵押给被害人何某甲，骗取借款700万元。

6. 2008年8月7日，为取得被害人张某、谭某乙的借款，梁某志及被告人梁某锋隐瞒翔云阁A02栋已与张某一签订《广东省商品房买卖合同》并办理预告登记的事实，将该房作为抵押物抵押给被害人张某、谭某乙，骗得借款230万元。

【法院判决】

法院认为，公诉机关指控的第1~4宗事实，德宝公司为向他人借款，以签订买卖合同并办理预售登记的形式向债权人作抵押，后将房屋出售给实际购房者并交付使用，德宝公司非法占有实际购房者财物的主观故意不明显；指控的第6宗事实，德宝公司依照与张某、谭某乙之间的抵押借款合同约定，已办理了抵押权登记，履行了合同的主要义务。发生纠纷后，经法院调解，张某、谭某乙的债权得以清偿，抵押权亦已消除，双方的抵押借款合同已履行完毕，不符合合同诈骗罪的行为特征。故公诉机关第1~4宗及第6宗指控，事实不清，证据不足，法院未予认定。

指控的第5宗事实，被告单位德宝公司在欠下巨额债务、资不抵债、房屋已实际销售的情况下，隐瞒事实，以已销售的房屋作抵押向被害人何某甲借款700万元，并随后发表遗失声明，其非法占有故意明显，行为符合合同诈骗罪的构成要件。最终法院判决，被告单位肇庆德宝房地产有限公司犯合同诈骗罪，判处罚金100万元。被告人梁某锋犯合同诈骗罪，判处有期徒刑3

年6个月,并处罚金10万元。

【风险提示】

所谓“一房多卖”,是指房屋所有人将同一房屋先后出卖给不同的买受人。在一房多卖的情况下,由于出卖人往往已经收取了多个买受人部分或者全部的购房款,而事实上却不可能同时满足所有买受人的购房需要,加上如今房市价格高且波动大,买受人在付出高额房款后却得不到房子,往往会产生强烈的被骗情绪,从而向公安机关控告出卖人,指称其涉嫌合同诈骗罪。在此种情况下,公诉机关及法院往往更容易推定被告人具有“非法占有目的”。房地产企业应增强法律意识,严格规范内部管理,尤其是在预售环节,严格执行一房一卖,规范销售,避免因小失大,给企业带来刑事风险。

三、风险点三:隐瞒真实经营情况订立房屋买卖合同,被推定为具有“非法占有目的”

案例三:清远市长龙房地产开发有限公司、黄某兵等合同诈骗案[1]

【基本案情】

2011年8月初,被告人黄某兵为向王某甲借款,带王某甲考察了时尚都市、时尚翡翠、时尚国际项目和信裕房地产开发有限公司位于峡山路和银盏林场107国道东侧的地块以及长龙公司、信和融资担保有限公司,被告人黄某兵没有如实告知王某甲时尚都市、时尚翡翠、时尚国际项目和公司的真实经营情况。被告人黄某兵取得王某甲的信任后,在2011年8月至2012年11月,明知没有偿还能力,向王某甲借款5次共计1.4亿元,借款后仅支付部分利息,至案发时尚未偿还借款本金。

公诉人指控被告人黄某兵向王某甲借款1.4亿元,事后只归还2000万元本金及利息,其中1.2亿元被用于支付黄某兵所欠麦某、许某、张某、张某超等人的借款和利息,黄某兵未将这些借款用于清远市长龙房地产开发有限公司的经营运作。黄某兵向王某甲隐瞒清远市长龙房地产开发有限公司负有巨额债务及信和融资担保有限公司并非其个人所有的实际情况,为博

---

〔1〕(2015)粤高法刑二终字第308号。

取王某甲的信任，在其中5次借款协议上使用“清远市信和担保有限公司”的虚假公章，共骗取王某甲1.4亿元。黄某兵以非法占有为目的，虚构事实、隐瞒真相，采用欺骗手段，骗取王某甲的借款，并未用于长龙公司的经营运作，其行为未体现为长龙公司单位行为，是个人犯罪，构成合同诈骗罪。

【法院判决】

法院认为，被告人黄某兵虚构事实、隐瞒真相，明知没有履行能力，骗取王某甲借款，数额特别巨大，其行为构成合同诈骗罪，判处有期徒刑15年，并处罚金200万元。

【风险提示】

许多房地产企业由于市场融资受阻，为最大限度取得资金，往往会在签订借款合同过程中采取隐瞒本公司负有巨额债务，或虚构本公司资产等方式，制造本公司具有还款能力的假象，然而借款到期后却无力偿还，造成借款人巨额损失，这容易被推定为具有“非法占有目的”。此种情形大多由于房地产企业决策层对未来收入过高预期甚至错误判断，在借款过程中过分依赖预期利益而激进冒险。同时，为隐瞒真相、虚构资产，部分房地产企业还可能涉及伪造金融票证罪、伪造公司、企业印章罪等其他犯罪。房地产企业决策层要增强风险意识和法律意识，规范经营，未雨绸缪，方能长治久安。

四、罪名解析与辩护策略

合同诈骗罪是指以非法占有为目的，在签订、履行合同过程中，骗取对方当事人财物，数额较大的行为。

（一）构成要件

1. 客体要件

本罪侵犯的客体为复杂客体，即诚实信用的社会主义市场经济秩序和合同当事人的财产所有权，犯罪对象是公私财物。对于合同诈骗罪的行为人而言，签订合同的目的不在于合同本身的履行，而在于对合同标的物或定金的非法占有，合同仅仅是诈骗所采用的形式。

2. 客观要件

本罪的客观方面表现为在签订、履行合同过程中，以虚构事实或者隐瞒真相的方法，骗取对方当事人财物，数额较大的行为。这里的合同，应当理解为不包括单纯的借款合同,因为利用借款合同进行诈骗相当于直接通过诈骗的手段使得对方产生错误认识进而处分财物,完全符合诈骗罪的构成。

根据《刑法》第224条的规定,本罪的诈骗行为表现为下列五种形式:

(1)以虚构单位或者冒用他人的名义签订合同的。

(2)以伪造、变造、作废的票据或者其他虚假的产权证明作担保的。这里所称的票据,主要指能作为担保凭证的金融票据,即汇票、本票和支票等。所谓其他产权证明,包括土地使用权证、房屋所有权证以及能证明动产、不动产的各种有效证明文件。

(3)没有实际履行能力,以先履行小额合同或者部分履行合同的方法,诱骗对方当事人继续签订和履行合同的。

(4)收受对方当事人给付的货物、货款、预付款或者担保财产后逃匿的。

(5)以其他方法骗取对方当事人财物的。这里所说的其他方法,是指在签订、履行经济合同过程中使用的上述四种方法以外,以经济合同为手段、以骗取合同约定的由对方当事人交付的货物、货款、预付款或者定金以及其他担保财物为目的的一切手段。

行为人只要实施上述一种诈骗行为,便可构成本罪。

3. 主体要件

本罪的犯罪主体包括自然人和单位。《刑法》第231条规定:"单位犯本节第二百二十一条至第二百三十条规定之罪的,对单位判处罚金,并对其直接负责的主管人员和其他直接责任人员,依照本节各该条的规定处罚。"实践中,应当注意以合同诈骗的犯罪意志和利益归属两点作为判断究竟是个人还是单位犯合同诈骗罪,是否以单位名义签订、履行合同不应成为区分个人合同诈骗罪与单位合同诈骗罪的标志。

4. 主观要件

本罪的主观方面表现为直接故意,且要求具有非法占有他人财物的目的。刑法理论认为,"犯罪目的是指犯罪人希望通过事实行为实现某种危害结果的心理态度,犯罪目的仅存于直接故意中"。因此,合同诈骗罪这种目的性犯罪只存在直接故意的形态,也因此使其与民事欺诈行为得以区分。

(二)量刑规定

1.《刑法》第224条关于合同诈骗罪的量刑规定为:"……处三年以下有

期徒刑或者拘役,并处或者单处罚金;数额巨大或者有其他严重情节的,处三年以上十年以下有期徒刑,并处罚金;数额特别巨大或者有其他特别严重情节的,处十年以上有期徒刑或者无期徒刑,并处罚金或者没收财产”。

2. 最高人民法院《关于常见犯罪的量刑指导意见(二)》关于8种常见犯罪的指导意见之“(五)合同诈骗罪”规定,“构成合同诈骗罪的,可以根据下列不同情形在相应的幅度内确定量刑起点”:(1)达到数额较大起点的,可以在1年以下有期徒刑、拘役幅度内确定量刑起点。(2)达到数额巨大起点或者有其他严重情节的,可以在3年至4年有期徒刑幅度内确定量刑起点。(3)达到数额特别巨大起点或者有其他特别严重情节的,可以在10年至12年有期徒刑幅度内确定量刑起点。依法应当判处无期徒刑的除外。

在量刑起点的基础上,可以根据合同诈骗数额等其他影响犯罪构成的犯罪事实增加刑罚量,确定基准刑。

对于何谓数额巨大、数额特别巨大,目前尚无明确的规定,导致各地在执行中做法不一。有的省市出台了单独规定,根据广东省高级人民法院《关于办理破坏社会主义市场经济秩序犯罪案件若干具体问题的指导意见》(以下简称《破坏市场经济秩序犯罪指导意见》)第21条,个人进行合同诈骗犯罪的定罪量刑的数额标准规定如下:(1)广州、深圳、珠海、汕头、佛山、中山、东莞、江门市及其所辖市、县、区以5万元以下为“数额较大”,5万元以上不满50万元为“数额巨大”,50万元以上为“数额特别巨大”;(2)湛江、茂名、惠州、潮州、揭阳、汕尾、梅州、河源、肇庆、韶关、清远、阳江、云浮及其所辖市、县、区以4万元以下为“数额较大”,4万元以上不满40万元为“数额巨大”,40万元以上为“数额特别巨大”。

关于单位进行合同诈骗犯罪定罪量刑的数额标准,《破坏市场经济秩序犯罪指导意见》第22条规定,单位实施合同诈骗行为,数额在50万元以下为“数额较大”,50万元以上不满300万元为“数额巨大”,300万元以上为“数额特别巨大”。

(三)立案标准

根据最高人民检察院、公安部《关于印发〈关于公安机关管辖的刑事案件立案追诉标准的规定(二)〉的通知》(以下简称《刑事案件立案追诉标准二》)第77条的规定,以非法占有为目的,在签订、履行合同过程中,骗取对方当事人财物,数额在2万元以上的,应予立案追诉。因此,合同诈骗罪中数额较大的标准为2万元以上。

(四)认定标准

1. 本罪与诈骗罪的界限

(1)行为人与被害人之间是否订立合同。从立法渊源看,现行《刑法》关于合同诈骗罪的规定系在1996年最高人民法院《印发〈关于审理诈骗案件具体应用法律的若干问题的解释〉的通知》(已失效)的基础上形成的。鉴于当时我国市场经济刚刚起步不久,大量利用经济合同实施的诈骗行为严重扰乱市场经济发展秩序,该解释第2条明确作出了"利用经济合同诈骗他人财物数额较大的,构成诈骗罪"的规定。1997年《刑法》修正时,立法机关考虑到合同诈骗的特殊性和复杂性,将合同诈骗罪从诈骗罪中分离出来。根据现行《刑法》第224条的规定,合同诈骗犯罪必须发生在签订、履行合同过程中。

(2)行为人是否实施与合同内容有关的经济活动。从立法精神和规定分析,合同诈骗罪中行为人必须实施与合同内容相关的经济活动。前述1996年解释的出台,旨在遏制当时利用经济合同骗取财物行为的发展势头。基于该立法精神,结合现行《刑法》对合同诈骗发生的时间和空间的规定,要认定合同诈骗罪,行为人必须实施与合同约定内容相关的经济活动,即具有与签订、履行合同相关的筹备、管理、经营活动。即使合同条款中明确了双方在经济活动过程中的权利义务,但行为人根本不存在任何筹备、管理、经营活动的,也不构成合同诈骗罪。从罪名归类看,刑法分则将合同诈骗罪规定在第三章破坏社会主义市场经济秩序罪中,将诈骗罪规定在第五章侵犯财产罪中,这一体例的安排体现出立法者对合同诈骗罪与诈骗罪的评价指标在侧重点上的不同。合同诈骗罪作为破坏市场经济秩序罪的重罪,尽管其犯罪客体包括市场经济秩序和公民的财产权利,但罪责评价更侧重于对市场经济秩序的破坏。而诈骗罪的客体仅是公民的财产权利,罪责评价紧紧围绕行为对公民财产权利侵害的主客观程度。如果行为人客观上没有实施任何与合同内容相关经济活动,"合同"就仅是一个道具,实质上未扰乱市场经济秩序,而仅是侵犯了他人财产权利。

(3)"合同"是否系导致被害人陷入认识错误而作出财产处理的主要原因。即使行为人与被害人订立了合同,且实施了与合同内容相关的经济活动,仍不足以认定其构成合同诈骗罪,还必须要求合同系导致被害人陷入认识错误而作出财产处理的主要原因。“合同”对被害人作出财产处理的主导作用主要体现在两个方面：一是基于合同约定的利益内容，导致被害人作出财产处理；二是基于合同的保障功能，导致被害人作出财产处理。如果被害人陷入认识错误而作出财产处理与行为人与其订立的合同无关，则不构成合同诈骗罪。

2. 正确界定本罪中的“合同”

“合同”是合同诈骗罪不可或缺的客观构成要件要素，缺少该基本构成要素的诈骗行为不构成合同诈骗罪。同时，根据《刑法》罪名体例，合同诈骗罪属于扰乱市场秩序罪，故其中“合同”约定的内容必须受市场秩序所调整；不受市场秩序调整或者主要不受市场秩序调整的“合同”，如不具有交易性质的赠与合同，婚姻、监护、收养、扶养等有关身份关系的协议，以及主要受劳动法、行政法调整的劳务合同、行政合同等，不属于合同诈骗罪中的“合同”。

关于合同诈骗罪中“合同”的形式有无特定要求，主要有两种观点：一种观点认为，合同诈骗罪中的“合同”必须是书面合同，口头协议不属于合同诈骗罪中的合同；其主要理由是，将口头协议认定为合同诈骗罪中的“合同”不仅没有实际意义，反而容易混淆普通诈骗与合同诈骗的界限。另一种观点认为，口头协议也是合同，将利用口头协议骗取他人财物的行为认定为合同诈骗行为符合立法本意。

笔者认为，前一种观点值得商榷。1999 年《合同法》与过去的经济合同法相比，更大限度地引入意思自治原则，缔约主体范围更加广泛，合同形式更加自由。除了法律明确规定的要式合同外，合同是否采用书面形式，既不影响合同的成立，又不影响合同的生效。因此，将合同诈骗罪中的“合同”限制为书面形式，与现行法律规定和法治理念的发展不符。

3. 本罪与合同欺诈行为的界限

合同诈骗与合同欺诈行为的区分主要有三大方面：

（1）主观目的不同。合同诈骗罪是以直接非法占有公私财物为故意内容，而民事欺诈是通过双方履约来间接获取非法财产利益。

（2）侵犯的客体不同。合同诈骗罪侵犯的是财物所有权，作为犯罪对象的公私财物并未充当合同设定的权利、义务的体现者，而始终是物权的体现者；而民事欺诈行为侵犯的是债权，即作为侵犯对象的公私财物是已经进入合同设定的生产、流通领域的权利义务的体现者。

(3)客观行为不同。在合同欺诈行为中,合同当事人往往具有一定的履约能力和担保,只是由于客观上的某些原因不能履行合同而使对方当事人遭受损失,以致产生纠纷;造成纠纷的当事人并无占有他人财物的故意,也没有虚构事实、隐瞒真相、骗取他人财物的行为。

4. 本罪与夸大履约能力骗签合同行为的界限

在合同诈骗罪中,行为人往往不具有履约能力,并且具有非法占有他人财物的目的;而夸大履约能力签订合同的行为人虽具有一定的履约能力,但故意夸大自己的履约能力,目的是使对方当事人信任自己,并与其签订合同。其所签订的合同是真实的,签订后也能积极履行合同,并不具有非法占有他人财物的目的。即使经过努力仍不能全部履行合同,给对方造成经济损失,但行为人有归还所欠财物意图的,就不能按照合同诈骗罪处理。

5. 本罪与"借鸡生蛋"的界限

前者是想永久占有对方当事人的财物。后者是因一时资金困难,企图临时占用他人财物用于自己某种临时用途,在短期内会予以偿还,如房地产商将抵押后的商品房卖给业主,但其主观目的并不是非法占有业主财产,而是希望在获得业主购房款后,用业主的购房款偿还抵押权人,并解除抵押,这种行为不属于合同诈骗行为。

(五)辩点分析

在进行合同诈骗罪的辩护时,应当着重考虑以下辩点:(1)"非法占有目的"的认定;(2)客观方面的认定;(3)因果关系层面的认定;(4)"多重买卖""一房二卖"不构成合同诈骗罪的认定;(5)主客观均不符合构成要件的认定;(6)事实不清,证据不足的认定。

1."非法占有目的"的认定

合同诈骗罪及诈骗类犯罪的主观认定,其核心是"非法占有目的"的认定问题,故即使在经济往来中,行为人客观上存在一定形式的虚构事实、隐瞒真相的"欺骗行为",但根据案件事实、证据,能够证明该行为不是基于"非法占有目的"而实施的,则根据主客观一致的原则,行为人依法不构成合同诈骗罪。

(1)在合同履行过程中,双方因商品的价格、质量等问题出现实质性争议,不能协商解决,一方据此未依约履行合同义务的,不能认定具有"非法占有目的”。

(2)更换经营场所、法定代表人辞职、更换手机号码等避而不见的躲债行为,不属于《刑法》第 224 条规定的关于逃避债务而“逃匿”的情形。办案机关通常以行为人存在“更换经营场所、法定代表人辞职、更换手机号码”等躲债行为,认定其符合《刑法》第 224 条规定“收受对方当事人给付的货物、货款、预付款或者担保财产后逃匿的”,从而推定行为人具有非法占有他人财物的目的。但是,上述几类躲债行为与“逃匿”行为存在本质区别:逃匿行为通常伴随着携款潜逃、挥霍财物等行为,是一种根本性的不履行合同义务的体现;而上述几类单纯的躲债行为,系因经营困难,一时无法履行、履行不能等,甚于对方的催债行为而不得已采取的斡旋措施,行为人从本质上并无转移财产、携款潜逃、挥霍财产等对履行合同能力产生实质影响的行为,因此,不能因为单纯的躲债行为而认定行为人的非法占有目的。

(3)公司在成立时存在虚报注册资本等情形,不必然构成诈骗犯罪。公司之前的虚报注册资本等行为,不必然导致公司对外合同行为构成合同诈骗罪。合同诈骗罪是否成立,应结合合同签订时及签订后的具体情况、对于该合同是否具有履行能力及是否存在实际履行行为进行界定。简而言之,虚报注册资本并不代表公司无经营、履行合同能力,不能以“虚报注册资本”的行为推定公司的所有经营活动皆具有“非法占有目的”。

(4)能够还款而未还款,把资金挪作他用的行为,不必然属于非法占有目的下的合同诈骗罪。实务中的每一起无罪案例都不是抽象的,而是具体的、可见并可感知的,非法占有目的的界定也不可能在理论上有精确无误的界限,必须结合案件的实际情况,从行为人实施的行为、事实与证据中得出结论。能够还款而未还款,资金挪作他用从常理上来看是一种不恰当的行为,但不必然构成犯罪。对于挪作他用行为,若其并非为了从事违法犯罪活动,而是为了正常的经营活动,或是为了创造履约条件,更好地履行合同,当然就不能以“挪作他用”的事实推出非法占有目的,而应界定为套用他人资金的经济合同纠纷。

(5)为应付追款,开具空头支票搪塞的行为,不必然构成合同诈骗罪或票据诈骗罪。行为人在取得合同利益后,因己方履行遇有困难,为解决一时的追款问题,可能会开具空头支票搪塞。对于合同诈骗罪,行为人相应的合同利益已经取得,开具空头支票非合同诈骗的实行行为;对于票据诈骗罪,开具空头支票系属临时性的搪塞，是对追款行为临时性的应对措施，并非为了最终“不履行”，若无其他情节予以证明，应认定不具有非法占有目的，不构成票据诈骗罪。

（6）客观上存在以合同的方式套取资金等行为，但提供了相应担保的，应认定行为人不具有非法占有目的。一方面，行为人在签订借款合同时，存在虚构事实、隐瞒真相的欺骗行为（如虚构公司的经营状况、履约能力），使合同相对方基于错误认识处分财产，单从该点来看，的确符合合同诈骗罪客观要件的要素；但另一方面，行为人对于合同的履行提供了真实的、等价性的担保，故即使其无法正常还款，合同的相对方仍可通过实现抵押权等担保措施取得补偿，其合同权益具有“保障”，行为人的该行为系不具有非法占有目的的套用资金的行为。

（7）行为人未履行合同的，应着重审查未履行的原因，对于签订合同时有履行能力，因经营不善等客观原因导致无法依约履行的，应排除在合同诈骗罪之外。未履行合同不等于合同诈骗罪。现实生活中，公司、企业在经营过程中遇有经营困难是极其正常的事情，故签订合同时其具有履约能力，在经营过程中遇有不可抗力或经营困难等客观原因不能履行的，其不履行非其主观意愿，而实属无奈。因此，对于合同诈骗罪的指控，可从不履行的客观原因上，寻找行为人不具有非法占有目的的辩点。

2. 客观方面的认定

如前文所述，《刑法》第 224 条规定了构成合同诈骗罪的 5 种情形，行为人不符合法定 5 种情形的行为，不能以合同诈骗罪认定。

司法实务中，尤其需要注意的是第 5 种情形的认定，“以其他方法骗取对方当事人财物”不能作为“口袋”，把经济活动中但凡存在欺骗、隐瞒性质的合同行为均兜底性地纳入合同诈骗罪的外延中。“其他方法”必须是与前述 4 种方法具有等价性的诈骗行为，否则，不应视作合同诈骗罪的实行行为，而应适用民事法律规范调整。

（1）从客观行为上，在履行合同的过程中，行为人一方的实际投入已超出或与其应履行的合同义务相当的，应排除非法占有目的，不构成合同诈骗罪。该辩点既是法律问题，也是常识性问题。合同诈骗罪的构成即行为人以非法占有目的，希望谋取对方的一定财物，而现实中存在把经济合同纠纷错误认定为合同诈骗罪的情形。以上案例便是典型，在案证据能够证明行为人对于履行合同已投入大量人力、物力、财力,甚至投入部分已超出其合同义务的范围,显然,指控构成合同诈骗罪是有违常理的,也是错误的。

(2)行为人虽有虚构事实、隐瞒真相等行为,但该行为对合同的实际履行并未产生实质影响,且行为人亦未对取得的借款进行挥霍,不构成合同诈骗罪。并非所有的欺骗行为皆属于合同诈骗罪的实行行为。暂且不论主观方面的非法占有目的,即使行为人在合同的签订过程中存在"虚构、隐瞒"的欺骗行为,但该行为需要达到使相对方产生认识错误,并基于认识错误处分财产,并且该行为对合同的履行产生实质性影响,即相对方受到侵害或面临被侵害的现实风险。

简言之,把"欺骗行为"认定为合同诈骗罪的实行行为,必须达到实行行为的要求,即达到"实行行为"的"度";行为人虽实施了欺骗行为,但对合同的实际履行不会产生实质性影响的,不应认定为合同诈骗罪。

3. 因果关系层面的认定

刑法上的因果关系即实行行为与危害结果之间的因果关系。具体到合同诈骗罪,是行为人虚构事实、隐瞒真相的欺骗行为与被害人财产受有损失之间的逻辑关联。其逻辑结构为:行为人实施了虚构事实、隐瞒真相的欺骗行为,被害人基于该行为产生认识错误,并基于这种认识错误进行处分行为,被害人因该处分行为而遭受损失。

诈骗类犯罪因果关系的核心辩点即上述逻辑关系,被害人处分财产的行为必须基于欺骗行为且被骗而实施的,若其非因"上当受骗"而实施处分财产的行为,即使其遭受损失,行为人也不构成合同诈骗罪。

行为人虽实施了虚构事实、隐瞒真相等欺骗行为,但相对人并未因此陷入认识错误,其处分财产等行为系因自愿或其他原因,相对人财产受损与行为人的欺骗行为之间不具有刑法上的因果关系,行为人不构成合同诈骗罪。

4. "多重买卖""一房二卖"不构成合同诈骗罪的认定

"多重买卖"与"一房二卖"不构成合同诈骗罪的关键仍然是"非法占有目的"的界定。在现实的经济往来中,若行为人存在多重买卖的事实,则必然会有一方或者多方无法取得标的物。拿"一房二卖"来说,对于没有取得房屋所有权的合同相对方,其往往觉得自己受欺诈而向公安机关控告出卖人。

但"一房二卖"不等于合同诈骗罪,其往往属于经济纠纷的范畴,行为人通常只需要承担违约责任。司法实践要避免利用刑事手段干预经济纠纷，对于“多重买卖”的合同诈骗罪指控，应主要从行为人签订合同时的履行能力、多重买卖的原因、履行行为、积极承担违约责任等角度进行无罪论证。

(1)“一房二卖”并非全部涉及“欺诈”，而可能只是一般的民事纠纷。例如，房屋所有人甲先与乙签订了A房的买卖合同，乙交纳部分定金后却迟迟未能如约支持房款，甲认为乙已违约，遂将房卖给愿意立即支付全款的丙并办理过户手续，后乙向公安机关控告甲构成合同诈骗罪。在这个例子中，甲在取得乙定金时并没有任何向乙“隐瞒事实或者虚构真相”的行为，而在与丙交易时虽然“隐瞒”了其已经与乙就该房屋签订了买卖合同的真相，但丙没有任何财产损害，根本谈不上受“欺诈”。显然，甲乙之间是纯粹的民事纠纷，谈不上民事欺诈，更谈不上合同诈骗。

(2)民事欺诈与合同诈骗罪虽然同样有隐瞒真相或者虚构事实的行为，但前者隐瞒真相或者虚构事实的目的大多是为了促成交易，而后者是为了非法占有他人财物。可以这样认为，民事欺诈是交易中存在“瑕疵”，而合同诈骗中根本就不存在交易。对此，肖中华教授也曾指出，“合同诈骗罪的行为人主观上是以无对价地非法占有他人财物为主观目的的”。

(3)要避免利用刑事手段干预经济纠纷。包括合同诈骗罪在内的诈骗类犯罪，往往涉及经营不善的企业家或者创业者，“被害人”往往会采用刑事控告的方式来逼债，这对司法人员能否正确定性案件提出了更高的要求。对此，公安部先后发布了《关于严禁越权干预经济纠纷的通知》《关于严禁公安机关插手经济纠纷违法抓人的通知》《关于公安机关不得非法越权干预经济纠纷案件处理的通知》三项通知，最高人民检察院办公厅更是针对合同诈骗案与经济纠纷易混淆的问题发布了《关于对合同诈骗、侵犯知识产权等经济犯罪案件依法正确适用逮捕措施的通知》。

(4)从具体情由上找突破口。除了本身就是为了诈骗的情况，绝大多数房屋所有人是在某些原因下才“一房二卖”的，而这个具体的情由就是推导出其并不具有非法占有目的的线索，往往能够从中找到辩护的突破口。

例如，甲为偿还银行债务而与乙签订房屋买卖合同，后因丙愿意出的价格更高，甲又另与丙签订该房屋的买卖合同，但该房屋与所得房款却因甲先前的债务而被银行执行，导致甲无法交付房屋和退还房款。乙、丙两人认为甲与多人签订买卖合同反映出其没有履约的意图，遂以甲涉嫌合同诈骗罪向公安机关提出控告。然而通过还原事实和仔细分析能够发现，甲另行与丙签订买卖合同的原因在于丙的出价更高，对于偿还其债务更有利，而甲在取得乙房款时并没有隐瞒真相或者虚构事实，客观上没有向丙交付是由于意志以外的原因，从而实现在“一房二卖”具体情由上否定非法占有目的的存在。

（5）从交房意愿来推断非法占有目的是否存在。“一房二卖”者是否有交房的意愿、交房的能力，是判断其是否有非法占有目的的重要因素。合同诈骗罪的行为人主观上是“以无对价”的方式来占有对方财产的，即意在诈骗的“一房二卖”者往往没有交房的意愿或者交房的能力，尤其是没有向第二手买家交房的意愿和能力。如果能够证明“一房二卖”者事实上有向第二手买家交房的能力或者已经交房，或者最起码有交房的意愿，那么就能有力地说明出卖人并非意图“无对价”地占有对方房款，而只是愿意承担对第一手买家的违约责任来完成“价高”的交易而已。

（6）从“一房二卖”者没有逃避责任的表现来否定非法占有目的。将“一房二卖”的行为认定为合同诈骗，其实并不符合《刑法》第 224 条合同诈骗罪 4 种明确规定的情形，而只能将其理解为“以其他方法骗取对方当事人财物”。然而“以其他方法骗取”并不是可以任意解释的“口袋”，必须与其他 4 种明确规定的情形相类似，而仔细分析“以虚构的单位或者冒用他人名义签订合同的”“以伪造、变造、作废的票据或者其他虚假的产权证明作担保的”“没有实际履行能力，以先履行小额合同或者部分履行合同的方法”“诱骗对方当事人继续签订和履行合同的”就能够发现，这些方法都足以表明行为人没有任何履约和担责的意思，因此，构成合同诈骗罪的“其他方法”也必须是足以表明行为人没有担责意图的行为。

如果从“一房二卖”者的整个行为过程看，其并没有任何意图逃避责任的表现，“一房二卖”事出有因，所得价款也主要是用于维持经营或者偿还债务，只是因为经营不善而导致最终失去履约能力的，就可以推断“一房二卖”者并没有非法占有他人财物的目的。

5. 主客观均不符合构成要件的认定

从刑法的犯罪构成要件上来说，构成合同诈骗罪要求行为人客观上实施了虚构事实，隐瞒真相，骗取对方数额较大财物的行为；主观上要求行为人具有合同诈骗的故意,即非法占有他人财物的目的。而在实务中,存在大量主客观均不符合合同诈骗罪构成要件的无罪判例,行为人既没有实施《刑法》第224条规定的5种合同诈骗罪的行为,主观上亦不具有非法占有他人财物的目的,可以说,这一类的无罪是最彻底的无罪。

6. 事实不清、证据不足的认定

刑事诉讼中,由于控辩双方的不对等,其证明标准不同于民事诉讼的优势证据规则。我国《刑事诉讼法》规定刑事诉讼的证明标准为"犯罪事实清楚,证据确实、充分",而证明被告人有罪的举证责任由人民检察院承担。

换句话说,控方提供的证据不能达到法定的"犯罪事实清楚、证据确实、充分"的证明标准,即不能证明被告人有罪,被告人不构成犯罪。即无罪辩护存在以下两种思路:(1)事实清楚的无罪;(2)事实不清、证据不足的无罪。具体而言,从主客观相统一的原则,即在案证据能否证明被告人实施了合同诈骗的行为,从案件事实、证据能否当然推定被告人具有非法占有目的,两者但凡其一不能得出唯一结论的,即不能认定被告人构成合同诈骗罪。

五、防控措施

(一)注重对人的管理

对人的管理首先要注意对签订合同人员权力的监管,特别是对大额项目合同的负责人员。而对于其他相关人员,则要花费资源开展合同法律常识培训,努力提高风险识别和控制能力。

其次,企业家本身以及企业高层领导也应当注意自身建设,切勿因贪图利益而轻信对方。例如,在签订合同,尤其是较大款项的合同时,应尽量谨慎对待,不可轻信对方的一面之词,因为有时业务员会在收受"回扣""红包"后极力促成该笔业务。当然,具体的情况并非那么单一,这里只是提醒企业管理人员在签订合同时切忌急躁,要善于观察,发现问题,在全方面了解对方后再进行签约。

(二)建立健全合同管理制度

企业管理人员往往并不能参与每一次合同的签订,因此,建立健全的合同管理制度就显得尤为重要。建立健全的合同管理制度,首先应当设置合同审查、合同保存等细致环节,并搭建一支谨慎、懂法的工作团队。然后,聘请专业律师对该团队的成员进行风险意识以及《合同法》相关的培训，通过知识和经验灌输，使其在日常的工作中避开绝大部分的基本诈骗陷阱。另外，在对合同管理团队培训上还要注意的是，一方面要让该团队建立健全合同的静态管理制度，通过合同的会商、签订、审查、保管等一套流程，完善合同管理体系，明确合同管理职责，对重大合同实行会审会签制度；另一方面对建立健全合同的动态管理内容也不能忽视，例如，在签订合同时搜集对方信息，审查对方主体资格、资信情况和履约能力。当然，这还要求合同管理人员密切关注合同履行，及时了解和掌握合同履行的情况，并谨慎注意交易过程中的反常现象，发现问题及时汇报、及时处理。

（三）建立合同签订、履行监督制度

一是加强对本单位人员的授权、印章管理，规范在外进行经营活动，减少不可控风险；二是对合同违约行为要及时采取措施，减少和避免损失。

（四）商品房预售合同中的风险防控

1. 合规办理预售许可证

对于开发商而言，在未取得预售证之前，其不能擅自预售商品房。虽然目前开发商往往会通过与第三方合作等方式规避政府监管，但未取得预售证即开展实质预售、收款，就存在被行政部门查处的风险。另外，如果开发商取得预售许可后，因预售许可证办理过程违法而被撤销许可，不仅要承担行政责任与民事违约责任，情节严重者可能被追究刑事责任。

2. 及时收集证据，以反驳“非法占有目的”的指控

一是关于合同标的物真实存在的证据；二是关于资金用途的证据；三是关于自身还款能力的证据。

3. 依规采用银行监管预售资金

根据《城市商品房预售管理办法》第 11 条的规定：“开发企业预售商品房所得款项应当用于有关的工程建设。商品房预售监管的具体管理办法，由房地产管理部门制定。”由此可见，预售资金监管属于行政监管，是政府对预售资金的监管措施，因此，地方政府一般会专门制定规范性文件对资金进行监管。

综合各地规定：(1)监管主体主要有商业银行和房地产行政主管部门及下设专门监管机构，除此之外，人民银行和银监部门也负有一定的监管和配合职责；(2)监管方式主要是对预售资金的收存与支出，具体包括根据开发

商申请预售许可证时提交的重要时间节点，审批相关证明材料，控制预售资金支出比例；(3)监管期限一般为取得预售许可证之日至完成竣工验收备案之日，部分地区截至房屋初始登记之日。

4. 规避第三方收费风险

预售商品房的预售价格受到政府干预措施的影响较大，例如，部分城市无法越过备案价格之外办理预售合同的网签手续。在实践中，许多开发商会另辟蹊径，通过与第三方合作等方式，由第三方提供居间费、团购费、购房优惠服务费等服务形式来收取一定费用。在这种模式下，费用并不由开发商直接收取，而是由第三方(如中介公司、团购公司)等收取并开具相应发票。开发商与此类第三方之间往往存在合作关系，并可能向第三方收取相关费用。

此类行为本身带有规避政策限制的"擦边球"性质，尤其在地方政府严控商品房备案价及超备案价预售的政策形势下，第三方通过司法途径，可能会使开发商承担责任。因此，在与第三方合作协议中，开发商最好与第三方签订关于解除合同的损失承担的协议，以明确损失承担，即便预售合同被解除，相应的损失亦有明确承担方。

第二节　非法吸收公众存款罪刑事风险与防控

一、风险点一：以投资为名签订借款合同，掩盖吸收公众存款之实

案例一：河源市恒旺房地产开发有限公司、邓某才非法吸收公众存款案[1]

【基本案情】

被告河源市恒旺房地产开发有限公司为开发新域蓝山项目，经股东讨论决定由股东向亲戚朋友筹集资金。2011年至2014年8月，被告人邓某才通过刘某明、黄某明以2分至3分钱月利息向周围亲戚朋友借款，非法吸收公众存款计1829万元。其中，被告人邓某才经刘某明介绍向刘某辉、刘某

[1] (2016)粤1602刑初199号。

强、刘某就、刘某良、麦某团、温某祥、刘某某以借款方式吸收的金额计840万元;经黄某明介绍向李某彪、李某庭、吴某扬、邬某威、吴某初以借款方式吸收的金额计989万元。上述吸收的资金归入被告人河源市恒旺房地产开发有限公司,用于新域蓝山项目的开发。庭审中,公诉机关补充指控事实:经刘某明介绍的借款中,补充刘某某70万元(包含在840万元内)。

【法院判决】

法院认为,被告人河源市恒旺房地产开发有限公司违反国家金融管理法规,扰乱金融秩序,非法吸收公众存款1829万元,数额巨大;被告人邓某才作为河源市恒旺房地产开发有限公司法定代表人、控股股东、非法吸收公众存款行为的实施者,属于直接负责的人员,其行为均已构成非法吸收公众存款罪。最终,法院判决被告人河源市恒旺房地产开发有限公司犯非法吸收公众存款罪,判处罚金50万元。被告人邓某才犯非法吸收公众存款罪,判处有期徒刑4年6个月,并处罚金50万元。

【风险提示】

投资模式常用的手段是向投资人宣称有相关项目,其中以外贸销售、互联网产品为主。这种生产类投资是一种常见而传统的集资模式。近年来,行为人为规避法律,掩盖非法集资行为的本质,在签订合同时采用了签订"借款协议"的方式,即与每名投资者签订借款协议,在合同文本中规避投资事项,使合同从形式上看起来是一种民间的借贷关系,而非投资关系。

在本案中,两被告人虽然是以与他人签订借款合同的形式筹集资金用于项目建设,但是他们吸收资金的对象却从身边的亲戚朋友扩大到不特定对象,因此,两被告人触犯了刑法规定,构成非法吸收公众存款罪。所以,企业和企业高管若想通过借款形式筹集资金,筹集对象必须限于自己的亲戚朋友范围,不能向不特定的社会公众吸收资金,也不能放任自己的亲戚朋友再通过其他人为自己筹集资金。

二、风险点二：不具有房产销售的真实内容或者不以房产销售为主要目的，以返本销售、售后包租、约定回购、销售房产份额等方式非法吸收资金

案例二：李某华非法吸收公众存款案〔1〕

【基本案情】

被告人李某华是珠海经济特区星光源有限公司（后更名为珠海市星光源建筑工程有限公司，以下简称星光源公司）的股东、法定代表人。2007年，星光源公司与珠海市香洲东坑股份合作公司（以下简称东坑公司）签订《土地租用合同》，星光源公司租用东坑公司的位于珠海市香洲区前山东坑村东坑新市场南面的空地建商业大楼；截至2009年，该项目通过相关部门的审批，项目名称确定为"乡村假日酒店"。2009年至2010年，星光源公司在建设乡村假日酒店过程中，因资金不足，被告人李某华在不具有房产销售的资质及无法办理房产证件的情况下，将乡村假日酒店一楼商铺命名为"民族名优商品城"，以合资建设民族名优商品城为名，通过《珠海特区报》发布广告及委托中介公司公开发布传单的方式向社会公开宣传，以售后包租和约定回购的方式向多名被害人出售民族名优商品城的商铺使用权，以此方式非法吸收公众资金。乡村假日酒店项目建成后，被告人李某华与星光源公司于2011年1月成立珠海市壹号酒店有限公司（以下简称壹号酒店公司），将乡村假日酒店更名为珠海壹号酒店，并开始经营。因经营过程中持续亏损，被告人李某华遂以高息向社会不特定对象借款，后被告人李某华因无力偿还借款，于2015年2月关闭手机，离开珠海。2015年4月14日，公安机关对本案予以立案侦查，2015年5月19日，被告人李某华被抓获。

另查明，自2011年开始，壹号酒店公司向部分被害人回租上述民族名优商品城商铺并对外进行出租，或由被害人直接对外出租。

【法院判决】

法院认为，被告人李某华非法吸收公众存款，扰乱金融秩序，数额巨大，其行为已触犯我国刑律，构成非法吸收公众存款罪。最终，根据被告人的犯

〔1〕（2015）珠香法刑初字第3111号。

罪情节和悔罪表现，判处其有期徒刑3年，缓刑4年，并处罚金10万元。

【风险提示】

根据最高人民法院《关于审理非法集资刑事案件具体应用法律若干问题的解释》(以下简称《非法集资若干问题的解释》)第2条第1项规定，不具有房产销售的真实内容或者不以房产销售为主要目的，以返本销售、售后包租、约定回购、销售房产份额等方式非法吸收资金的，将以非法吸收公众存款罪定罪处罚。其中，"不具有房产销售的真实内容""不以房产销售为主要目的"为触犯该罪名的核心构成要件。若开发商与购房人之间不存在真实房屋产权交易，或者开发商明显以融资而非销售房产为目的进行售后包租的，便存在被认定为刑事犯罪的风险。

本案中，被告人以合资建设房地产项目为名，通过发布广告及委托中介公司公开发布传单的方式向社会公开宣传，以售后包租和约定回购的方式向多名被害人出售项目的商铺使用权，非法吸收公众资金。实际上，开发商与购房人之间不存在真实房屋产权交易，而被告人明显以融资而非销售房产为目的进行售后包租，触犯了刑法关于非法吸收公众存款的规定。

三、罪名解析与辩护策略

非法吸收公众存款罪是指非法吸收公众存款或者变相吸收公众存款，扰乱金融秩序的行为。

(一)构成要件

1. 客体要件

本罪侵犯的客体是国家的金融管理制度，犯罪主体不具备吸收公众存款的资质或者具有资质，但是违反法律规定的程序吸收公众存款，扰乱了金融秩序，是对国家法益的一种侵害。根据我国有关金融法律、法规的规定，商业银行、城乡信用合作社等银行金融机构可以经营吸收公众存款业务，证券公司、证券交易所、保险公司等非银行类金融机构以及任何非金融机构和个人则不得从事吸收公众存款业务。如果上述不得经营吸收公众存款业务的金融机构以及非金融机构、个人非法吸收或变相吸收公众存款，必然影响国家对金融活动的宏观监管，破坏金融秩序。

2. 客观要件

本罪在客观方面表现为行为人实施了非法吸收公众存款或变相吸收公众存款的行为。所谓非法吸收公众存款，是指未经中国人民银行批准，向社会不特定对象吸收资金，出具凭证，承诺在一定期限内还本付息，吸收资金的利率通常会高于或远远高于银行同期同种类的利率，从而吸引众多单位和个人将资金，甚至将已存入银行的资金取出，存入行为人的账户。所谓变相吸收公众存款，是指不以吸收公众"存款"的名义，而在未经中国人民银行批准的情况下，向社会不特定对象吸收资金，但承诺履行的义务与吸收公众存款性质相同的活动。

3. 主体要件

本罪的犯罪主体为一般主体。凡是达到刑事责任年龄，具备刑事责任能力的自然人，均可以成为本罪的犯罪主体。单位亦可以构成本罪；关于这里的单位是否包括依法可以吸收公众存款业务的商业银行等银行金融机构存在争议，而笔者认为应当包含。《金融违法行为处罚办法》虽然对擅自提高利率或者变相提高利率吸收存款的金融机构只规定了行政处罚，但这并不意味金融机构就不可以作为本罪的主体。《金融违法行为处罚办法》属于行政法规，虽然行政法规的规定对于认定犯罪有重要意义，但不是绝对的。对于法定犯而言，的确需要该行为违反有关行政法规的规定，才能被刑法所评价，但具体认定犯罪的成立以及确定该罪的构成要件的应当是刑法条文本身，而非相关的行政法规。而且《商业银行法》第 74 条规定："商业银行有下列情形之一，由国务院银行业监督管理机构责令改正，有违法所得的，没收违法所得，违法所得五十万元以上的，并处违法所得一倍以上五倍以下罚款；没有违法所得或者违法所得不足五十万元的，处五十万元以上二百万元以下罚款；情节特别严重或者逾期不改正的，可以责令停业整顿或者吊销其经营许可证；构成犯罪的，依法追究刑事责任：……（三）违反规定提高或者降低利率以及采用其他不正当手段，吸收存款，发放贷款的……"可见《商业银行法》对此不仅规定了行政责任，也规定了刑事责任。

单位构成本罪的，对单位判处罚金，对其直接负责的主管人员和其他直接责任人员依本条追究刑事责任。

4. 主观要件

本罪在主观方面表现为故意，即行为人必须是明知自己非法吸收公众存款的行为会造成扰乱金融秩序的危害结果,而希望或者放任这种结果发生。过失不构成本罪。而且,本罪在动机上不能具有非法占有集资款的目的,这是本罪区别于集资诈骗罪的关键点。如果犯罪主体在实施犯罪时具有非法占有的目的,那么就构成集资诈骗罪,而非本罪。

(二)量刑规定

《刑法》第176条关于非法吸收公众存款罪的量刑规定为:"非法吸收公众存款或者变相吸收公众存款,扰乱金融秩序的,处三年以下有期徒刑或者拘役,并处或者单处二万元以上二十万元以下罚金;数额巨大或者有其他严重情节的,处三年以上十年以下有期徒刑,并处五万元以上五十万元以下罚金;单位犯前款罪的,对单位判处罚金,并对其直接负责的主管人员和其他直接责任人员,依照前款的规定处罚。"

《非法集资若干问题的解释》第3条作出补充规定,根据该解释,非法吸收公众存款罪有两个量刑档次:

1. 3年以下有期徒刑、拘役,单处罚金:(1)个人非法吸收或者变相吸收公众存款,数额在20万元以上的,单位非法吸收或者变相吸收公众存款,数额在100万元以上的;(2)个人非法吸收或者变相吸收公众存款对象30人以上的,单位非法吸收或者变相吸收公众存款对象150人以上的;(3)个人非法吸收或者变相吸收公众存款,给存款人造成直接经济损失数额在10万元以上的,单位非法吸收或者变相吸收公众存款,给存款人造成直接经济损失数额在50万元以上的;(4)造成恶劣社会影响或者其他严重后果的。

2. 3年以上10年以下有期徒刑:(1)个人非法吸收或者变相吸收公众存款,数额在100万元以上的,单位非法吸收或者变相吸收公众存款,数额在500万元以上的;(2)个人非法吸收或者变相吸收公众存款对象100人以上的,单位非法吸收或者变相吸收公众存款对象500人以上的;(3)个人非法吸收或者变相吸收公众存款,给存款人造成直接经济损失数额在50万元以上的,单位非法吸收或者变相吸收公众存款,给存款人造成直接经济损失数额在250万元以上的;(4)造成特别恶劣社会影响或者其他特别严重后果的。

非法吸收或者变相吸收公众存款的数额,以行为人所吸收的资金全额计算。案发前后已归还的数额,可以作为量刑情节酌情考虑。非法吸收或者变相吸收公众存款,主要用于正常的生产经营活动,能够及时清退所吸收资金,可以免予刑事处罚;情节显著轻微的,不作为犯罪处理。

（三）立案标准

从《非法集资若干问题的解释》第 3 条关于轻刑幅度的规定,可推知符合以下情形的,公安机关应当立案:(1)个人非法吸收或者变相吸收公众存款,数额在 20 万元以上的,单位非法吸收或者变相吸收公众存款,数额在 100 万元以上的;(2)个人非法吸收或者变相吸收公众存款对象 30 人以上的,单位非法吸收或者变相吸收公众存款对象 150 人以上的;(3)个人非法吸收或者变相吸收公众存款,给存款人造成直接经济损失数额在 10 万元以上的,单位非法吸收或者变相吸收公众存款,给存款人造成直接经济损失数额在 50 万元以上的;(4)造成恶劣社会影响或者其他严重后果的。

（四）认定标准

1. 本罪与集资诈骗罪的界限

非法吸收公众存款罪与集资诈骗罪在犯罪构成上存在许多重合之处,即都是向社会不特定公众筹集资金,都破坏了金融管理秩序。两者的区别主要表现在犯罪的主观故意不同:集资诈骗罪是行为人采用虚构事实、隐瞒真相的方法,意图永久非法占有社会不特定公众的资金,具有非法占有的主观故意;而非法吸收公众存款罪的行为人只是临时占用投资人的资金,行为人承诺而且也意图还本付息。在集资诈骗罪中,行为人往往承诺归还本金并许以高额利息或者其他名义的回报,但这只是行为人实施诈骗的手段,其并不打算真正还本付息。非法吸收公众存款罪的行为人也往往没有归还投资人的本息,造成投资人损失,但这往往是行为人经营失败造成的,并非行为人的本意。所以,对非法吸收公众存款罪和集资诈骗罪,要透过现象看本质,分析行为人究竟有没有非法占有的目的。尤其是对于一些单位实施的犯罪,更要注意考察单位实施犯罪行为的动机,单位的经济能力、经营状况,筹集的资金的实际用途和去向,最后是否实际归还,如果不能归还则造成不能归还的原因何在,以及案发后有无归还能力,要结合这几个方面综合考察。

(1)从筹集资金的目的和用途看,如果向社会公众筹集资金的目的是用于生产经营,并且实际上全部或者大部分的资金也用于生产经营,则认定为非法吸收公众存款罪的可能性更大一些;如果向社会公众筹集资金的目的是用于个人挥霍,或者用于偿还个人债务,或者用于单位或个人拆东墙补西墙,则认定为集资诈骗罪的可能性更大一些。同样是用于经营活动,还可以进一步分析经营活动的性质,如果向社会公众筹集的资金是用于风险较低、较为稳健的经营,则认定为非法吸收公众存款罪的可能性更大一些;如果向社会公众筹集的资金是用于风险很高的经营活动,则认定为集资诈骗罪的可能性不能排除。

(2)从单位的经济能力和经营状况来看,如果单位有正常业务,经济能力较强,在向社会公众筹集资金时具有偿还能力,则认定为非法吸收公众存款罪的可能性更大一些;如果单位本身就是皮包公司,或者已经资不抵债,没有正常稳定的业务,则认定为集资诈骗的可能性更大一些。

(3)从造成的后果来看,如果非法筹集的资金在案发前全部或者大部分没有归还,造成投资人重大经济损失,则认定为集资诈骗罪的可能性更大一些;如果非法筹集的资金在案发前全部或者大部分已经归还,则认定为集资诈骗罪的余地就非常小,一般应认定为非法吸收公众存款罪,因为行为人在案发前归还投资款的行为就可以推定行为人没有非法占有的故意。如果实际没有归还,还要进一步考察没有归还的原因,如果筹集的资金全部或者大部分投入了生产经营,只是因为经营失败而不能归还,则认定为非法吸收公众存款罪的可能性更大一些;如果不是因为经营失败而不能归还,而是因为挥霍等其他原因不能归还,则认定为集资诈骗罪的可能性更大一些。即使是因为经营失败造成资金不能归还,如果是用于风险非常高的经营活动导致经营失败不能归还,还是存在认定为集资诈骗罪的可能性;如果是用于一般的经营活动导致筹集的资金不能归还,则认定为非法吸收公众存款罪的可能性更大一些。

(4)从案发后的归还能力看,如果案发后行为人具有归还能力,并且积极筹集资金实际归还了全部或者大部分资金,则具有认定为非法吸收公众存款罪的可能性;如果案发后行为人没有归还能力,而且全部或者大部分资金没有实际归还,则具有认定为集资诈骗罪的可能性。当然,案发后是否归还影响定性的,主要是一些行为本身就介于非法吸收公众存款和集资诈骗两者之间的案件;如果根据案发前的相关事实和证据,已经能够确定行为的性质是非法吸收公众存款还是集资诈骗,则案发后是否归还赃款的因素一般不能影响定性,而只能作为一个量刑因素考虑。

在司法实务中,上述各方面因素均要综合考虑,以确定行为究竟是构成集资诈骗罪还是非法吸收公众存款罪。

2. 本罪与非法经营罪的界限

非法吸收公众存款罪和非法经营罪之间存在一定的竞合关系，主要体现在未经批准，非法从事银行业务的，构成非法经营罪。我国《银行业监督管理法》第19条规定："未经国务院银行业监督管理机构批准，任何单位或者个人不得设立银行业金融机构或者从事银行业金融机构的业务活动。"《商业银行法》第11条规定："设立商业银行，应当经国务院银行业监督管理机构审查批准。未经国务院银行业监督管理机构批准，任何单位和个人不得从事吸收公众存款等商业银行业务，任何单位不得在名称中使用'银行'字样。"任何单位和个人如果未经批准，非法从事银行业务活动，就触犯了我国《刑法》第225条的规定，构成非法经营罪。吸收公众存款也是银行业务的一种，如果没有经过依法批准，非法吸收公众存款也构成非法经营罪。但是，《刑法》第176条对非法吸收公众存款的行为以特别条款的形式作出规定，非法吸收公众存款罪和非法经营罪之间形成特别法和普通法的竞合关系，非法吸收公众存款的行为在一般情况下应当适用特别法，即以非法吸收公众存款罪处罚。但是，应注意的一点是，犯罪行为以特别法即非法吸收公众存款罪处罚，以该罪能够对犯罪行为进行全面整体评价为原则，如果行为虽然构成非法吸收公众存款罪，但该罪只能对犯罪行为进行部分评价，不能涵括犯罪行为的整体，而适用非法经营罪能够对行为进行整体评价，则要适用非法经营罪。

(五)辩点分析

在进行非法吸收公众存款罪的辩护时，应当着重参考以下几个辩点：(1)对"非法吸收公众存款或变相吸收公众存款"的认定；(2)非法吸收公众存款罪和民间借贷关系的划分；(3)单位犯罪和个人犯罪的区分；(4)犯罪故意的认定；(5)集资数额的认定。

1. 对"非法吸收公众存款或变相吸收公众存款"的认定

《非法集资若干问题的解释》第1条明确规定，满足下列条件的属于《刑法》第176条规定的"非法吸收公众存款或者变相吸收公众存款"：(1)未经有关部门依法批准或者借用合法经营的形式吸收资金；(2)通过媒体、推介会、传单、手机短信等途径向社会公开宣传；(3)承诺在一定期限内以货币、实物、股权等方式还本付息或者给付回报；(4)向社会公众即社会不特定对象吸收资金。

即非法吸收公众存款行为必须具备“四性”:非法性、公开性、利诱性、社会性。

(1)非法性的认定

刑法条文描述的“非法性”主要体现为“违反国家金融管理法律规定”。在实务中,判决书一般不会对具体违反何种国家金融管理法律规定展开论述,究其原因就是,只要被告人的行为具有“未经有关部门依法批准吸收资金”或者“不具备吸收公众资金的资质而借用合法的形式吸收资金”两种行为之一,就可以被认定为其行为具有非法性。对此,《非法集资若干问题的解释》第2条就实践中常见的几种非法吸收公众存款的形式进行了列举,与房地产企业相关的情形主要有两种:一种是不具有房产销售的真实内容或者不以房产销售为主要目的,以返本销售、售后包租、约定回购、销售房产份额等方式非法吸收资金的;另一种是不具有发行股票、债券的真实内容,以虚假转让股权、发售虚构债券等方式非法吸收资金的或以投资入股的方式非法吸收资金的。

(2)公开性的认定

“公开性”涉及“向社会公开宣传”的认定问题。最高人民法院、最高人民检察院、公安部《关于办理非法集资刑事案件适用法律若干问题的意见》(以下简称《非法集资若干问题的意见》)规定,“向社会公开宣传”应做扩大解释,方式不限于“通过媒体、推介会、传单、手机短信”,还包括以各种途径向社会公众传播吸收资金的信息,以及明知吸收资金的信息向社会公众扩散而予以放任等情形。

(3)利诱性的认定

“利诱性”即吸收公众存款是有偿的,而且往往以高额回报作为承诺,这是该罪区别于其他非法集资犯罪的关键点。

(4)社会性的认定

“社会性”要求集资的对象是不特定的社会公众。关于“社会公众”的认定,普遍认为亲友或单位的工作人员属于“特定人员”,向这些人吸收资金不构成非法吸收公众存款罪。

《非法集资若干问题的意见》第3条对该问题作出进一步明确,即如果在向亲友或者单位内部人员吸收资金的过程中,明知亲友或者单位内部人员向不特定对象吸收资金而予以放任的或者以吸收资金为目的,将社会人员吸收为单位内部人员,并向其吸收资金的,应当认定为向社会公众吸收资金。对于“明知相关人员向不特定对象吸收资金而予以放任”的认定,主要集中在对于企业或者项目的领导者层面,即在其下属实施向公众吸收资金行为过程中,如果其默许或未提出明确反对意见,将会被认定为放任行为,而应对投资人直接与公司签订项目合作协议并投资的全部数额负责。此外,如何通过证据认定行为人“放任信息扩散”以及“放任向其他不特定人员吸收存款”?在相关案件中,被告人均辩解自己不明知信息已被扩散,或者不明知其下属吸收了其他人员的资金,但在审理中均未获得支持,主要原因在于公诉机关提供相关证据对被告人的主观明知做到有效证明,包括:①同案犯供述,指证其曾向被告人汇报过或者其主动询问过相关事项;②证人证言,投资人证明曾在宣传会、发布会现场见过被告人;③书证,相关投资、办理策划会、租赁场地等合同中有被告人的签字;④电子证据,调取到被告人的电子邮件、微信、短信的记录、通话记录等。

非法集资行为必须同时满足以上“四性”,才构成非法吸收公众存款罪。

2. 非法吸收公众存款罪和民间借贷关系的划分

民间借贷在日常生活中是十分常见的资金往来活动,相关纠纷也频发,对此,最高人民法院专门发布《关于审理民间借贷案件适用法律若干问题的规定》,为审理民间借贷纠纷案件提供法律依据。但是,由于《刑法》第 176 条规定的非法吸收公众存款罪的存在,以及近来各地公安机关实行的“严厉打击非法集资犯罪”专项活动,民间借贷活动稍有不慎被认定为非法吸收公众存款罪,将影响市场主体交易的积极性,不利于市场发展。因此,有必要对两者进行清晰的界定。

从上面的分析可知,“公开性”“社会性”是非法吸收公众存款罪的典型特征,而民间借贷一般是存在于特定社会关系的主体之间的一种借贷行为,出借人是特定的,而且这种借贷一般也是隐秘的,不太为第三人所知。因此,“公开性”“社会性”是非法吸收公众存款罪区别于民间借贷最明显的点。在实践中,有的行为人在吸收资金初期并未向社会公开宣传,仅针对亲友、单位内部等特定人员进行融资,此时并不具备本罪的“公众性”“社会性”特征。但行为人授意其亲友、单位内部特定人员向社会公开宣传,或者明知其亲友、单位内部特定人员擅自向社会公众集资却不加以制止，对所吸收的资金不分对象、不分来源地予以接收，则应当认为符合向社会不特定对象吸收资金这一要件。

3. 单位犯罪和个人犯罪

根据《非法集资若干问题的解释》的具体规定，非法吸收公众存款罪的单位犯罪的入罪标准要高于个人犯罪的入罪标准：单位吸收公众存款在100万元以上或集资对象在150人以上或给存款人造成直接经济损失在50万元以上的，应追究刑事责任；个人吸收公众存款在20万元以上或集资对象在30人以上或给存款人造成直接经济损失在10万元以上的，即应追究刑事责任。单位犯罪的量刑也要比个人犯罪的量刑轻很多：单位集资数额在500万元以上，或集资对象在500人以上，或给存款人造成直接经济损失在250万元以上的，方为数额巨大或有其他严重情节，处3年以上10年以下有期徒刑；个人集资数额在100万元以上，或集资对象在100人以上，或给存款人造成直接经济损失在50万元以上的，即为数额巨大或有其他严重情节，处3年以上10年以下有期徒刑。

区分单位犯罪和个人犯罪的关键在于集资行为所体现的是单位的意志还是个人的意志，以及集资行为所带来的利益是归属于单位还是归属于个人。如果是由单位集体研究决定或经由单位主要负责人决定，以单位名义实施，集资款项主要用于单位经营，利益归属于单位的，则应以单位犯罪论处；如果是由单位集体研究决定或经由单位主要负责人决定，没有以单位名义实施，而是以个人名义实施，或其他单位实施，但集资款项主要用于该单位经营，利益归属于该单位的，也应以单位犯罪论处；如果集资行为体现的是个人的意志，利益也归属于个人，则应以个人犯罪论处。

对于实际上的一人公司，如果公司财物与股东财物独立，彼此间并无资金往来，或虽有往来，但财务记账规范，而其非法集资构成犯罪的，应视为单位犯罪。但对于那些个人资产与公司资产混同，财务制度不规范的，即使集资诈骗行为以单位名义实施，一般视为自然人犯罪。

以单位名义实施的集资刑事案件往往涉及人员众多，应严格控制追究刑事责任的人员范围。对于策划、组织、指挥、决定集资诈骗行为的负责人员，一般应认定为“直接负责的主管人员”，对集资诈骗的单位犯罪承担主要的罪责；对于明知单位集资诈骗，在主管人员授意下，积极参加与集资活动的,一般认定为“其他直接责任人员”,依法追究刑事责任:对于没有参与预谋,只是受主管人员指派,参与实施某些与自身工作岗位相关的具体行为的,一般不认定为“其他直接责任人员”。由于本罪的单位犯罪和个人犯罪的入罪标准和量刑标准差别很大,如果行为人的行为在实质上是单位犯罪,但被检察机关以个人犯罪起诉,那么辩护的空间会很大,此时辩护人应拿出充分的事实依据和法律依据,说服法庭将行为人的行为认定为单位犯罪。

4. 犯罪故意的认定

根据最高人民检察院《关于办理涉互联网金融犯罪案件有关问题座谈会纪要》的规定,在非法吸收公众存款罪中,原则上认定主观故意并不要求以明知法律的禁止性规定为要件。特别是具备一定涉金融活动相关从业经历、专业背景或在犯罪活动中担任一定管理职务的犯罪嫌疑人,应当知晓相关金融法律管理规定,如果有证据证明其实际从事的行为应当批准而未经批准,行为在客观上具有非法性,原则上就可以认定其具有非法吸收公众存款的主观故意。在证明犯罪嫌疑人的主观故意时,可以收集并运用犯罪嫌疑人的任职情况、职业经历、专业背景、培训经历、此前任职单位或者其本人因从事同类行为受到处罚情况等证据,证明犯罪嫌疑人提出的“不知道相关行为被法律所禁止,故不具有非法吸收公众存款的主观故意”等辩解不能成立。除此之外,还可以收集和运用以下证据进一步印证犯罪嫌疑人知道或应当知道其所从事行为具有非法性,如犯罪嫌疑人故意规避法律以逃避监管的相关证据,包括自己或要求下属与投资人签订虚假的亲友关系确认书,频繁更换宣传用语逃避监管,实际推介内容与宣传用语、实际经营状况不一致,刻意向投资人夸大公司兑付能力,在培训课程中传授或接受规避法律的方法,等等。

对于无相关职业经历、专业背景,且从业时间短暂,在单位犯罪中层级较低,纯属执行单位领导指令的犯罪嫌疑人提出辩解的,如确实无其他证据证明其具有主观故意的,可以不作为犯罪处理。另外,实践中还存在犯罪嫌疑人提出因信赖行政主管部门出具的相关意见而陷入错误认识的辩解。如果上述辩解确有证据证明,则不应作为犯罪处理,但应当对行政主管部门出具的相关意见及其出具过程进行查证,如存在以下情形之一,仍应认定犯罪嫌疑人具有非法吸收公众存款的主观故意:(1)行政主管部门出具意见所涉及的行为与犯罪嫌疑人实际从事的行为不一致的;(2)行政主管部门出具的意见未对是否存在非法吸收公众存款问题进行合法性审查,而仅对其他合法性问题进行审查的;(3)犯罪嫌疑人在行政主管部门出具意见时故意隐瞒事实、弄虚作假的;(4)犯罪嫌疑人与出具意见的行政主管部门的工作人员存在利益输送行为的;(5)犯罪嫌疑人存在其他影响和干扰行政主管部门出具意见公正性的情形的。

对于犯罪嫌疑人提出因信赖专家学者、律师等专业人士、主流新闻媒体宣传或有关行政主管部门工作人员的个人意见而陷入错误认识的辩解,不能作为犯罪嫌疑人判断自身行为合法性的根据和排除主观故意的理由。

对于共同犯罪或单位犯罪案件中,不同层级的犯罪嫌疑人之间存在犯罪目的发生转化或者犯罪目的明显不同的,应当根据犯罪嫌疑人的犯罪目的分别认定:

(1)注意区分犯罪目的发生转变的时间节点。犯罪嫌疑人在初始阶段仅具有非法吸收公众存款的故意,不具有非法占有目的,但在发生经营失败、资金链断裂等问题后,明知没有归还能力仍然继续吸收公众存款的,这一时间节点之后的行为应当认定为集资诈骗罪,而此前的行为则应当认定为非法吸收公众存款罪。

(2)注意区分犯罪嫌疑人的犯罪目的的差异。在共同犯罪或单位犯罪中,由于犯罪嫌疑人层级、职责分工、获取收益方式、对全部犯罪事实的知情程度等不同,其犯罪目的也存在不同。在非法集资犯罪中,有的犯罪嫌疑人具有非法占有的目的,有的则不具有非法占有目的,对此应当分别认定为集资诈骗罪和非法吸收公众存款罪。

5. 集资数额的认定

根据《非法集资若干问题的解释》的规定,非法吸收或者变相吸收公众存款的数额,以行为人所吸收的资金全额计算。案发前后已归还的数额,可以作为量刑情节酌情考虑。目前,公安机关在起诉意见书中认定行为人非法吸收存款的犯罪数额,一般均经过司法审计,即通过单位或个人与投资人之间账目上的往来以及投资合同上约定的数额进行认定。

针对同一集资对象,短期内数次集资,边集边还的,原则上按此期间最高集资额本金的数额认定集资总额,不累计计算。集资参与者将收取的集资收益作为本金再次投入的,该部分不计入非法集资数额。对于涉及"亲友"的非法集资案件,如果行为人前期仅向"亲友"集资,后来通过该"亲友"

向不特定社会公众集资，则前期向该"亲友"的集资数额不应计入非法吸收公众存款的数额（因为亲友不属于不特定公众）。

在共同犯罪中，负责或从事吸收资金行为的犯罪嫌疑人非法吸收公众存款金额，要根据其实际参与吸收的全部金额认定。但以下金额不应计入该犯罪嫌疑人的吸收金额：(1)犯罪嫌疑人自身及其近亲属所投资的资金金额；(2)记录在犯罪嫌疑人名下，但其未实际参与吸收且未从中收取任何形式好处的资金。

吸收金额经过司法审计，可以将前述不计入部分直接扣除。但是，前述两项所涉金额仍应计入相对应的上一级负责人及所在单位的吸收金额。

投资人在每期投资结束后，利用投资账户中的资金（包括每期投资结束后归还的本金、利息）进行反复投资的金额应当累计计算，但对反复投资的数额应当作出说明。对负责或从事行政管理、财务会计、技术服务等辅助工作的犯罪嫌疑人，应当按照其参与的犯罪事实，结合其在犯罪中的地位和作用，依法确定刑事责任范围。

四、防控措施

第一，对企业员工进行普法教育，让他们知晓刑法上对"非法吸收公众存款罪"的上述界定标准。

第二，针对采用"售后包租"模式进行非法集资的风险防控，还可以从以下几个方面着手：

1. 开发商应注意交易架构的设计和合同条款的设置，以"房产销售"为主要目的，且《商品房预（销）售合同》中应当具有房产销售的真实内容，避免触犯刑事法律。

2. 加强对外发布广告内容的法律审查，避免宣传广告出现升值或投资回报等违规承诺，对房屋的质量、价格、项目情况介绍等内容的描述应当尽量符合实际，避免出现过分夸大事实或虚假广告的内容。同时，强化对销售人员的培训，避免销售人员对购房人作出不符合项目实际的允诺。还应避免违反《广告法》规定通过媒体、传单、手机短信、公众平台等途径向社会公开宣传。

3. 开发商及其商业地产管理公司应事先充分评估商业项目的经营风险以及自身的商业运营管理能力。同时，充分了解项目所在地的监管政策和尺度，适时调整操作模式，以达到开发商、商业管理公司与购房人共赢的局面。

第三节 集资诈骗罪刑事风险与防控

一、风险点一：虚构开发项目，以高额利息为诱饵，与社会不特定群众签署开发协议，骗取投资

案例一：董某凯、董某忠集资诈骗案[1]

【基本案情】

鑫晨公司于2011年6月22日登记成立，法定代表人为王某义，股东为王某义、张某。鑫晨广州分公司于2011年12月2日登记成立，负责人为王某义，经营地址为广州市天河区黄埔大道西路163号21楼GHI房。鑫晨广州分公司于2011年11月开始实际经营，上诉人董某凯、董某忠于当月入职该公司，并先后担任公司总经理。在鑫晨广州公司经营期间，上诉人董某凯、董某忠在公司不具备吸收公众存款资格的情况下，对外宣称鑫晨公司与海南省三亚警备区合作开发位于海南省三亚市吉阳镇迎宾大道红土坎海防营东侧的"三亚鑫晨山海度假村"项目，以月息2%～3%的高额回报为诱饵，诱骗社会不特定的公众与公司签订《三亚鑫晨山海度假村合作开发协议》，向该公司投资。2012年6月，鑫晨广州分公司搬至广州市环市东路天秀大厦B座2604房，同年7月关闭。2011年11月至2012年6月，上诉人董某凯、董某忠等人共骗取被害人潘某乙、梁某甲等57人的投资款共计3,425,000元，除向被害人返还本金和利息456,098元外，其余2,968,902均未归还。

【法院判决】

一审法院认为，被告人董某凯、董某忠的行为均已构成集资诈骗罪。判处董某凯有期徒刑11年，并处罚金10万元；判处董某忠有期徒刑11年，并

---

〔1〕 案号：(2015)粤高法刑二终字第346号。

处罚金10万元。追缴被告人董某凯、董某忠的违法所得2,968,902元,按比例发还各被害人。被告人董某凯、董某忠不服一审判决,提起上诉。二审法院裁定驳回上诉,维持原判。

【风险提示】

房地产行业是一个需要巨额和持续性投资的领域,房地产企业为了能够进行地皮开发或者房产建设,需要筹集大量的资金来保证房地产项目的运行。有些房地产企业在正常的筹资渠道行不通时,往往会采取非法手段向社会大众筹资。为了能够顺利筹集到资金,房地产公司通常会虚构开发项目,用虚假的材料和高额的回报吸引社会大众,并与其签署开发协议,骗取大量的资金。因此,房地产企业在筹集资金时,一定要把握好方式和尺度,避免引出刑事风险。

二、风险点二:以真实开发项目筹集资金,后因资金链断裂转变犯意,产生非法占有目的

案例二:黄某泉集资诈骗案[1]

【基本案情】

2009年11月初,被告人黄某泉着手准备开发河源市源城区庄田片区宝源二路连接新江三路和西环路地段土地,为筹集资金,黄某泉开始跟亲戚朋友借款,向潘某(已故)、刘某、欧阳某、曹某、李某、邓某等个人及单位大量借款。2010年1月15日,黄某泉注册成立了河源市铭天宇投资发展有限公司,开始征收河源市源城区庄田片区宝源二路连接新江三路和西环路地段土地,并以该项目的名义向他人大量借钱。由于资金缺口巨大,从亲戚朋友间无法募集巨额资金,黄某泉开始谋划向社会公众借款,通过亲戚朋友向他人发布消息,以高额利息相引诱,向社会公众借款。截至2014年4月30日,其非法吸收公众的存款数额达2.6625亿元,造成社会公众经济损失共计1.9460825亿元。

2014年5月起,由于借款太多,被告人黄某泉已经无力偿还债务,资金

---

〔1〕(2017)粤16刑初第14号。

链已经断裂,但其仍以开发洲邦大悦城项目为由、以高额利息相引诱,继续向他人大量集资借款,截至2015年1月其被抓获归案时止,黄某泉集资诈骗的款项(被害人损失)达1.237565亿元。截至案发,洲邦大悦城项目的征地工作尚未完工,大楼主体工程仍未完工,洲邦大悦城项目处于停工状态。

【法院判决】

一审法院判决,被告人黄某泉其行为已构成非法吸收公众存款罪和集资诈骗罪,应予数罪并罚,决定执行无期徒刑,剥夺政治权利终身,并处没收个人全部财产。被告人黄某泉不服一审判决提起上诉。二审法院裁定驳回上诉,维持原判。

【风险提示】

1. 房地产企业的开发项目是一个长期的工程,在该工程进行过程中,房地产企业前期筹集的资金可能会出现周转不开等现象,导致项目的资金链断裂。在这种情况下,为了逃避前期债务,有些企业会心生恶意,企图侵吞所有的筹资款逃匿,导致投资人血本无归。

2. 房地产企业经营者必须要加强刑事风险防范意识,避免招来牢狱之灾,把辛苦一辈子的事业毁于一旦。

三、罪名解析与辩护策略

集资诈骗罪是指以非法占有为目的,违反有关金融法律、法规的规定,使用诈骗方法进行非法集资,扰乱国家正常金融秩序,侵犯公私财产所有权,且数额较大的行为。

(一)构成要件

1. 客体要件

本罪侵犯的客体是复杂客体,既侵犯了公私财产所有权,又侵犯了国家金融管理制度。在现代社会,资金是企业进行生产经营不可缺少的资源和生产要素,而生产者、经营者自有资金极为有限,因此,向社会筹集资金成为一种越来越重要的金融活动。与此同时,一些名为集资、实为诈骗的犯罪行为也开始滋生、蔓延。这种集资诈骗行为采取欺骗手段蒙骗社会公众,不仅造成投资者的经济损失更干扰了金融机构储蓄、贷款等业务的正常进行,破坏了国家的金融管理秩序,进而使广大投资者对集资活动的过分谨慎,甚至对金融机构进行集资也可能产生不信任感，影响了经济的发展。

2. 客观要件

本罪在客观方面表现为行为人必须实施了使用诈骗方法非法集资，数额较大的行为。构成本罪行为人在客观方面应当符合以下条件：(1)必须有非法集资的行为。非法集资是指符合公司法规定的有限责任公司或者股份有限公司条件的公司或者其他依法设立的具有法人资格的企业或者个人未经批准，违反法律、法规，通过不正当的渠道，向社会公众或者集体募集资金的行为。(2)集资是通过诈骗方法实施的。所谓使用诈骗方法，是指行为人以非法占有为目的，编造谎言，捏造或者隐瞒事实真相，骗取他人的资金的行为。(3)使用诈骗方法非法集资必须数额较大，才构成犯罪。否则，不构成犯罪。

3. 主体要件

本罪的主体是一般主体，任何达到刑事责任年龄、具有刑事责任能力的自然人均可构成本罪。根据《刑法》第 200 条的规定，单位也可以成为本罪的主体。

4. 主观要件

本罪在主观上由故意构成，且以非法占有为目的，即犯罪行为人在主观上具有将非法聚集的资金据为已有的目的。所谓据为已有，既包括将非法募集的资金置于非法集资的个人控制之下，也包括将非法募集的资金置于本单位的控制之下。

在司法实践中，使用诈骗方法非法集资，具有下列情形之一的，可以认定为“以非法占有为目的”：(1)集资后不用于生产经营活动或者用于生产经营活动与筹集资金规模明显不成比例，致使集资款不能返还的；(2)肆意挥霍集资款，致使集资款不能返还的；(3)携带集资款逃匿的；(4)将集资款用于违法犯罪活动的；(5)抽逃、转移资金、隐匿财产，逃避返还资金的；(6)隐匿、销毁账目，或者搞假破产、假倒闭，逃避返还资金的；(7)拒不交代资金去向，逃避返还资金的；(8)其他可以认定非法占有目的的情形。

集资诈骗罪中的非法占有目的，应当区分情形进行具体认定。行为人部分非法集资行为具有非法占有目的的，对该部分非法集资行为所涉集资款以集资诈骗罪定罪处罚；非法集资共同犯罪中部分行为人具有非法占有目的，其他行为人没有非法占有集资款的共同故意和行为的，对具有非法占有目的的行为人以集资诈骗罪定罪处罚。

（二）量刑规定

《刑法》第192条关于集资诈骗罪的量刑规定为："以非法占有为目的，使用诈骗方法非法集资，数额较大的，处五年以下有期徒刑或者拘役，并处二万元以上二十万元以下罚金；数额巨大或者有其他严重情节的，处五年以上十年以下有期徒刑，并处五万元以上五十万元以下罚金；数额特别巨大或者有其他特别严重情节的，处十年以上有期徒刑或者无期徒刑，并处五万元以上五十万元以下罚金或者没收财产。"

根据《刑法》第200条的规定，单位犯本罪的，对单位判处罚金，并对其直接负责的主管人员和其他直接责任人员，处5年以下有期徒刑或者拘役，可以并处罚金；数额巨大或者有其他严重情节的，处5年以上10年以下有期徒刑，并处罚金；数额特别巨大或者有其他特别严重情节的，处10年以上有期徒刑或者无期徒刑，并处罚金。

对"数额巨大"和"数额特别巨大"的判断要特别注意以下几点：（1）个人进行集资诈骗，数额在10万元以上的，应当认定为"数额较大"；数额在30万元以上的，应当认定为"数额巨大"；数额在100万元以上的，应当认定为"数额特别巨大"。（2）单位进行集资诈骗，数额在50万元以上的，应当认定为"数额较大"；数额在150万元以上的，应当认定为"数额巨大"；数额在500万元以上的，应当认定为"数额特别巨大"。（3）集资诈骗的数额以行为人实际骗取的数额计算，案发前已归还的数额应予扣除。行为人为实施集资诈骗活动而支付的广告费、中介费、手续费、回扣，或者用于行贿、赠与等费用，不予扣除。行为人为实施集资诈骗活动而支付的利息，除本金未归还可予折抵本金以外，应当计入诈骗数额。

（三）立案标准

从《非法集资若干问题的解释》第4条的规定，可推知符合以下情形的，公安机关应当立案：

1. 个人进行集资诈骗，数额在10万元以上的；

2. 单位进行集资诈骗，数额在50万元以上的。

（四）认定标准

1. 区分集资诈骗罪与非罪的界限

（1）行为人主观上是否具有非法占有他人财物的目的。如果行为人无此目的,其行为属于一般的集资借贷。即使行为人为获得集资款而故意夸大了回报集资的条件,而且集资后因经营管理不善或市场因素变化等原因造成亏损而无力偿付集资本息并引起纠纷的,也只能按债务纠纷处理,而不能以犯罪论处。

(2)集资诈骗的数额大小。如果数额不大的,不应认定构成犯罪。

2. 区分集资诈骗罪与诈骗罪的界限

集资诈骗罪实际上是一种特殊的诈骗罪,因此它既有一般诈骗罪所具有的共性,也具有一般诈骗罪所不具有的特殊性。两者区别主要是:

(1)犯罪的对象不同。本罪的对象是不特定多数人的用以集资获利的资金,包括金钱与财物;但后罪即诈骗罪的对象则是特定的,即行为人是针对某一特定的人或单位去实施诈骗行为并获取其钱财。

(2)客观行为的表现形式不同。诈骗罪在客观方面表现为用虚构事实或隐瞒真相直接使被骗人交付财物的行为,被骗人交付财物既可以是为了投资营利,亦可以是购买某物或借给欺骗人;但本罪不仅要使用诈骗方法即虚构事实或隐瞒真相的方法,而且还是以聚集资金的名义进行的,被骗人交付钱财是认为所交付的资金是集资而营利,而没有其他意图。这样,本罪客观行为不仅要有诈骗的方法,而且还要有非法集资的行为,诈骗方法实施的目的就是骗取他人用以集资的钱财,而不是他种用途的财物。当然,从诈骗行为的本质来讲,其应当包括诈骗他人集资的行为在内。这样就使本罪行为为诈骗罪的行为所包容,形成两者之间包容与被包容的法条竞合的关系,根据法条竞合的适用原则,没有特别规定的,应当依照特别法条定罪量刑。对于本罪与诈骗罪而言,本罪是被包容的法条,属特别法条,因此,对以诈骗方法骗取集资的,应当以本罪定罪科刑。

3. 本罪与非法吸收公众存款罪的界限

非法吸收公众存款在一定意义上讲,也是一种非法集资的形式,二者的主要区别有:

(1)侵犯的对象不同。本罪的对象是他人用于集资获利所交付的集资款,既可以表现为资金,又可以表现为财物;后罪即非法吸收公众存款罪的对象则是公众的存款,它只能表现为金钱的形式,并且只能以存款人用于存款而获取一定利息的形式出现。

(2)犯罪客观行为的表现方式不同。本罪是以诈骗的方法去非法聚集资金，表现为诈骗方法与非法集资两种行为的统一，诈骗行为属于方法行为，其是为非法集资这一目的行为服务的；后罪即非法吸收公众存款罪，是以存款的形式非法吸收公众存款，其虽可采用欺骗的方法进行，但不是必备的条件之一。

(3)犯罪的目的不同。本罪的目的是将所非法募集到的集资资金据为己有，即具有非法占有之目的。但非法吸收公众存款罪的目的是营利，其不具有占有的目的意图；如果出于占有的故意骗取他人存款的，则不构成其罪，而应构成本罪。为了营利，是指将所聚集的资金用于一些诸如生产投资、高利放贷等生产或服务的经营活动。

(4)侵犯的客体不同。本罪侵犯的客体为双重客体，其既侵犯了国家有关集资的金融管理制度，亦会侵犯公私财物所有权；而后罪侵犯的客体是单一的，即国家有关集资主要是吸收公众存款的金融信贷管理制度。行为人出于营利之目的，非法吸收公众存款用于经营，但由于经营不善或意外事故等原因造成了亏损，即使无法给存款人还本付息，亦不能认定为出于非法占有之目的，构成犯罪的，也只能依非法吸收公众存款罪定罪处罚。因此，无法支付存款人的本息而造成存款人的经济损失，应作为一个量刑情节加以考虑。

(五)辩点分析

集资诈骗罪在司法实践中，罪与非罪、此罪与彼罪的定性争议大，这也给辩护人带来较大的辩护空间。根据笔者归纳总结，对于集资诈骗罪，可以从以下几个方面厘清辩点：(1)非法性的认定；(2)“以非法占有为目的”的认定；(3)“使用诈骗方法”的认定；(4)“向社会公开宣传”的认定；(5)“社会公众”的认定；(6)单位犯罪和个人犯罪；(7)集资数额的认定；(8)共同犯罪的认定；(9)如实供述、退赃退赔、自首立功。

1. 非法性的认定

在集资诈骗中，先有集资后有诈骗，认定集资诈骗首先要确定集资行为是否具有非法性。我国现阶段市场经济的程度还不是很高，金融业还没有完全放开。行为人面向社会集资的行为如果没有获得国家有关主管部门的批准，或者采取借用合法经营的形式，表面上合法，实际上不合法，则该集资行为违反了国家金融管理法律法规，具有非法性。这里的违反国家金融管理法律法规，主要是指违反了《银行业监督管理法》《商业银行法》《证券法》

《公司法》《保险法》《证券投资基金法》《企业债券管理条例》《信托公司集合资金信托计划管理办法》等法律法规。

《非法集资若干问题的解释》列举的10类情形以及其他类似的面向社会不特定对象集资的情形,都是非法的,具有非法性。而这种非法性,是本罪的前提和基础,即先有非法性,后有集资诈骗。

2."以非法占有为目的"的认定

《刑法》意义上的"以非法占有为目的",是指行为人主观上具有非法获取他人财物控制权的故意和目的,包括对所有权人对财物的占有、使用、收益、处分权的全面侵犯,使得自己或第三人(含单位)完全控制通过非法行为所取得的款项,排除所有权人权利的实现。

此目的是集资诈骗罪主观上的构成要件,人民法院对此目的的认定直接关系到罪与非罪。但实践中,没有哪个行为人会主动承认自己是"以非法占有为目的"。对于人的主观心理状态,他人无法探知,只有客观行为是为他人所知的。因此,为了准确地认定主观心理状态,在司法实践中大量地采用推定的方式认定"以非法占有为目的"。那么,在司法实践中又如何推定呢?

根据刑法理论通说,推定应遵守以下几方面的规则:第一,基础事实必须客观、真实,并且不得进行二次推定;第二,基础事实与推定事实须具有逻辑上的联系;第三,必须坚持主客观相一致,既要注意分析、判断行为人主观心理,又要查清其客观行为,如是否存在还款行为,不能还款的具体原因,集资款的去向,等等;第四,允许行为人反驳或提供反证,如果行为人能举证证明某种相反的例外情形存在,足以使法官对拟推定事实产生合理怀疑,则推定结论即不成立。

为了帮助司法工作人员和律师正确地采用推定的方式来认定"以非法占有的目的",2001年,《最高人民法院关于印发〈全国法院审理金融犯罪案件工作座谈会纪要〉的通知》(以下简称《2001年金融犯罪座谈会纪要》)发布,2010年又发布了《非法集资若干问题的解释》。其中,对集资诈骗罪的"非法占有目的"的认定作了以下几点列举式规定:(1)集资后不用于生产经营活动或者用于生产经营活动与筹集资金规模明显不成比例,致使集资款不能返还的;(2)肆意挥霍集资款,致使集资款不能返还的;(3)携带集资款逃匿的;(4)将集资款用于违法犯罪活动的;(5)抽逃、转移资金、隐匿财产,逃避返还资金的;(6)隐匿、销毁账目,或者搞假破产、假倒闭,逃避返还资金的;(7)拒不交代资金去向,逃避返还资金的;(8)其他可以认定非法占有目的的情形。

对以上几个方面的列举,最高人民法院的本意是方便司法工作人员和律师更迅速和更快捷地理解"以非法占有为目的",把复杂的问题简单化。但"以非法占有为目的"的认定涉及集资诈骗罪的罪与非罪,关系重大。为了避免错案,不能单纯地、僵硬地、教条地理解以上几个列举式规定,而应结合以下几个方面,综合判断行为人的主观动机:

(1)筹措资金的用途。

非法吸收公众存款罪和集资诈骗罪在客观方面基本一致,主要的区别就在于主观方面。非法吸收公众存款罪不是"以非法占有为目的",而集资诈骗罪正是"以非法占有为目的"。在实践中,改变资金用途是集资诈骗罪经常使用的手段,但是不同的情形在认定非法占有目的上有所不同,因为改变资金用途的原因复杂,其后资金具体用途也是各种各样。行为人改变资金用途,背离了诚实信用原则,违反了其与出资人之间的约定,而诚实信用原则作为民法的基本原则,刑法不能随意介入破坏其价值。因此,包括集资诈骗罪在内的诈骗类犯罪的保护法益是财产权(主要是所有权),而不是单纯的诚实信用。也就是说,当行为人违反诚实信用但没有侵害他人的财产权时,则不需要认定非法占有目的,仅需民事救济即可。所以,在司法实践中,若行为人吸收他人款项后,改变了资金用途,但仍用于企业的合法生产经营活动的,此时不能认定行为人具有非法占有的目的,即使最终企业破产导致资金不能返还的,也不能就此认定行为人具有非法占有的目的;若行为人将吸收的资金全部或大部分用于高风险投资,如股票、对冲基金等,或用于违法犯罪、挥霍的,则应倾向于认定其具有"以非法占有为目的";若资金进入行为人或者他人个人账户,或者由个人控制,主要用于个人消费的,也应依法认定行为人具有非法占有的故意。

(2)行为人筹措资金时的经济与经营的状况。

若行为人向社会不特定群体筹措资金时,有不错的经济和经营能力,相对于筹措的资本,有实际的可预期的偿还可能性,则不宜认定其具有非法占有目的;若彼时行为人在经济和经营方面只是空壳,或者根本没有好的经济基础和稳定的经营收入状况,那么应倾向于认定其具有"以非法占有为目的”。

(3)融资真实性、模式与规模。

如果融资项目系虚构的,或者所采取的融资模式不可能实现,如以明显不合理的高额利息为诱饵,融资成本明显高于正常企业盈利水平的,或者融资金额与企业实际所需要资金明显不相称的,在造成资金重大损失的情形下,认定行为人主观上具有“以非法占有为目的”的可能性就高。

(4)行为人集资手段合法性。

相对于行为人采取合法手段融资而导致大量资金损失的情况,如果行为人使用非法手段集资,在造成大量资金损失的情况下,认定行为人主观上具有“以非法占有为目的”的可能性将大大提高。

(5)行为人对债务的偿付情况。

在无法明确判定行为人筹措资金有无非法占有目的时,若行为人对于全部或部分资金都已经归还,或从常理上来看,根据其实际经营状况有较高归还的可能性,并且其对归还持积极态度的,应倾向于认定其不具有“非法占有目的”。

(6)事后的态度与关联行为。

人的行为往往具有一体性,认定行为人主观上是否具有非法占有目的,有时离不开整体考察融资前后行为人的态度与关联行为。行为人融资后逃跑的;融资后抽逃、转移资金、隐匿财产,以逃避返还资金的;融资后隐匿、销毁账目,或者搞假破产、假倒闭,以逃避返还资金的,对于上述情形,往往会推定其主观上非法占有目的的存在,而《2001 年金融犯罪座谈会纪要》也对此作了明确规定。

3.“使用诈骗方法”的认定

根据《非法集资若干问题的解释》的规定,只要客观行为属于非法吸收或者变相吸收公众存款,并具有非法占有为目的的,就以集资诈骗罪论处。然而,非法吸收公众存款,并不以行为人实施诈骗行为为前提。但集资诈骗罪作为诈骗类犯罪,必须以实施了诈骗行为、使用了诈骗方法为前提。换言之,行为人“使用诈骗方法”是集资诈骗罪的构成要件之一,没有“使用诈骗方法”,就不能认定为集资诈骗罪。集资诈骗罪作为诈骗类犯罪,其构造与普通诈骗罪的构造是相同的。所谓诈骗方法,就是行为人虚构事实、隐瞒真相,向受骗人传递不真实的信息,使受骗人上当受骗,陷入错误的认识,并作出看似自愿处分财产的行为。就集资诈骗而言,“使用诈骗方法”就是指行为人虚构理财产品、虚假转让股权、虚构债券、虚假销售保险、虚构投资项目等,虚假承诺回报,骗取社会不特定公众的信任,使这些不特定公众看似自愿地将集资款交付给行为人或行为人指定的第三人。

“使用诈骗方法”是集资诈骗罪客观上的必备要件。行为人如果没有“使用诈骗方法”集资的客观行为,就不构成集资诈骗罪,辩护人就可以为行为人作无罪辩护。

4.“向社会公开宣传”的认定

按照《刑法》和相关司法解释的规定,“向社会公开宣传”是集资诈骗的构成要件之一。《非法集资若干问题的解释》列举了通过媒体推介会、传单、手机短信等途径向社会公开宣传的方式,但这只是列举式的规定,实践中并不以此为限,还包括其他的向社会公众传播的方式,如电脑网络、手机微信、论坛、讲座、晚会、研讨会、宣传画册、横幅等,这些方式,都属于向社会公开宣传。《非法集资若干问题的意见》进一步明确“明知吸收资金的信息向社会公众扩散而予以放任等情形”也属于“向社会公开宣传”。并且,这种方式由于口口相传、人人相传,传播的主体相互之间是熟人的关系,其内容更加具体,传播方式更加隐蔽,速度反而更快;其传播的实际效果与主动向社会公开宣传没有两样,甚至有过之而无不及。如果行为人明知其吸收的资金以这种方式传播而放纵不加阻止,很明显属于一种间接故意,根据主客观一致的原则,完全可以认定为“向社会公开宣传”。

5.“社会公众”的认定

根据《刑法》和相关司法解释的规定,集资诈骗的对象是不特定的“社会公众”。《非法集资若干问题的解释》规定了集资的对象为社会公众,也就是社会不特定对象。这是非法集资与民间借贷的区别所在。“社会公众”的核心主要体现在其“社会性”上,而“社会性”包括对象的广泛性和不特定性。该司法解释还规定:“未向社会公开宣传,在亲友或者单位内部针对特定对象吸收资金的,不属于非法吸收或者变相吸收公众存款。”但是,随着司法实践的发展,行为人在非法集资上手段翻新,为了刻意规避刑法和司法解释的规制,又出现了两种新的“向社会公开宣传”的方式:一种是在向亲友或单位内部人员吸收资金的过程中,明知亲友或单位内部人员向不特定对象吸收资金而予以放任;另一种是以吸收资金为目的,将社会人员吸收为单位内部人员，并向其吸收资金。以上两种方式具有隐蔽性的特征，其实质是间接地向社会公众等不特定对象吸收资金。在这两种方式中，行为人的集资对象已经不是纯粹的亲友和单位，而实质上成为社会不特定公众了。按照上述司法解释的规定，“社会公众”具有广泛性和不特定性特点，在认定“社会公众”时应透过现象看本质，不能被表面上的亲友和单位所迷惑。这体现了最高人民法院对非法集资案件严厉处理的态度。

6. 单位犯罪和个人犯罪

根据相关司法解释的具体规定，集资诈骗罪的单位犯罪的入罪标准要高于个人犯罪的入罪标准（单位是50万元以上，个人是10万元以上），量刑也比个人犯罪的量刑轻很多（单位数额巨大是150万元以上的，数额特别巨大是500万元以上；个人数额巨大是30万元以上，数额特别巨大是100万元以上）。

区分单位犯罪和个人犯罪的关键在于，集资行为所体现的是单位自身的意志，还是作为单位成员的个人的意志。如果是由单位领导集体研究决定或经由单位负责人决定，以单位名义实施，集资款项主要用于单位经营，利益归属于单位的，以单位犯罪论处；如果是由单位集体研究决定或经由单位主要负责人决定，没有以单位名义实施，而是以个人名义实施，或由其他单位实施，但集资款项主要用于该单位经营，利益归属于该单位的，也应以单位犯罪论处。

对于实际上的一人公司，如果公司财物与股东财物独立，彼此间并无资金往来，或虽有往来，但财务记账规范，其非法集资构成犯罪的，应视为单位犯罪。但对于那些个人资产与公司资产混同，财务制度不规范的一人公司，即使集资诈骗行为以单位名义实施，一般视为自然人犯罪。

以单位名义实施的集资刑事案件往往涉及人员众多，应严格控制追究刑事责任的人员范围。对于策划、组织、指挥、决定集资诈骗行为的负责人员，一般应认定为“直接负责的主管人员”，对集资诈骗的单位犯罪承担主要的罪责；对于明知单位集资诈骗，在主管人员授意下，积极参加与集资活动的，一般认定为“其他直接责任人员”，依法追究刑事责任：对于没有参与预谋，只是受主管人员指派，参与实施某些与自身工作岗位相关的具体行为的，一般不认定为“其他直接责任人员”。

故此，辩护人在为被控集资诈骗罪的嫌疑人或被告人辩护时，如果能向单位犯罪方向辩护,并且法律上能够成立的话,将会取得罪轻辩护的良好效果。如果辩护人能更进一步,将自己的当事人认定为“没有参与预谋,只是受主管人员指派,参与实施某些与自身工作岗位相关的具体行为”的,则将取得无罪辩护的更好效果。

7. 集资数额的认定

《2001 年金融犯罪座谈会纪要》规定:“在具体认定金融诈骗犯罪的数额时,应当以行为人实际骗取的数额计算。对于行为人为实施金融诈骗活动而支付的中介费、手续费、回扣等,或者用于行贿、赠与等费用,均应计入金融诈骗的犯罪数额。但应当将案发前已归还的数额扣除。”这一精神在《非法集资若干问题的解释》中得以延续,并在此基础上又增加了一段规定:“行为人为实施集资诈骗活动而支付的利息,除本金未归还可予折抵本金外,应当计入诈骗数额。”对于这一点,最高人民法院刑二庭法官刘为波在《〈最高人民法院关于审理非法集资刑事案件具体应用法律若干问题的解释〉的理解与适用》中作出了说明:“同时规定‘本金未归还可予折抵本金’,主要是出于实际可操作性和避免矛盾激化的考虑。因为,集资诈骗案发后能够追回的案款毕竟有限,很难要求本金未得到偿付的集资群众先将利息退回后再按比例统一偿付。而且,实践中支付本金时往往已经扣除了利息部分,比如,名义上支付了 100 万元的本金,扣除高息 20 万元,仅实际支付 80 万元,对此实事求是地认定本金 80 万元更为可取。”

针对同一集资对象,短期内数次集资,边集边还的,原则上按此期间最高集资本金的数额认定集资总额,不累计计算。集资参与者将收取的集资收益作为本金再次投入的,该部分不计入非法集资数额。

对于涉及“亲友”的集资诈骗案件,如果行为人前期仅向“亲友”集资,后来通过该“亲友”向不特定社会公众集资,则前期向该“亲友”的集资数额不应计入非法集资犯罪数额(因为亲友不属于不特定公众)。

8. 共同犯罪的认定

与其他的罪名一样,集资诈骗罪也存在共同犯罪,无论是集资诈骗中的单位犯罪或者是个人犯罪都是如此。按照《刑法》规定,具有共同的犯罪故意和共同的犯罪行为,构成共同犯罪。

具体到本罪的单位犯罪中,对于策划、组织、指挥、决定集资诈骗行为的负责人员,一般应认定为共同犯罪中的主犯,承担主要的罪责;对于明知单位集资诈骗,在主管人员授意下,积极参加集资活动的,一般认定为从犯,比照主犯从轻处罚或者减轻处罚;对于协助、帮助集资单位实施诈骗行为的担保公司投资咨询公司等,如果其主观上有帮助该单位实施集资诈骗的故意,客观上有帮助该单位实施集资诈骗的行为,构成本罪的帮助犯或从犯。对该帮助犯或从犯,按照其意志属性和利益归属属性分别区分个人犯罪或单位犯罪,如果是单位犯罪的,只有被认定的“直接负责的主管人员”和“其他直接责任人员”才需承担刑事责任,而其他没有参与预谋,只是受主管人员指派,参与实施某些与自身工作岗位相关的具体行为的工作人员,不应承担刑事责任。

具体到本罪的个人犯罪中,应该根据各个共同集资诈骗行为人在共同行为中的地位和作用、行为人职务的高低对集资诈骗行为积极的程度、是否从集资行为中得到好处、好处的多少等,区分主犯或从犯、胁从犯等。如果两个或者两个主要的人员地位或者作用相当,可以都认定为主犯,但也应该略微拉开一下量刑的档次。对于从犯,应当比照主犯从轻或减轻处罚。对于胁从犯,由于其主观恶性较小,应当比照主犯减轻处罚或者免除处罚。

行为人帮助他人向社会集资诈骗,从中收取代理费、好处费、佣金或提成等,构成共同犯罪,一般应作为从犯追究刑事责任。但受雇参与集资诈骗的部分环节、仅领取少量报酬或者提成的,或者地位作用相对较大,但能清退个人涉案违法所得的,可以认定为“情节显著轻微,危害不大”,不以犯罪处理。

9. 如实供述、退赃退赔、自首立功

根据最高人民法院的量刑指导意见和各省高级人民法院的实施细则,如实供述、真诚悔罪、积极退赃退赔,一直都是作为重要的酌定从轻情节而存在的。被控集资诈骗罪的嫌疑人如果在案件中具备这些酌定从轻情节,毫无疑问将是一个有利的辩点,嫌疑人及其辩护人应善于发现、挖掘或者创造这一酌定从轻情节。自首和立功在《刑法》总则里一直都是法定从轻情节,对于所有的罪名都同等适用,集资诈骗罪也不例外。由于本书在前面的章节里已详细谈到自首和立功的辩点内容,在此就不再赘述。

四、防控措施

本罪属于诈骗类犯罪,指的是采用非法集资的方式进行诈骗。企业及高管一旦卷入集资诈骗罪,不仅面临巨额罚金,还将面临牢狱之灾,故对本罪应高度重视。最近几年,许多企业家都曾因本罪被科以重刑,其中不乏死刑案例。虽然最新的刑法修正案取消了本罪的死刑,但一旦触犯本罪,涉案金额往往巨大,量刑也较重。

对于公司、企业而言,预防本罪可从以下几个方面着手:

(一)合法合理经营

企业应当将筹集的资金按照集资项目计划用于拓展公司业务、扩大生产经营中,制定合理的资金使用方案,并对每一笔资金进行详细、完备的财务记录;严格按照法律允许的方式使用资金,不能任意而为之。

(二)禁止高息揽储,确定适当的融资回报率

集资诈骗中往往使用的手段是承诺给他人以高息或其他巨额回报以吸引他人资金。故在实践中,企业应尽量避免以高息为诱饵进行揽储,因为若承诺的融资回报过高,将增加日后无法偿付而演变为犯罪的风险。同时,即使企业急需资金,也不宜向不特定人群吸收资金,要控制好借贷人数和范围。

(三)企业融资时应把握好自己的偿还能力

本罪在实践中认定的一个重要标准是,企业或个人在集资时是否有诈骗的故意,这一点往往通过客观方面来判断,如偿还能力、资金用途等。因此,企业在筹集资金时一定要把握好自身的偿还能力,如果对于集资得来的资金没有把握偿还,最好不要轻易尝试集资。另外,在资金用途问题上,许多企业经营者将企业视为个人私产,对企业资金随意支配,这里存在巨大风险,即一旦集资被认定用于个人消费,则成立本罪的可能性就很大。

(四)企业在融资时,应签订好书面的借贷合同

企业在融资时,应签订书面合同,明确约定借款用途及偿还期限;同时宜约定担保方式,一旦出现不能偿还借款情况,应主动寻求法律途径解决无法履约问题。

(五)保证项目真实性

企业在拓展公司业务、扩大生产经营过程中遇到资金困难,需要进行集资时,一定要制定详细的目标和规划,而不能编造子虚乌有的项目,向投资人或借款人传递虚假资讯。

（六）诚信履行融资合同

企业应当按照与投资人或借款人的约定，履行融资合同，按时给投资人或借款人回报或利息。如果在企业实际运营中融资项目出现问题，企业可以与投资人或借款人进行协商，请求给予宽限期，或者先偿还部分本息，采取积极稳妥的方式解决，而不能消极地携款逃匿、隐匿财产。

第四节　骗取贷款、票据承兑、金融票证罪刑事风险与防控

一、风险点一：虚构公司开发房屋销售事实，向银行骗取贷款，用于其他用途

案例一：张某精非法吸收公众存款、骗取贷款、票据承兑、金融票证案[1]

【基本案情】

张某系中山市吉雅房地产开发公司（以下简称吉雅公司）法定代表人，被告人张某精主管公司销售。由于公司项目需要资金，张某以支付月息1分至10分不等的高息作为诱饵，向375名个人及单位借款共计5.75697327亿元。在此过程中，吉雅公司与部分借款人签订了大量虚假的商品房买卖合同，将吉雅花园、综合市场、吉雅商住楼等商品房、商铺的销售登记备案至出借人名下作为还款保障。被告人张某精为吉雅公司办理了部分用于借款担保的虚假商品房买卖合同手续。被告人张某精受张某指使，由张某找来大量社会人员冒充购房人与吉雅公司签订虚假购房合同，被告人张某精等人伪造购房人收入证明、首付款支付凭证等资料，虚构吉雅公司开发的吉雅花园、吉雅商住楼、综合市场的1206套商品房、商铺的销售事实，后向多家银行骗取按揭（抵押）贷款本金2.05035亿元。

---

〔1〕（2017）粤2071刑初1822号。

【法院判决】

法院认为,被告人张某精作为犯罪单位的直接责任人员,受犯罪单位直接负责的主管人员指使,参与犯罪单位所实施的非法吸收公众存款犯罪、骗取贷款犯罪活动,并在其中起次要、辅助作用,其行为已分别构成非法吸收公众存款罪、骗取贷款罪,依法应当数罪并罚。被告人张某精在非法吸收公众存款、骗取贷款共同犯罪中属从犯,依法应当减轻处罚。被告人张某精当庭对其所犯骗取贷款罪行供认不讳且自愿认罪,可以酌情从轻处罚。最终法院以被告人张某精犯非法吸收公众存款罪,判处有期徒刑1年,并处罚金10万元;犯骗取贷款罪,判处有期徒刑2年6个月,并处罚金20万元。总和刑期有期徒刑3年6个月,并处罚金30万元,决定执行有期徒刑2年10个月,并处罚金30万元。

【风险提示】

本案中,被告人为获取融资贷款,招募社会人员冒充购房人与吉雅公司签订虚假购房合同,伪造购房人收入证明、首付款支付凭证等资料,虚构公司开发房屋销售事实,向多家银行骗取按揭(抵押)贷款,给银行造成了重大损失,其行为已经触犯了骗取贷款罪。

房地产企业在销售、融资过程中,必须严格依法办事,规范企业相关制度,避免因制度不完善导致经营行为触犯刑法,造成企业生存危机。

二、风险点二:超越抵押物担保价值重复抵押,骗取银行贷款

案例二:谭某、李某骗取贷款、票据承兑、金融票证案[1]

【基本案情】

2013年5月21日,中建公司在中国银行获得授信4000万元,宝来公司提供德府国用(2013)第0384号土地使用权为其做抵押担保,后中建公司又在南粤银行贷款,富民公司使用德府国用(2012)第2131号土地使用权为其进行抵押担保。中建公司法人代表谭某、富民公司和宝来公司的法人代表陈某就上述两笔抵押贷款与银行签署借款、抵押合同,被告人李某(系陈某

〔1〕(2015)肇德法刑初字第193号。

员工)与被告人谭某一同办理相关抵押借款手续。2014 年 4 月,中国银行对中建公司的 4000 万元授信即将到期,中国银行提出必须增加抵押物才能获得授信延期,陈某为了实现续贷,指使被告人谭某、李某隐瞒德府国用(2012)第 2131 号土地使用权已抵押给南粤银行的事实,以该土地使用权作抵押,并伪造了他项权证,以此骗得中行批准授信延期。另外,陈某潜逃后,被告人谭某代表中建公司向中国银行归还了 1800 余万元贷款,截至 2015 年 5 月 13 日,中建公司尚欠中国银行本金 23,348,741.13 元,利息 1,153,779.35 元。

【法院判决】

法院认为,被告人谭某明知德府国用(2012)第 2131 号土地已经抵押给南粤银行,仍然与被告人李某一起帮助陈某以假的他项权证骗取银行授信延期,且案发前仍有 2300 余万元未归还。虽然肇庆市仲裁委员会仲裁确认中国银行对宝来公司提供的德府国用(2013)第 0384 号土地使用权在上述债务范围内享有优先受偿权,但该权利在案发时并未实现,其行为使银行巨额资金陷入巨大风险,属于有其他严重情节,符合骗取贷款罪的构成要件。根据犯罪情节,被告人谭某最终被判处有期徒刑 1 年 10 个月,并处罚金 20 万元;被告人李某被判处有期徒刑 1 年 10 个月,并处罚金 20 万元。

【风险提示】

骗取贷款罪侵害的客体是金融机构的信贷资金安全。在提供真实且足额担保的情形下,不会危及银行的信贷资金安全,对于虚构事实获取银行贷款的行为只能认定为违法行为而不属于犯罪行为,通常通过行政处罚等途径予以解决,而不会纳入刑法调整范围。但在重复抵押,超过抵押物价值进行抵押的情况下,当行为人到期不能偿还贷款,担保物的价值也不足以偿付贷款的资金时,则会触犯刑法,构成犯罪。

房地产企业在贷款过程中,一定要加强法律风险意识,高度重视贷款行为的合法性,尤其不能触犯刑法。

三、罪名解析与辩护策略

骗取贷款、票据承兑、金融票证罪是指以欺骗手段取得银行或者其他金融机构贷款、票据承兑、信用证、保函等,给银行或者其他金融机构造成重大损失或者有其他严重情节的行为。

（一）构成要件

1. 客体要件

本罪侵犯的客体是国家的金融管理秩序和银行或其他金融机构的贷款、票据承兑、信用证、保函等的安全。骗贷行为使银行或其他金融机构的这些资产与正常贷款相比处于相对不安全状态，不利于银行的风险防控。

2. 客观要件

本罪在客观方面表现为行为人采取欺骗手段取得银行或其他金融机构的贷款、票据承兑、信用证、保函等。所谓“欺骗手段”，是指行为人在取得银行或其他金融机构的贷款、票据承兑、信用证、保函时，采用的是虚构事实、隐瞒真相等手段，掩盖了客观事实，骗取了银行或其他金融机构的信任。

3. 主体要件

犯罪主体通常是贷款人，但若担保人、银行职员等帮助贷款人出谋划策，掩盖真相、提供虚假材料等的，也可能构成本罪的共犯。另外，根据《刑法》第175条之一第2款的规定，犯罪主体既可以是个人，也可以是单位。

4. 主观要件

主观方面要求本罪须故意为之，即积极采取欺骗手段，追求获得贷款归贷款人使用的目的。如果贷款人主观上有将贷款占为己有，不再归还的目的，则应当构成贷款诈骗罪。

（二）量刑规定

《刑法》第175条之一关于骗取贷款、票据承兑、金融票证罪的量刑规定为“……处三年以下有期徒刑或者拘役，并处或者单处罚金；给银行或者其他金融机构造成特别重大损失或者有其他特别严重情节的，处三年以上七年以下有期徒刑，并处罚金。单位犯前款罪的，对单位判处罚金，并对其直接负责的主管人员和其他直接责任人员，依照前款的规定处罚。”

（三）立案标准

根据《刑事案件立案追诉标准二》第27条规定，以欺骗手段取得银行或者其他金融机构贷款，涉嫌下列情形之一的，应予立案追诉：(1)以欺骗手段取得贷款，数额在100万元以上的；(2)以欺骗手段取得贷款，给银行或者其他金融机构造成直接经济损失数额在20万元以上的；(3)虽未达到上述数额标准，但多次以欺骗手段取得贷款的；(4)其他给银行或者其他金融机构造成重大损失或者有其他严重情节的情形。

将以欺骗手段取得贷款、票据承兑、信用证、保函等，数额在 100 万元以上作为立案追诉的标准，很明显将情节进行量化，以数额作为入罪的条件，与本罪所体现的危害性并不相适应，容易导致骗取贷款罪被任意扩张。根据立法者设立骗取贷款罪的目的，重大损失或有其他严重情节应建立在行为人的骗贷行为损害了银行或其他金融机构信贷资金安全的基础上，而银行或其他金融机构的资金是否安全，一看是否造成实际损失，二看是否形成贷款风险。只有在行为人的欺骗手段使银行或者其他金融机构的巨额资金陷入巨大风险的情况下，才会危及银行或者其他金融机构贷款资金的安全；但若行为人足额担保，则并未形成贷款风险，相应亦不能认定构成骗取贷款罪。对此笔者认为，应该通过制定规范性文件，对该立案标准进行限制性的纠正，即在具体案件中考察是否给银行造成重大损失或其他严重情节，以此来认定是否构成骗取贷款罪。

（四）认定标准

1. 划清罪与非罪的界限

根据《刑法》第 175 条的规定，只有造成重大损失或者具有严重情节的骗贷行为方纳入刑法领域予以规制。可见，骗取贷款罪的入罪须符合两个条件：首先，行为人实施了骗取行为，即行为人在向银行或其他金融机构贷款时，以虚构事实或隐瞒事实真相等欺骗手段取得银行或者其他金融机构贷款。其次，行为人骗取贷款的行为须给银行或者其他金融机构造成重大损失或者有其他严重情节；如果行为人的欺骗行为并未造成重大损失，也不具有其他严重情节的，则不构成犯罪。

2. 本罪与贷款诈骗罪的界限

根据《刑法》规定，骗取贷款罪是“以欺骗手段取得银行或者其他金融机构贷款”的行为，贷款诈骗罪是“以非法占有为目的，诈骗银行或者其他金融机构的贷款”的行为。从上述法律规定可以看出，骗取贷款罪与贷款诈骗罪在客观行为上是极为相似的，都表现为行为人使用欺骗手段从银行或其他金融机构获取贷款。骗取贷款罪与贷款诈骗罪的主要区别，在于行为人主观上是否具有非法占有的目的。在非法占有目的支配下实施的骗取贷款行为，应认定为贷款诈骗罪；主观上没有非法占有目的，只能认定为骗取贷款罪。正因为主观故意的恶性程度不同，刑法对骗取贷款罪和贷款诈骗罪及合同诈骗罪的入罪门槛和法定刑设置上也作了不同的规定。贷款诈骗罪与合同诈骗罪只要实施欺骗手段、数额较大就构成犯罪，最高法定刑为无期徒刑；而骗取贷款罪必须要给银行或者金融机构造成重大损失或其他严重情节，最高法定刑为7年有期徒刑。对“非法占有目的”的认定，下面会有具体阐述。

（五）辩点分析

在进行骗取贷款、票据承兑、金融票证票罪的辩护时，应当着重考虑以下辩点：(1)关于骗取行为与取得贷款之间因果关系的认定；(2)造成“损失”的认定；(3)“其他严重情节和其他特别严重情节”的认定；(4)对不具有非法占有目的的审查判断；(5)是否有真实抵押、担保；(6)单位犯罪和个人犯罪。

1. 关于骗取行为与取得贷款之间因果关系的认定

骗取贷款罪与一般的诈骗类犯罪一样，不仅要求行为人有骗取的实行行为，并且骗取行为与取得贷款之间须存在因果关系。具体而言，骗取行为的逻辑结构为：借款人实施了骗取行为，相关银行工作人员陷入了错误认识，并在错误认识的基础上决定向借款人发放贷款，借款人因而取得了贷款，并给银行或者其他金融机构造成重大损失或者有其他严重情节。需要明确的一点是，任何欺骗行为必然存在具体而明确的被欺骗对象（相对人），而刑法通说认为单位不能被骗，只有自然人才能成为被欺骗的对象。因此，银行等金融机构本身是无法受骗的。不过，银行工作人员，尤其是办理贷款的工作人员和具有贷款发放权限的审批人，完全有可能因为借款人的虚构事实而陷入错误认识，而代表银行作出错误的决定。故需要明确借款人的骗取行为与取得贷款之间有无因果关系、因果关系大小、阻却的事由，如果银行工作人员因其他事由有求于借款人，而对骗取行为听之任之，视而不见，则不能追究借款人的刑事责任。

2. 造成“损失”的认定

骗取贷款罪的入罪情节之一为“造成银行或者其他金融机构重大损失”。此处的“重大损失”，是指因骗取贷款导致银行等金融机构贷款无法收回，金融资金安全受损方构成“重大损失”。行为人以欺骗手段取得银行或者其他金融机构贷款、票据承兑、金融票证，数额超过100万元不满500万元，但在侦查机关立案前已偿还信贷资金，未给银行或者其他金融机构造成直接经济损失的,或者行为人以自有财产提供担保且担保物足以偿还贷款本息的,可认定为《刑法》第 13 条的"情节显著轻微危害不大",不作为犯罪处理。

行为人以欺骗手段取得银行或者其他金融机构贷款、票据承兑、金融票证,数额超过 500 万元,未给银行或者其他金融机构造成直接经济损失的,是否需要追究其刑事责任,可综合考虑行为人的主观恶性、行为的客观危害,如行为人在授信、贸易背景、贷款用途、抵押物价值等方面是否存在多环节或多次实施欺骗手段,有无给其他人造成经济损失等案件具体情节加以确定。直接经济损失应限定为侦查机关立案时逾期未偿还银行或者其他金融机构的信贷资金。偿还信贷资金是指行为人通过自己偿还、他人代为偿还、担保人偿还等途径已经向银行或者其他金融机构偿还贷款合同约定的本金及利息。

3."其他严重情节和其他特别严重情节"的认定

刑法通说认为,规定犯罪情节是为了弥补对犯罪结果单纯由数额来衡量的不足。一般认为,在数额犯和情节犯同时规定于某一犯罪时,虽未达到数额标准,但是有其他法定严重情节的,应当认定为犯罪。相关司法解释对其他严重情节并没有作出解释。然而,虽然立法语言比较抽象,但并不代表在司法中可以对此作出任意解释。立法用"严重"作为情节入罪的限定,即表明了对入罪的限缩。从现实情况看,借款人为获得贷款,对自己公司的经营状况做某种程度的夸张,早已是司空见惯的现象。笔者倾向于认为,本罪常态的入罪条件是"造成重大损失",对于没有造成损失的情况,一般无须将这些欺骗行为纳入骗取贷款罪的规制范围。只要担保单位可靠和抵押物足额,纵使资料、手段有虚假,也不致给银行和其他金融机构造成金融风险。从逻辑上看,只有当"其他严重情节"的危害性与"重大损失"相当,方能入罪。实务中可比照类似犯罪,从次数、后果、手段等方面进行考察,如多次实施骗取银行贷款的犯罪行为,骗取贷款过程中出现行贿的情况,所贷资金用于违法活动的。

《刑法修正案(六)》颁布实施后,时任全国人大常委会法工委刑法室副主任黄太云在《刑法修正案(六)的理解和适用》中对"其他严重情节"的解释为采用的欺骗手段十分恶劣;多次欺骗金融机构;因采用欺骗手段受到处罚后又欺骗金融机构的等情形。对于虽然采用欺骗手段从银行获取贷款,但数额不大的，或者虽然数额较大但在案发前已经归还了贷款或者在案发后立即归还了贷款的，可以认为不属于本条规定的‘其他严重情节’。”因此，在认定“其他严重情节”时，不能仅以数额论，而应该结合社会危害性灵活理解，如果采取欺骗手段从银行获得贷款超过100万元，但在案发前已经归还了贷款或者在案发后立即归还了贷款的，不宜以本罪定罪处罚。

此外，也可以参照浙江省高级人民法院《关于部分罪名定罪量刑情节及数额标准的意见》的相关规定，即具有下列情形之一的，属于“造成重大损失或者有其他严重情节”，处3年以下有期徒刑或者拘役，并处或者单处罚金：(1)以欺骗手段取得贷款、票据承兑、信用证、保函等，数额在100万元以上不满500万元的；(2)以欺骗手段取得贷款、票据承兑、信用证、保函等，给银行或者其他金融机构造成直接经济损失数额在20万元以上不满100万元的；(3)虽未达到上述二项数额标准，但多次以欺骗手段取得贷款、票据承兑、信用证、保函等的；(4)造成重大损失或者严重情节的其他情形。

具有下列情形之一的，属于“造成特别重大损失或者有其他特别严重情节”，处3年以上7年以下有期徒刑，并处罚金：(1)以欺骗手段取得贷款、票据承兑、信用证、保函等，数额在500万元以上的；(2)以欺骗手段取得贷款、票据承兑、信用证、保函等，给银行或者其他金融机构造成直接经济损失数额在100万元以上的；(3)造成特别重大损失或者特别严重情节的其他情形。

4. 对不具有非法占有目的的审查判断

(1)非法占有目的的认定。

学术界和司法界对于骗取贷款罪与贷款诈骗罪的主要区别在于是否具有非法占有目的，基本上达成了一致意见。目前实务适用难点主要是如何证明案件当事人具有非法占有目的。通过具体行为来证明行为人主观目的在司法解释中有多处体现，如最高人民法院《关于审理诈骗案件具体应用法律的若干问题的解释》《2001年金融犯罪座谈会纪要》《非法集资若干问题的解释》等。非法占有目的是行为人的主观心态，司法工作者既不能单凭口供主观归罪，也不能仅凭客观危害客观归罪，而应当坚持主客观相一致原则，以案件的具体情况为基础，根据经验法则或逻辑法则进行证明。在判断过程中可参考以下因素：

第一，贷款去向。贷款去向是行为人主观目的的重要判断因素，对于骗取贷款后用于挥霍、赌博、进行违法犯罪活动等的，可推定行为人具有非法占有目的,认定为贷款诈骗罪;对于骗取贷款后用于公司实际经营或者投资,仅因经营失败造成无法还贷的情况,不宜认定行为人具有非法占有目的,对给银行或者其他金融机构造成重大损失或有其他严重情节的,可以骗取贷款罪论处。

第二,对造成贷款损失的态度。对贷款到期未归还的案件,如果行为人虽然没有归还能力,但积极筹集资金、努力归还贷款,则认定为骗取贷款罪的可能性大一些;如果行为人有归还能力,但以转移资产、隐匿资产、销毁账册、携款潜逃等方式积极逃避归还,或者无归还能力,并对贷款损失持放任不管、任由损失发生或者扩大等的消极态度,则认定为贷款诈骗罪的可能性更大一些。

第三,行为人骗取的贷款与其经营状况、能力是否成比例,即行为人是否具有偿债能力。如果行为人有正常经营业务,有一定的发展前景和收益预期,经营状况与贷款数额成比例,行为人在骗取贷款时具有偿还能力,此时被认定为骗取贷款罪的可能性更大一些;如果行为人没有正常经营业务,骗取贷款时公司已经资不抵债、难以运转,行为人骗取贷款的数额明显超出公司本身的经营状况、盈利预期,此时被认定为贷款诈骗罪的可能性更大一些。

(2)骗取贷款行为过程中的犯意转化。

在实施骗取贷款犯罪中,行为人受各种主客观因素的影响,犯意可能由以非法占有为目的向不以非法占有为目的转化,或者由不以非法占有为目的向非法占有目的转化。对于行为人在预备行为不以非法占有目的实施骗取贷款罪的预备行为,却以非法占有目的实施骗取贷款罪实行行为的,一般以实行行为吸收预备行为,即认定为贷款诈骗罪,反之亦然。对于行为人在犯罪实行阶段犯意转化的,一般从重认定,如不以非法占有目的骗取贷款,实行中产生非法占有目的的,可考虑以贷款诈骗罪定罪处罚。对于非法占有目的产生的时间点对犯罪认定的影响,2004 年《全国法院经济犯罪案件审判工作座谈会综述》有相关论述,其明确“一般而言,诈骗犯罪非法占有的目的多产生于被害人基于错误处分财产之前,但在有的情况下,行为人先占有了被害人的财物,然后使用欺骗方法,使其自愿放弃财物,从而非法占有他人财产的,也符合诈骗罪的特征。因此,对于合同诈骗罪而言,行为人非法占有的目的既可以在签订、履行合同之前产生,也可以在签订、履行合同过程中产生。对于金融诈骗罪,行为人非法占有目的同样可以在实际控制他人财物以后产生”。最高人民法院《关于审理挪用公款案件具体应用法律若干问题的解释》第6条规定,携带挪用的公款潜逃的,按照《刑法》关于贪污罪的规定定罪处罚。根据上述文件精神,笔者认为,对于行为人起初不以非法占有为目的骗取贷款,但后来产生非法占有贷款目的,并积极实施了使银行或其他金融机构债权永久灭失或无法实现的行为的,可以考虑认定为贷款诈骗罪。但是实务中应注意,当前我国的各类经营主体的经营规范性普遍不强,且市场经营本身就充满不确定性,因此,对非法占有目的的推定必须持审慎的态度。骗取贷款罪与贷款诈骗罪的区分要综合考虑各种因素,认真听取犯罪嫌疑人的辩解,再结合案件的客观事实综合予以判定。例如,对于行为人取得贷款后拒不履行还款义务,但具有可供执行的财产或有其他人为其提供了有效担保的,一般不宜认定为贷款诈骗罪。

5. 是否有真实抵押、担保

有效控制刑法打击面的需要决定了骗贷行为并非一律入罪。就刑法的立法角度而言,设立本罪的主要原因是“近来一些单位和个人以虚构事实、隐瞒真相等欺骗手段,骗用银行或其他金融机构的贷款,危害金融安全”。因此,在贷款人提供了真实的抵押、担保的情况下,金融资金不可能产生风险,不会因此实质性地危及金融安全;有学者认为,从司法实务角度来看,借款人为获得贷款,对自己公司的经营情况作某种程度的夸大,早已是司空见惯的现象,如果因此认为这都是刑法上的欺骗行为,则扩大了本罪的规制范围。对商业上的担保贷款而言,关键是有无真实的、有效的资产进行抵押,只要担保单位可靠和抵押物足额,其他资料、手续纵有虚假,也不致给银行和其他金融机构造成重大损失,不致危害金融管理秩序。就银行等金融机构的操作而言,其在放贷过程中更多的是考虑贷款的安全性,银行借款合同的中心也是围绕着借款与还款来进行的,至于合同规定的一些附随义务,也大多是围绕着贷款安全设置的,而不是去保障申请贷款人贷款事由的真实性。所以,对于贷款事由存在欺骗但担保真实的案件,由于该贷款的安全仍然有保障,很难认定银行基于受骗而放贷。

对于行为人采取了隐瞒资质、提供假交易合同、虚假财会数据等欺骗手段,但提供了真实担保的骗贷案件,判断该行为是否犯罪,一方面要看客观上是否情节严重、是否有损害后果;另一方面要看银行工作人员是否陷入认识错误而处分财物。银行等金融机构对于任何一笔贷款都有规范的风险防控措施及操作流程，如中国银行《关于发送〈中国银行贷款跟踪管理暂行规定〉的通知》即要求银行“要密切跟踪贷款资金的流向，确保贷款按照约定的用途使用。企业在使用贷款资金时，要由信贷员审查企业的用款计划、购货合同等”，在贷款使用过程中，还要对借款企业“领导班子的综合素质情况及其变动情况”“企业的生产经营情况，包括生产能力、成本费用、特别是产品的市场变化情况，如销售收入、应收账款周转率、存货周转率”“企业主要财务指标情况，如流动比率、速动比率、资产负债率、销售利润率”等进行检查。

因此，在司法实践中，对于提供了真实的抵押、担保的骗取贷款行为，围绕银行工作人员是否被骗要进行综合判断。首先，应审查银行工作人员在放贷时是否对所有手续进行了实质审查。其次，应审查银行工作人员在放贷后，是否依照银行的规定，定期检查企业情况、规范跟踪贷款流转。如果银行工作人员发放贷款时，在当事人提供了真实的抵押、担保手续后，对贷款用途、企业交易及资产状况等仅仅进行形式审查；放贷后，没有继续关注企业经营状况、贷款具体去向、经营项目营利情况的，则一般可以推定其并非因为贷款人提供了虚假的经营项目、合同等，而是因为其抵押、担保真实而发放贷款，没有陷入错误认识，故贷款人不构成骗取贷款罪。反之，如果银行工作人员发放贷款时，对贷款用途、企业交易及资产状况等进行了实质审查，做了大量的调查分析工作；放贷后，持续关注企业经营状况、贷款具体去向、经营项目营利，要求贷款人提供与经营有关的资料，则可考虑认为贷款人隐瞒资质、提供虚假交易合同、虚假财会数据等使得银行工作人员陷入认识错误并处分财物，符合欺骗的特征。但是否构成犯罪，还要看其骗取贷款行为是否属于情节严重。

6. 单位犯罪和个人犯罪

根据《刑法》第 175 条的规定，骗取贷款、票据承兑、金融票证罪存在单位犯罪和个人犯罪两种形式。

按照最高人民法院关于单位犯罪的司法解释和刑法理论通说，区分骗取贷款罪中的单位犯罪和个人犯罪的关键，在于骗取贷款的行为体现的是单位意志还是个人意志，以及利益是归属于单位还是归属于个人。如果骗取贷款行为是由单位集体研究决定或经由单位负责人决定，以单位名义实施，贷款主要用于单位经营，利益归属于单位的，以单位犯罪论处；如果是单位集体研究决定或经由单位负责人决定，没有以单位名义实施，而是以个人名义实施，或其他单位实施，但贷款主要用于该单位经营，利益归属于单位，也应以单位犯罪论处；如果是由个人意志决定，贷款归属于个人使用，利益归属于个人，则属于个人犯罪。

对于实际上的一人公司，如果公司财物与股东财物独立，彼此间并无资金往来，或虽有往来，但财务记账规范，其骗取贷款构成犯罪的，应视为单位犯罪。但对那些个人资产与公司资产混同，财务制度不规范的一人公司，即使其骗取贷款行为以单位名义实施，也一般视为自然人犯罪。

以单位名义实施的骗取贷款的刑事案件应严格控制刑事责任的人员范围，只追究“直接负责的主管人员”和“其他直接责任人员”。对于策划、组织、指挥、决定骗取贷款行为的负责人员，一般应认定为“直接负责的主管人员”，对骗取贷款罪承担主要的罪责；对于明知单位在骗取贷款，在主管人员授意下，积极参与骗取贷款行为的，一般认定为“其他直接责任人员”，依法追究刑事责任；对于没有参与预谋，只是受主管人员指派，参与实施某些与自身工作岗位相关的具体行为的，一般不认定为“其他直接责任人员”。

由于单位犯罪体现的是单位的意志，利益也归属于单位，故行为人的主观恶性低于个人犯罪。因此，在司法实践中，对单位犯罪中的“直接负责的主管人员”和“其他直接责任人员”的量刑要低于个人犯罪。辩护人在为被控骗取贷款罪的犯罪嫌疑人或被告人辩护时，如果能向单位犯罪方向辩护，并且法律上能够成立的话，将会取得定性辩护和量刑辩护的良好效果。如果更进一步，能够将自己的当事人认定为“没有参与预谋，只是受主管人员指派，参与实施某些与自身工作岗位相关的具体行为”的，则将取得无罪辩护的更好效果。

四、防控措施

以贷款的方式扩大生产经营规模在现代社会中越发普遍，但由于贷款条件对一些中小企业或暂时遇到经营困难的企业而言较为严苛，虚假陈述型金融欺诈行为日益增多。许多企业认为自己在贷款时只是虚构自己企业的经营状况，通过担保公司提供担保，并最终向金融机构还本付息，并未造成银行等金融机构财产损失，不属于本罪中“骗取贷款造成金融机构重大损失”的情形，不构成犯罪。然而，这种一直游走在犯罪红线边缘的行为十分危险。

为了防止危险成为现实，建议企业在申请贷款时，尽量避免对银行有不实陈述，提供虚假材料的行为。

如果企业经营不善，致使贷款不能归还，切忌携资逃匿，应积极与银行协商贷款归还事宜，提出还款打算和计划，展现偿债意愿和能力。

第五节　串通投标罪刑事风险与防控

一、风险点一：投标人勾结其他投标人帮助其中标

案例一：王某成串通投标案[1]

【基本案情】

2010年1月，东莞市国土资源局挂牌出让位于南城街道办蛤地东莞植物园南端（编号为2010G013）地块，该地块面积为167,276平方米，土地用途是商业金融，出让年限为40年，起始价为16,730万元。2010年2月5日下午，在东莞市国土资源局二楼的土地交易中心举行2010G013地块现场竞价会，参与竞拍有四间公司，分别是：东莞市汉邦实业投资有限公司、广东奥威斯实业投资集团股份有限公司、广东世纪城集团有限公司、东莞市三明物业投资有限公司。在现场竞价会前代表以上公司参与竞拍的被告人王某成、卢某甲（已判刑）、张某甲（已判刑）、何某（另案处理）、谭某（另案处理）等人聚集在土地交易中心旁边的休息室里，为了获取不法利益，互相串通，约定由张某甲以广东世纪城集团有限公司的名义取得该地块后给予其他参与竞拍的人好处费，其间王某成还打电话给梁某（另案处理），要求广东奥威斯实业投资集团股份有限公司不要举牌竞价，事后会给其好处费，梁某当即同意并通知受其公司委托参与竞拍的人员不要举牌竞价，最终广东世纪城集团有限公司以低价1.7亿元投得该地块，给国家造成严重的经济损失。

【法院判决】

法院认为，被告人王某成犯串通投标罪，判处有期徒刑1年6个月，缓刑

---

〔1〕 (2017)粤1971刑初1168号。

2 年,并处罚金 150 万元。随案移送的被告人王某成上缴的 1500 万元及其法定孳息,均予以没收,上缴国库。

【风险提示】

部分房地产企业投机心理严重,不是通过加强企业管理、降低成本、提高工程质量来增强竞争力,通过公平竞争达到中标的目的,而是注重短期行为,通过串标获得一点眼前利益或谋取中标。这些企业往往诚信度不高,也不大重视企业的内部管理。由于赌博心理占了上风,它们编制的投标文件着眼点仅仅放在价格上,对施工方案不认真研究,无合理应对措施,即使中标,也不大可能认真组织项目实施,给工程建设留下隐患。

房地产企业一定要有刑事风险防范意识,明白串通投标行为是一种触犯刑法的犯罪行为,从而规范投标行为,避免毁掉企业,甚至招来牢狱之灾。

二、风险点二:招投标人串通,事先商定“中标人”

案例二:何某棉串通投标案[1]

【基本案情】

佛山市顺德区人民检察院指控称,2015 年下半年,“潭州四大怪”马某、原某、区某、何某(另案处理)经常到潭村村委会以村务腐败为由起哄闹事,马某等人对时任潭村股份社理事长的被告人何某棉进行 731 亩填土不满而多次纠缠何某棉。2015 年 11 月,佛山市顺德区陈村镇潭洲村潭村股份合作经济社(以下简称潭村股份社)就“潭村华阳路以西 389.5 亩填土工程”(以下简称 389.5 亩填土工程)进行招投标,投标公告规定有意向的竞投者报名时需提供有效的资质证书及身份证明文件。

被告人何某棉为平息事端,同时感谢马某、原某、区某、何某(另案处理)等人在其竞选理事长时帮其拉选票,遂在正式招投标之前向马某、原某等人透露标底为 3 万元,3 人以上投标才符合招标要求,且承诺会由马某中标。马某等四人遂商议好由马某投标 3.1 万元,区某、何某各投标 3.05 万元。

2015 年 11 月 13 日,潭村股份社在潭洲村委会对 389.5 亩填土工程招

---

〔1〕 (2018)粤 0606 刑初 3219 号。

投标,仅有马某、区某、何某三人参加竞投,区某、何某均按照事前约定投标3.05万元,马某遂以3.1万元中标。2015年11月20日,马某与潭村股份社签订承包协议,之后由马某、原某、区某、何某四人一起经营该填土工程并平均分配所得利润。马某等四人承包该工程后找龙某填土并收取龙某支付的工程款共计90万元。2016年3月1日,马某、原某等四人将该填土工程以193万元转包给林某并收取了123万元工程款。

2018年5月25日13时许,公安民警在佛山市顺德区陈村镇花卉世界肥仔饭店抓获被告人何某棉。

【法院判决】

法院认为,被告人何某棉犯串通投标罪,判处有期徒刑1年,并处罚金8000元。

【风险提示】

本案是一起非常典型的串通投标案,招标人与投标人的串通行为不仅严重违反了《招标投标法》,还触犯了《刑法》,构成"串通投标罪"。何某棉与马某、区某、何某串通报价,并且事先承诺马某会中标,其行为完全符合串通投标罪的构成要件。同时,其他投标人的行为均属于串通投标行为,也应承担相应的刑事责任。

招标人违反法律规定,为特定投标人提供便利,量身定制投标人资格条件,以明显不合理的要求排除其他潜在投标人,向特定投标人透露招标底价以帮助投标人串通投标。此种情况下,招标人与投标人构成串通投标罪的共犯,投标人应当根据其在串通投标行为中所起的作用,承担相应的刑事责任。

三、风险点三:参与陪标可能构成串通投标罪

案例三:程某、王某忠串通投标案[1]

【基本案情】

2016年9月,梁某(另案处理)在任职平安科技(深圳)有限公司(以下

---

〔1〕(2019)粤0304刑初142号。

简称平安科技)基础架构部机构分组高级经理期间,与供应商慧捷(上海)科技股份有限公司深圳分公司(以下简称慧捷公司)负责人王某(另案处理)串通,把平安科技内部即将要做的办公网安全准入项目的大量招投标采购细节泄露给王某,由慧捷公司的员工郑某宇负责具体拟定标书技术方案和标底测算等材料,由梁某确定好最终的投标版本和报价后发给平安公司内部采购部门,根据平安集团的招投标规则,梁某和王某确定好另外两家陪标公司尚某科技股份有限公司(以下简称尚某公司)和领航动力信息系统有限公司(以下简称领航公司),在梁某向两家公司负责人被告人程某和王某忠交代陪标后,由王某具体和两家陪标公司的负责人程某和王某忠沟通陪标细节,二人同意并配合陪标,郑某宇制作了两家陪标公司尚某公司和领航公司的技术标书和投标报价等文件,由王某将陪标文件分别发送给被告人程某和王某忠,程某和王某忠根据王某的安排进行了陪标。经过梁某在内部沟通并推荐,慧捷公司、领航公司和尚某公司三家供应商进入此次项目的投标名单,最终由慧捷公司以495.8万元的价格中标该项目。

【法院判决】

法院认为,被告人程某、王某忠无视国家法律,与他人相互串通投标报价,损害招标人和其他投标人利益,其行为已构成串通投标罪,应依法予以惩罚。公诉机关指控的事实和罪名成立。根据现有证据可以查明,被告人程某、王某忠在本次串通投标罪行中,均起辅助作用,系从犯,依法应当从轻处罚。被告人程某、王某忠到案后如实供述犯罪事实,具有坦白情节,依法可以从轻处罚。

【风险提示】

在本案中,程某与王某忠作为公司的负责人,与他人串通配合陪标,损害招标人和其他投标人的利益。司法实践中,部分企业或个人刑事法律风险防范意识不强,往往出于人情或其他利益的驱使,接受他人的邀请,参与陪标。在陪标过程中,陪标人往往不实际参与投标活动,投标文件全部由实际投标人编制,陪标人的投标目的并非中标,而是为实际投标人串通投标提供帮助,陪标人的此种行为不仅仅是严重的违法行为,还可能构成串通投标罪,承担刑事法律责任。

房地产企业应强化法律意识,规范经营活动,加强企业内部管理。

四、罪名解析与辩护策略

串通投标罪是指投标者相互串通投标报价，损害招标人或者其他投标人利益，或者投标者与招标者串通投标，损害国家、集体、公民的合法权益，情节严重的行为。

（一）构成要件

1. 客体要件

本罪侵犯的是复杂客体，即既侵犯其他投标人或国家、集体的合法权益，又侵犯社会主义市场经济的自由贸易和公平竞争的秩序。招标投标是市场交易的一种方式，一般为大宗商品买卖或建设大型建筑工程时常常采用的一种交易方法。投标是投标人根据招标人的条件提出自己要求的价格和相应条件，开列清单向招标方投函的活动。到一定时期，由事主召集所有投标人当场开标，选择其中质量最精良、价格最合算者为中标人，再由招标方与之订立合同，进行交易。投标具有要约性质。其要件主要有：(1)应指向招标人；(2)须依据招标人要求进行；(3)须包括订立合同的基本条件，以招标人承诺为目的。

招标一般有三种形式：一是一般的竞争招标，即只要具备一定条件都可以参加招标；二是指名的竞争招标，即指定两个以上的人参加招标，然后择优确定中标人；三是特定招标，即指定一个对象（声誉信用、技术较高者）来投标。除特定招标外，一般多采用招标投标，即以招标的表示，使投标人分别提出条件，由招标人选择其中最优者，并与之订立合同的一种法律形式。招标投标既然是市场竞争手段，竞争必然激烈。这样，就出现了投标中的不正当竞争行为，而我国法律明令禁止这种不正当竞争行为。《招标投标法》第32条第1款规定："投标人不得相互串通投标报价，不得排挤其他投标人的公平竞争，损害招标人或者其他投标人的合法权益。"

2. 客观要件

本罪在客观方面表现为串通投标的行为。

串通投标是指在招标投标过程中，违反有关程序所发生的限制竞争行为，具体地说，就是指在招标投标的过程中，投标人之间私下串通，抬高标价或压低标价，共同损害招标人或其他投标人的利益，或者投标人与招标人之间相互勾结，损害国家、集体、公民的合法权益的行为，主要有两种表现形式:(1)投标者相互的串通投标;(2)投标者与招标者串通投标。

本罪属情节犯,只有情节严重的串通投标报价,损害招标人或者其他投标人利益的行为才能构成本罪;情节不严重,即使实施了串通投标,损害招标人或者其他投标人利益的行为,也不能以本罪论处。所谓情节严重,主要是指采用卑劣手段串通投标的;多次实施串通投标行为的;给招标人或者其他投标人造成严重经济损失的;造成恶劣的影响甚至国际影响的,等等。

3. 主体要件

本罪的主体,就招标人而言是特殊主体,就投标人而言是一般主体,凡达到刑事责任年龄且具备刑事责任能力的自然人均能构成本罪。依据《刑法》第231条之规定,单位也能成为本罪主体,单位犯本罪的,实行两罚制,即对单位判处罚金,对其直接负责的主管人员和其他直接责任人员追究相应的刑事责任。本罪属于共同犯罪,构成本罪的投标人或招标人都是共同犯罪的实行犯,行为人有可能有主犯和从犯之分,但不存在教唆犯和胁从犯。

4. 主观要件

本罪在主观方面必须出于故意,即明知自己串通投标的行为会损害招标人或其他投标人的利益,但仍决意为之,并希望或放任这种危害后果的发生。过失不能构成本罪。本罪的犯罪动机可多种多样,有的为了自己中标,而获取不法利益;有的为了排挤、陷害其他投标人;有的出于江湖义气;有的碍于情面;有的迷恋女色,等等。但无论动机如何,都不影响本罪成立。

(二)量刑规定

《刑法》第223条关于串通投标罪的量刑规定为:"……情节严重的,处三年以下有期徒刑或者拘役,并处或者单处罚金。投标人与招标人串通投标,损害国家、集体、公民的合法利益的,依照前款的规定处罚。"

本罪的量刑通常在判处自由刑的同时,一并判处罚金,或者单独适用罚金刑。本罪是必要的共犯,只有两个以上的主体,即投标人互相串通报价或者招标人和投标人串通投标,共同实施犯罪才能完成。至于如何确定各自在共同犯罪中的地位、作用,要根据案件的具体情况,依照《刑法》的规定处罚。

(三)立案标准

根据《刑事案件立案追诉标准二》第76条的规定,投标人相互串通投标

报价,或者投标人与招标人串通投标,涉嫌下列情形之一的,应予立案追诉:

1. 损害招标人、投标人或者国家、集体、公民的合法利益,造成直接经济损失数额在50万元以上的;

2. 违法所得数额在10万元以上的;

3. 中标项目金额在200万元以上的;

4. 采取威胁、欺骗或者贿赂等非法手段的;

5. 虽未达到上述数额标准,但两年内因串通投标,受过行政处罚2次以上,又串通投标的;

6. 其他情节严重的情形。

(四)认定标准

1. 本罪与非罪的界限

串通投标罪与串通投标违法行为的界限,在于该行为的情节严重与否,情节严重者构成犯罪,否则不以犯罪论。对于何为情节严重,应当根据最高人民法院作出的司法解释认定。在认定情节严重与否时,应当考虑犯罪手段是否恶劣、是否屡教不改、行为的结果及社会影响等因素,作出综合判断。

2. 本罪与贿赂罪牵连行为的认定

在行为人犯串通投标罪的同时,往往可能牵连犯有贿赂类犯罪、侵犯商业秘密罪等,如投标人贿赂招标人许以特定经济利益,诱使其泄露标底,或者招标人接受贿赂,泄露标底等商业秘密。由此可见,基于本罪特点,往往可能出现牵连犯罪的情况。对于此种牵连犯罪行为,因无法律的特别规定,应依法理以一重罪处断为宜。

(五)辩点分析

对于串通投标罪,辩点主要集中在以下几个方面:(1)"串通投标"行为的认定;(2)串通投标罪主体的认定;(3)串通招投标行为"情节严重"的认定;(4)共同犯罪的地位和作用;(5)自首和立功等。

1. "串通投标"行为的认定

串通投标行为主要表现为投标者相互串通投标和投标者与招标者串通投标两种形式。

(1)投标者相互串通投标

即参加投标的经营者彼此之间通过口头或书面协议、约定,就投标报价互相通气,以避免相互竞争,或协议轮流在类似项目中中标,共同损害招标者或其他投标人的利益的行为。投标者相互串通投标主要有以下几种表现形式:①投标人间相互约定,一致抬高投标报价;②投标人之间相互约定,一致压低投标报价;③投标人之间约定,在类似项目中轮流以高价位或低价位中标。

所谓投标报价,是指投标者向招标者出示的愿意付出的价格。标价一般来说应当以招标者提出的工程量化表作为计算的基础,并考虑中标率、投标企业的未来、竞争人数、竞争者投标条件等因素,在投标总额预算中加入适当百分比的利润形成。

(2)投标者与招标者串通投标

投标者与招标者串通投标是指招标者与特定投标者在招标投标活动中,以不正当手段从事私下交易,使公开招标投标流于形式,共同损害国家、集体、公民(包括其他投标者)的利益的行为。投标者与招标者串通投标行为主要表现为:①招标者故意泄露标底,即招标人有意向某一特定投标人透露其标底行为;②招标者私下启标泄露,即招标人在公开开标之前,私下开启投标人标书,并通告给尚未报送标书的投标人;③招标者故意引导促使某人中标,即招标人在要求投标人就其标书作澄清事实时,故意做引导性提问,以促成该投标人中标;④招标实行差别对待,即招标在审查、评选标书时,对同样的标书实行差别对待,或者对不同的投标者实施差别对待;⑤招标者故意让不合格投标者中标,即招标者允许不符合投标资格的投标者参加投标,并让其中标;⑥投标者贿赂获密,即投标者通过贿赂手段,在公开开标之前,从招标者处获取投标者报价或其他投标条件的行为;⑦投标者给招标者标外补偿,即投标人有意与招标人商定,在公开投标时压低标价,中标后再给招标人以额外补偿;⑧招标者给投标者标外补偿金,即招标者与某投标者商定,在公开投标时,故意抬高标价,使标价高于通常价,而致其他投标者上当吃亏;高价定标后,招标者按约定给故意抬高标价的投标者一定的补偿金。

第二种情况较为复杂,表现形式也较为多样,但是万变不离其宗。串通投标的行为直接伤害了其他投标人的合法权益,扰乱了正常的投标机制,使得招标投标形同虚设,实质上是一种无序竞争、恶意竞争行为,妨碍了竞争机制发挥其应有的功能;同时也破坏了房地产企业的正常管理和诚信环境,不但严重影响到招投标的公正性和严肃性,而且伤害了大多数投标人的利益。这是串通投标行为的根本危害。掌握住这一核心本质,就能正确认定“串通投标”的行为,界定罪与非罪的界限,并从中找到为当事人辩护的有利点。

2. 串通投标罪主体的认定

根据《刑法》第223条和第231条的规定,此处的投标人既可以是自然人,也可以是单位。《招标投标法》第8条和第25条进一步规定了“招标人”和“投标人”的概念,即串通投标罪的主体是特殊主体,仅限于招标人和投标人。招标人通常是单位,投标人以单位居多,但也不排除个人。那么,在投标人是单位的情况下,如何区分串通投标中的单位行为和个人行为?

串通投标行为一般是通过具体经办者实施的,经办人的行为是单位行为还是个人行为,直接关系到其犯罪是单位犯罪还是个人犯罪。在司法实践中,大量的串通投标行为都是招标人、投标人的内部人员或挂靠人员私自所为,其行为不能代表招标人,因此不能认定为是单位犯罪,但可以以个人串通投标罪追究刑事责任。刑法中的招标人,应理解为招标参与人,而不一定是指招标人整体。招标人、投标人多是单位,但单位又是由自然人控制的。参与招标、投标活动的人员,既是单位的一员,同时也是一个自然人。这种双重身份决定了其在招标活动中的行为既可能是代表其单位的行为,也可能是其作为招标、投标参与人擅自实施的行为。

当单位内部决策机构或决策者决定实施串通投标行为时,作为单位具体实施者的招标参与人的行为才能被认定为单位行为,司法机关应以单位犯罪追究其责任。如果招标参与人串通投标的行为不能反映是单位的决策,则该行为不能认定为单位行为和单位犯罪,构成犯罪的,只能以个人串通投标罪论处。

以上是界定单位犯罪和个人犯罪的标准。对于建筑企业和房地产企业来说,如果被控串通投标罪的单位犯罪,但根据上述标准实际上应该被认定为个人犯罪,那么,企业的辩护人就应该为企业作无罪辩护(形式上作无罪辩护,至于是否属于个人犯罪则由人民法院裁判,企业的辩护人不对个人作出指控,因为那是公诉人的事情)。这样,企业就可以避免罚金的刑罚。

3. 串通招投标“情节严重”的认定

根据《刑事案件立案追诉标准二》第76条规定,情节严重主要是指以下几种情形:(1)损害招标人、投标人或者国家、集体、公民的合法利益,造成的直接经济损失数额在50万元以上的;(2)违法所得数额在10万元以上的;(3)中标项目金额在200万元以上的;(4)对其他投标人、招标人等投标活动参加人采取威胁、欺骗等非法手段的;(5)虽未达到上述数额标准,但两年内因串通投标,受过行政处罚2次以上,又串通投标的;(6)其他情节严重的情形。在以上几种情形中,只要一种情形符合,就属于串通投标的行为。

本节典型案例中,王某的中标项目金额在200万元以上,属于串通投标"情节严重"的行为,依法应追究刑事责任。而对于其他的几种情形,如行为人被指控串通投标行为给损害招标人、投标人或者国家、集体、公民的合法利益造成直接经济损失数额在50万元以上的,或者是违法所得数额在10万元以上的,嫌疑人及其辩护人可以对此数额进行证据辩护,即认定直接经济损失数额在50万元以上的或者是违法所得数额在10万元以上的是哪些证据,证据是否确实充分,有无瑕疵,该数额与串通投标的行为有无因果关系。在司法实践中,这类的案件辩护空间较大。

4. 共同犯罪的地位和作用

通常而言,串通投标罪是必要的共同犯罪,必须要有两个以上的主体共同实施才能完成。但是在以下情况中,一个自然人或一个单位可以构成串通投标罪,即当一个人或一个单位操控不知情的多家公司围标,这个人或这个单位就单独构成串通投标罪。除此之外,大多数情况下,串通投标罪是以共同犯罪的形式出现的。

在共同犯罪的情况下,应区分共同犯罪行为人的地位和作用,即区分谁的作用大,谁的作用小,以及谁是指挥者,谁是实施者,谁是帮助者。

在共同犯罪案件中,有的案件会区分主犯和从犯。那么对于从犯,就可以根据《刑法》的规定予以从轻、减轻或者免除处罚。有的案件共同犯罪行为地位和作用相当,则不会区分主犯和从犯,都认定为主犯;但即便如此,司法实践中,通常也会区分第一主犯、第二主犯、第三主犯等,并拉开量刑层次。

5. 自首和立功

(1)普通自首

串通投标罪的犯罪嫌疑人在被讯问、被采取强制措施前,自动投案,如实供述的构成自首,按《刑法》中关于自首的规定处理。对于如实供述,需要注意的是,犯罪嫌疑人自动投案并如实供述自己的罪行后又翻供的,不能认定为自首;但在判决前又能如实供述的,应当认定为自首。

（2）同种罪行的自首

没有自动投案，公安机关所掌握的线索和证据指向的犯罪事实不成立，在此范围外犯罪嫌疑人又交代同种罪行的，以自首论。例如，公安机关掌握犯罪嫌疑人作为串通投标的线索和证据，侦查后发现不构成犯罪，但行为人又交代了他在其他地方串通投标的事实，则其在其他地方串通投标的罪行构成自首。

（3）不同种罪行的自首

没有自动投案，公安机关所掌握的线索和证据指向的犯罪事实不成立，在此范围外犯罪嫌疑人又交代不同种罪行的，以自首论。例如，公安机关掌握犯罪嫌疑人作为串通投标的线索和证据，侦查后发现不构成犯罪，但行为人又交代了他诈骗财物的事实，则其诈骗罪构成自首。

（4）立功

《刑法》第 68 条规定，犯罪分子有揭发他人犯罪行为，查证属实的，或者提供重要线索，从而得以侦破其他案件等立功表现的，可以从轻或者减轻处罚；有重大立功表现的，可以减轻或者免除处罚。这里需要注意的是，犯罪嫌疑人检举揭发他人犯罪行为，必须不属于自己如实供述的范围；如果揭发他人犯罪的行为，是其依法应该供述的范围，那就不构成立功。例如，犯罪嫌疑人交代自己通过行贿的方式买通招标人的工作人员，让该工作人员与自己暗中勾结，串通投标，并检举该工作人员接受自己的贿赂，那么他就不构成立功，因为如实交代行贿和串通投标行为本来就是他的法定义务；但如果他检举揭发他人贪污、挪用公款等经查属实，则依法构成立功。

五、防控措施

（一）以是否超过经营范围为重要参考性因素判断项目的真实性

在与对方商谈合作项目前，应详细了解对方的经营范围。如果对方在合作项目中的行为超出其工商登记核准的经营范围，则对方的行为至少是违法的，应引起高度的重视。

（二）认清合同公证和见证的内容

一般而言，公证和见证的内容，只是可以证明双方在合同上的签名是真实的，而签名的真实并不必然是合同本身内容的真实。因此，签订合同时应多留个心眼，不要轻易被合同外在形式所蒙蔽。

（三）核实对方人员、单位的真实性

对于首次交易的对象，招标人应通过查验身份证或前往工商局查询资料来核实对方人员、单位的真实性，防止不法分子利用虚假的身份和单位行骗。

第六节　非法转让、倒卖土地使用权罪刑事风险与防控

一、风险点一：未取得土地使用权证书转让土地使用权，谋取利益

案例一：莫某贵非法转让、倒卖土地使用权案[1]

【基本案情】

1999年至2000年，经中山市人民政府批准，原多宝农场约1950亩土地被划分为三份，其中中山市民众镇政府划得350亩土地。2003年11月，中山市民众镇政府从上述土地中拿出23.3955亩土地（实测为21.2988亩，所有权人为中山市民众镇浪网村股份合作经济联合社农民集体），以下属民众镇房地产建设发展公司的名义转让给中山市大骏物业有限公司（以下简称大骏公司）作为"公共公园设置配套用地"。2014年3月，大骏公司与李某（另处理）签订土地使用权有偿转让合同，将上述土地权利（义务）全部转让给李某、黄某（另处理）。2014年11月26日，李某、黄某与被告人莫某贵控制的庆生公司签订土地开发使用补充协议，以总价款1043.6412万元将上述土地使用权转让给庆生公司，莫某贵分多次向黄某共支付了533.746万元。莫某贵在明知上述土地未获得土地使用权证、未办理建设工程规划许可证的情况下，以合作经营庆生公司开发上述土地以获分红为诱惑，向钟某乙等股东12人集资250万元；又以合作建房的形式售地，收取钟某甲等43人交付的购地款669.468万元（合同金额共计1706.462万元）。莫某贵将筹集的上述资金分别用于支付上述土地转让款及土地开发建设费用，后因无法办

［1］（2017）粤2071刑初2015号、（2017）粤20刑终478号。

理土地产权证及施工报建手续引发纠纷。

【法院判决】

此案经历了一审和二审两个阶段，一审判决认为，被告人莫某贵以牟利为目的，违反土地管理法规，非法转让、倒卖土地使用权，情节严重，其行为已构成非法转让、倒卖土地使用权罪，是累犯，依法应从重处罚，判处被告人莫某贵有期徒刑 1 年 2 个月，并处罚金 100 万元。被告人不服，提起上诉。二审法院认为，原审判决认定上诉人莫某贵犯罪的事实清楚、证据充分、定罪准确、适用法律正确、量刑适当、审判程序合法，依法驳回上诉，维持原判。

【风险提示】

根据《城市房地产管理法》第 39 条的规定，以出让方式取得土地使用权的，转让房地产时应符合下列条件：（1）按照出让合同约定已经支付全部土地使用权出让金，并取得土地使用权证书；（2）按照土地出让合同约定进行投资开发，属于房屋建设工程的，完成开发投资总额的 25% 以上，属于成片开发土地的，形成工业用地或者其他建设用地条件。转让房地产时房屋已经建成的，还应当持有房屋所有权证书。

本案中，被告人在未取得土地使用权证书的情况下，以牟利为目的，转让土地使用权，违反了土地管理法规，构成非法转让、倒卖土地使用权罪。此案例也反映出相关当事人刑事法律风险意识的淡薄。

二、风险点二：在未取得合法手续的情况下向村民征地，并倒卖给他人

案例二：陈某、温某细、陈某兵非法转让、倒卖土地使用权案[1]

【基本案情】

罗定市房地实业公司原是罗定市国土资源局的下属企业，2003 年至 2004 年改制后划归罗定市永盛资产管理有限公司管理，被告人陈某、温某细是罗定市房地实业公司的留守人员。2011 年至 2014 年，被告人陈某、温某细与平南村委书记陈某兵等人共谋，约定由陈某兵挂靠到罗定市房地实业

〔1〕（2016）粤 53 刑终 122 号。

公司,共同开发平南小区的土地。通过修改图纸的方式将平南商住小区第三、四排的土地纳入征地红线范围内,在向陈某巧等13户村民征得2859.18平方米土地后,将该土地的使用权非法倒卖给杨某、陈某甲等人,共收取卖地款715万元,除去支出3,554,180元之外,共非法获利3,595,820元。

2011年至2012年,被告人陈某、温某细利用职务上的便利,将平南小区第二排东侧蓓蕾幼儿园旁一块土地转让给杨某。经查,该块土地有71.73平方米属于罗定市房地实业公司,另44.46平方米属于村民集体土地。被告人陈某兵明知被告人陈某、温某细转让房地实业公司的土地进行非法盈利,仍帮助收取杨某的购地款共57.5万元。该款除去支出33.5万元外,剩余24万元,其中148,164元属房地实业公司的公共财产,91,836元属非法转让集体土地使用权的利润,上述24万元由陈某、温某细等人据为己有。

【法院判决】

该案件经历了一审、二审。一审法院认为,被告人陈某、温某细、陈某兵以牟利为目的,违反土地管理法规,非法转让、倒卖土地使用权,情节特别严重,其行为均已构成非法转让、倒卖土地使用权罪(对其他罪在这里不作评价),判处有期徒刑3年6个月,并处罚金40万元。二审法院认为,原审判决认定陈某、温某细、陈某兵犯非法转让、倒卖土地使用权罪事实清楚,证据确实充分,定罪准确。故维持原判。

【风险提示】

在我国,对集体土地的征收征用遵循严格的法定程序,未经批准并给予补偿,不得对农村集体土地进行征收征用。

以牟利为目的,将非法获取的征地使用权进行倒卖,情节严重的,将会触犯非法转让、倒卖土地使用权罪。

三、罪名解析与辩护策略

非法转让、倒卖土地使用权罪是指以牟利为目的,违反土地管理法规,非法转让、倒卖土地使用权,情节严重的行为。

(一)构成要件

1. 客体要件

本罪侵犯的直接客体是国家对土地使用权的正常管理制度。1988年4

月 12 日,第七届全国人民代表大会第一次会议通过了《宪法修正案》,其中规定:“任何组织和个人不得侵占、买卖或者以其他形式非法转让土地。土地使用权可以依照法律的规定转让。”非法转让倒卖土地使用权,是对国家土地管理制度的严重侵犯。

2. 客观要件

本罪客观方面表现为行为人违反土地管理法规,非法转让、倒卖土地使用权,情节严重的行为。违反土地管理法规,是构成非法转让、倒卖土地使用权罪的前提条件。《刑法》第 228 条的立法解释将“违反土地管理法规”解释为违反土地管理法、森林法、草原法等法律以及有关行政法规中的关于土地管理的规定。这主要是指违反了《土地管理法》《土地管理法实施条例》《城市房地产管理法》《森林法》《草原法》《水土保持法》《城镇国有土地使用权出让和转让暂行条例》等关于土地使用权的有关规定。根据有关解释精神,“土地”包括农用地、林地、草原、荒地、石地以及其他土地等。非法转让土地使用权是指未经国家主管部门批准,私自将土地使用权转让给他人使用的行为;所谓倒卖土地使用权,是指将自己使用的土地或低价征用土地转手卖给他人进行牟利的行为。而且,非法转让、倒卖土地的行为必须达到情节严重的程度,才能构成非法转让、倒卖土地使用权罪。

3. 主体要件

根据《刑法》第 228 条和第 231 条的规定,本罪的犯罪主体是一般主体,包括自然人和单位。自然人是必须达到刑事责任年龄且具有刑事责任能力的人,包括本国人、外国人和无国籍人,实践中主要是具有一定职务地位或者经济优势的人。单位是指公司、企业、事业单位、机关、团体,实践中多为土地开发公司、房地产开发公司等。

根据最高人民法院《关于审理单位犯罪案件具体应用法律有关问题的解释》第 1 条的规定,公司、企业、事业单位,既包括国有、集体所有的公司、企业、事业单位,也包括依法设立的合资经营、合作经营企业和具有法人资格的独资、私营等公司、企业、事业单位。同时,该解释也规定了不以单位犯罪论处的情况。根据规定,个人为进行犯罪活动而设立的公司、企业、事业单位实施的非法转让、倒卖土地使用权犯罪的;公司、企业、事业单位设立后以实施非法转让、倒卖土地使用权犯罪为主要活动的;盗用单位名称实施非法转让、倒卖土地使用权犯罪,违法所得由实施非法转让、倒卖土地使用权犯罪的个人私分的，不以本罪的单位犯罪论处。

4. 主观要件

本罪的主观方面表现为故意，并且以牟利为目的。所谓以牟利为目的，即行为人转让、倒卖土地使用权不是通过正常合法的土地移转或土地买卖活动，获取合法利润，而是在进行非法转让、倒卖活动中投机取巧，从中牟取暴利，获取非法利润。如果行为人没有以牟利为目的，也没有进行非法转让、倒卖的故意，其行为是由于不懂土地市场政策、土地管理活动法规或者由于疏忽大意而发生的，则是过失行为。缺乏犯罪故意的此种违法行为不能构成非法转让、倒卖土地使用权罪，而应由土地管理等部门依照有关土地管理规定予以处理。

（二）量刑规定

《刑法》第 228 条关于非法转让、倒卖土地使用权罪的量刑规定为："……情节严重的，处三年以下有期徒刑或者拘役，并处或者单处非法转让、倒卖土地使用权价额百分之五以上百分之二十以下罚金；情节特别严重的，处三年以上七年以下有期徒刑，并处非法转让、倒卖土地使用权价额百分之五以上百分之二十以下罚金。"

可见，本罪根据情节轻重的程度分两个量刑档次，即"情节严重"和"情节特别严重"，对这两种情形的认定如下：

1. 关于情节严重

情节严重是非法转让、倒卖土地使用权罪的构成要件，即非法转让、倒卖土地使用权的行为只有达到情节严重的地步，才能以犯罪论处。何为"情节严重"，根据最高人民法院《关于审理破坏土地资源刑事案件具体应用法律若干问题的解释》的有关规定，具有下列情形之一的，属于非法转让、倒卖土地使用权的"情节严重"：

（1）非法转让、倒卖基本农田 5 亩以上的。根据《土地管理法》第 33 条的规定，国家实行永久基本农田保护制度，下列耕地应当根据土地利用总体规划划入基本农田保护区，实行严格保护：（1）经国务院有关主管部门或者县级以上地方人民政府批准确定的粮、棉、油、糖等重要农产品生产基地内的耕地；（2）有良好的水利与水土保持设施的耕地，正在实施改造计划以及可以改造的中、低产田和已建成的高标准农田；（3）蔬菜生产基地；（4）农业科研、教学试验田；（5）国务院规定应当划为基本农田保护区的其他耕地。

这里所说的非法转让、倒卖基本农田5亩以上的，就是指非法转让、倒卖上述五种情形之一的基本农田达5亩以上。

(2)非法转让、倒卖基本农田以外的耕地10亩以上。这里的“基本农田以外的耕地”是指非法转让、倒卖《土地管理法》第33条规定的五种情形以外的其他耕地。

(3)非法转让、倒卖其他土地20亩以上的。这里的“其他土地”，是指除基本农田和其他耕地以外的土地，如荒山、荒地、荒滩等。

(4)非法获利50万元以上的。如果说前三项是从不同的土地、不同的数量上来确定“情节严重”的话，本项则是指无论何种土地，也无论非法转让、倒卖多少亩，只要非法获利达到50元以上的，也属于“情节严重”。

(5)非法转让、倒卖土地接近上述数量标准并具有其他恶劣情节的，如曾因非法转让、倒卖土地使用权受过行政处罚或者造成严重后果等。

2. 关于情节特别严重

所谓“情节特别严重”，是指具有下列情形之一的：(1)非法转让、倒卖基本农田10亩以上的；(2)非法转让、倒卖基本农田以外的耕地20亩以上的；(3)非法转让、倒卖其他土地40亩以上的；(4)非法获利100万元以上的；(5)非法转让土地接近上述数量标准并具有其他恶劣情节的，如造成严重后果等。此外，根据该司法解释的规定，对多次犯非法转让、倒卖土地使用权罪应当追诉的，或者一年之内多次犯非法转让、倒卖土地使用权罪未经处罚的，按照累计的数额、数量定罪处罚。

(三)立案标准

非法转让、倒卖土地使用权行为的行为构成刑事犯罪，须符合上述“情节严重”的条件，即非法转让、倒卖基本农田5亩以上的；非法转让、倒卖基本农田以外的耕地10亩以上；非法转让、倒卖其他土地20亩以上的；非法获利50万元以上的；非法转让、倒卖土地接近上述数量标准并具有其他恶劣情节的，如曾因非法转让、倒卖土地使用权受过行政处刑或者造成严重后果等。

(四)认定标准

1. 罪与非罪的界限

非法转让、倒卖土地使用权罪是一种严重的土地犯罪，该犯罪行为牵涉面大，跨行业性强，而且取证困难，可能会受到来自方方面面的干扰，所以认定本罪时务必要准确及时、慎重行事,要正确区分本罪与非法转让、倒卖土地使用权的一般违法行为。

首先,除应查明非法转让、倒卖土地使用权行为的情节是否严重、特别严重依照司法解释所确立的标准判定以外,还应以非法转让、倒卖土地使用权的数额以及非法获利数额较大为标准,并结合其他情节综合考虑,如进行炒卖土地次数较多的;经行政处罚后仍拒不悔改的;非法转让、倒卖土地引起严重后果的;造成大量耕地毁坏、引起农民较强负面情绪的等。情节一般的,属于违反土地管理法的一般非法转让、倒卖土地使用权的行为,应由土地管理等部门予以行政处理;只有情节严重或特别严重的非法转让、倒卖土地使用权的行为,才能构成犯罪。

其次,本罪是目的犯,在主观上是出于故意,并且必须具有牟利的目的,如果非法转让不是以牟利为目的,如赠与、过失转让等,则不能构成本罪。实践中一般不存在过失倒卖的情形。

最后,要认清实践中以各种合法形式掩盖下的非法转让、倒卖的行为,如以联营为名行非法转让土地使用权之实;假冒合作开发,土地使用权提供者不承担任何义务,只收取对方的出让金;以土地使用权投资或作价入股办公司,后将股价转让给对方,实际是转让土地使用权等。

2. 非法转让、倒卖土地使用权罪与非法批准征用、占用土地罪的界限

非法批准征用、占用土地罪是指国家机关工作人员徇私舞弊,违反土地管理法规,滥用职权,非法批准征用、占用土地,情节严重的行为。二者的共同之处是:都违反了土地管理法规;行为对象都是土地;都是涉及土地资源的犯罪。二者的区别在于:

(1)客体不同。非法转让、倒卖土地使用权罪侵犯的客体是国家对土地使用权转让的管理制度,属于破坏社会主义市场经济秩序的犯罪;非法批准征用、占用土地罪侵犯的客体是国家职务的廉洁性,属于渎职犯罪。

(2)客观方面不同。非法转让、倒卖土地使用权罪在客观方面表现为违反土地管理法规,非法转让、倒卖土地使用权,情节严重的行为;非法批准征用、占用土地罪在客观方面表现为违反土地管理法规,滥用职权,非法批准征用、占用土地,情节严重的行为。

(3)主体不同。非法转让、倒卖土地使用权罪的主体是一般主体,包括自然人和单位;非法批准征用、占用土地罪的主体是特殊主体,即只能由国

家机关工作人员构成。

（4）犯罪目的不同。非法转让、倒卖土地使用权罪的犯罪目的是牟取非法利益；非法批准征用、占用土地罪则没有此要求。

3. 非法转让、倒卖土地使用权罪与非法低价出让国有土地使用权罪的界限

非法低价出让国有土地使用权罪是指国家机关工作人员徇私舞弊，违反土地管理法规，滥用职权，非法低价出让国有土地使用权，情节严重的行为。二者的共同之处是：都违反土地管理法规；行为对象都包括国有土地使用权；都要求情节严重才能构成犯罪。二者的区别是：

（1）客体不同。非法转让、倒卖土地使用权罪侵犯的客体是国家对土地使用权转让的管理制度，属于破坏社会主义市场秩序的犯罪；非法低价出让国有土地使用权罪侵犯的客体是国家机关工作人员职务行为的廉洁性和正当性，属于渎职犯罪。

（2）客观方面不同。非法转让、倒卖土地使用权罪在客观方面表现为违反土地管理法规，非法转让、倒卖土地使用权，情节严重的行为；非法低价出让国有土地使用权罪在客观方面表现为徇私舞弊，违反土地管理法规，滥用职权，非法低价出让国有土地使用权，情节严重的行为。

（3）主体不同。非法转让、倒卖土地使用权罪的主体是一般主体，包括自然人和单位；非法低价出让国有土地使用权罪的主体是特殊主体，仅指国家机关工作人员。

（4）主观方面要求不同。非法转让、倒卖土地使用权罪在主观方面要求具有牟取非法利益的目的；非法低价出让国有土地使用权罪在主观方面没有这一要求。

4. 非法转让、倒卖土地使用权罪与非法占用耕地罪的界限

非法占用耕地罪是指违反土地管理法规，非法占用耕地改作他用，数量较大，造成耕地大量毁坏的行为。二者的共同之处是：都违反土地管理法规；都是有关土地资源方面的犯罪；都可以针对耕地。二者的区别在于：

（1）客体不同。非法转让、倒卖土地使用权罪侵犯的客体是国家对土地使用权转让的管理制度，属于破坏社会管理秩序的犯罪；非法占用耕地罪侵犯的客体是国家对耕地的保护制度，属于妨碍社会管理秩序的犯罪。

（2）客观方面不同。非法转让、倒卖土地使用权罪在客观方面表现为违

反土地管理法规，非法转让、倒卖土地使用权，情节严重的行为；非法占用耕地罪在客观方面表现为违反土地管理法规，非法占用耕地改作他用，数量较大，造成耕地大量毁坏的行为。

（3）主观方面要求不同。非法转让、倒卖土地使用权罪在主观方面要求必须具有牟取非法利益的目的；非法占用耕地罪在主观方面则无此要求。

（4）犯罪对象不同。作为非法转让、倒卖土地使用权罪的犯罪对象的土地是广义的，包括耕地和其他土地；非法占用耕地罪的犯罪对象仅指耕地。

（五）辩点分析

在进行非法转让、倒卖土地使用权罪的辩护时，应当着重考虑以下辩点：（1）"以牟利为目的"的认定；（2）转让房地产公司股权是否构成非法转让、倒卖土地使用权罪的认定；（3）既遂和未遂。

1．"以牟利为目的"的认定

对本罪而言，无论是转让行为，还是倒卖行为，都必须是以牟利为目的。牟利主要是指获得金钱利益，也包括其他财产性利益或不正当的利益，比如出国、子女上学、个人提拔等。

在具体案件中，行为人主观上是否"以牟利为目的"，通常要由客观行为进行推定。一般而言，行为人的买入价格和卖出价格之间存在实际的价差，就应该判断为"以牟利为目的"。另外，行为人如果通过转让行为获得了提拔，也应该认定为"以牟利为目的"。

2．转让房地产公司股权是否构成非法转让、倒卖土地使用权罪的认定

在实践中，为了规避土地转让的法律限制，不少公司通过股权收购、入股等方式取得拥有土地使用权公司的股权，从而实质性地取得目标土地的使用权，进而对土地进行开发、利用或再次转卖。此种方法具有手续简便、税费低、隐蔽性强等优点，已成为房地产行业普遍的做法。然而，近年来从刑事实质角度将此行为认定为我国《刑法》第228条"非法转让、倒卖土地使用权罪"的案例屡见不鲜，多个房地产公司负责人因此身陷囹圄，引发巨大争议，并引起社会各方关注。笔者认为，通过股权转让的方式实现对土地使用权的控制与非法转让、倒卖土地使用权罪之间还是存在明显的界限，主要有以下几方面：

（1）股权转让与作为公司资产的土地使用权转让为两个独立的法律关系。股权转让行为并未变动土地使用权之主体，故不应纳入土地管理法律

法规的审查范畴，而应受《公司法》《合同法》等民事法律的调整规范。

(2)不满足构成刑事犯罪的前提条件。《刑法》第228条规定的非法转让、倒卖土地使用权罪的前提是“以牟利为目的，违反土地管理法规”，而股权转让行为属于民商事法律的规范范畴，并不存在触及“违反土地管理法规”的可能性，故而也不可能构成刑事犯罪。

(3)不符合非法“转让”土地使用权罪的构罪要件。从文义解释上看，根据《城镇国有土地使用权出让和转让暂行条例》第19条规定，土地使用权的“转让”是指土地使用权使用者将土地使用权再转移的行为，包括出售、交换和赠与的行为，并不包括股转行为。在刑事审判中，不能对土地使用权的“转让”行为随意进行扩张解释，否则有违罪刑法定原则。部分法院将这种方式认定为“以股权出让之名行土地使用权买卖之实，是以合法形式掩盖非法目的”，从而进行定罪，是对刑法进行的随意扩张解释，亦违背刑法谦抑原则。

(4)未直接破坏土地管理制度或扰乱土地使用权流转秩序。从立法目的上看，非法转让土地使用罪规定在《刑法》第三章第八节的扰乱市场秩序罪中，其设立目的是保护土地使用权流转的正常秩序以及土地利用的各项规划。而股权转让的行为并不引起土地使用权的变更，也没有直接实现土地使用权的流转，故不存在扰乱土地使用权的流转秩序、破坏各项规划制度的可能性。

(5)最高人民法院的主流观点亦倾向于适用民事法律处理。虽然部分地区将股权转让方式转让土地使用权的情形纳入刑事司法程序，但此类判决不仅数量少而且效力级别低。最高人民法院(2016)最高法民终222号民事判决认为：“当事人欲通过控制目标公司的方式开发使用涉案土地，此类行为属于商事交易中投资者对目标公司的投资行为，是基于股权转让而就相应的权利义务以及履行的方法进行的约定，既不改变目标公司本身亦未变动涉案土地使用权之主体，故不应纳入土地管理法律法规的审查范畴，而应依据《中华人民共和国公司法》中有关股权转让的规定对该协议进行审查”。

3. 既遂和未遂

本罪是行为犯和情节犯。虽然主观上要“以牟利为目的”，但本罪的既遂并不需要实际获得利益。行为人只要实施了《刑法》第228条规定的构成要件的行为，且转让、倒卖行为实施完毕，情节严重的，即构成本罪的既遂。有学者认为，非法转让、倒卖土地使用权应以转让、倒卖的土地使用权完成过户登记为既遂要件。笔者认为，这种说法是错误的，是对我国现行的土地管理制度的不了解。在非法转让、倒卖农用地的过程中，由于农用地没有办理农用地审批、土地征收、国有土地招拍挂等手续，是不可能进行过户登记的。但只要买受人已经实际获得土地使用权，即为本罪的既遂。买受人因为转让、倒卖行为人意志以外的原因没有实际获得土地使用权的，为本罪的未遂。对于未遂的非法转让、倒卖土地使用权行为，辩护人要能及时地识别，并提出比照既遂犯从轻或者减轻处罚。

四、防控措施

（一）加强土地管理法规的法制教育，提升员工法律意识

由于本罪涉及的土地相关法律法规较为繁杂，企业工作人员在不了解相关法规的情况下很容易触犯法律的红线。例如，企业与农村集体经济组织成员签订长期租赁合同，使用其土地，虽然在企业看来这只是民事租赁，但从刑法上来说，这可能是一种变相的转让土地使用权的犯罪行为。因此，有必要对企业员工进行这方面的法制宣传教育，提升他们的法律意识。

（二）完善落实企业的内控制度，对企业的经营投资行为进行事先核查

转让土地使用权涉及企业的经营投资，建议企业负责人在作出相应决策前，由内控部门对涉及相关材料进行核查，排除法律隐患，如是否已经取得土地使用权证，是否获得地方政府的审批，是否与交易方对土地转让金的缴纳达成协议等。

第三章 企业管理篇

建筑房地产行业高歌猛进的这些年，成就了很多规模化的建筑房地产公司，上市公司和市值几百亿以上的建筑房地产公司比比皆是。行业的利好发展和远大前景造就了建筑房地产公司资本化和阳光化，加上建筑房地产职业经理人化的发展方向，最终成就了建筑房地产从业人员精英化和阳光化的特征。

当然，基于建筑房地产行业的特殊性，其所涉及的业务量、业务部门、人员结构及数量均是十分庞杂多样的，所要解决的问题也是多元化的，在发展不够完善的情况下难免会有法律问题甚至是刑事法律问题的存在。甚至，有些企业在"野蛮生长"过程中，存在在当地寻找黑恶势力"合作"的现象，试图通过这个方法提高效率、"转嫁"风险。但在现实中，企业与当地所谓"合作伙伴"发生纠纷的例子比比皆是。事实上，此种"合作"试图规避的也只是在民事上的风险，而刑事的法律风险不会因为自以为的"安全"就不存在，如全国著名的刘汉、刘维案件，即便"当时"是"安全"的，即便曾"呼风唤雨""风光无限"，但法律面前人人平等，他们最终还是受到法律的制裁。

对于建筑房地产行业来说，如何有效厘清可能涉及的法律风险，以及杜绝类似涉黑涉恶犯罪和暴力犯罪刑事法律风险的发生，不仅是企业管理层面上进行合规的问题，更是后来者或者是当权者和高管所必须面对和直视的问题，而且刻不容缓。

笔者通过"律小牛刑事辩护智能办案辅助系统"大数据检索功能，对组织、领导、参加黑社会性质组织罪、聚众斗殴罪、寻衅滋事罪进行案例检索、筛选、分析，获取组织、领导、参加黑社会性质组织罪案例391个，聚众斗殴罪案例1485个，寻衅滋事罪案例5624个（见图3-1）本章将结合典型案例分别对上述三个罪名的刑事风险、罪名及辩点分析、风险防控措施展开阐述。

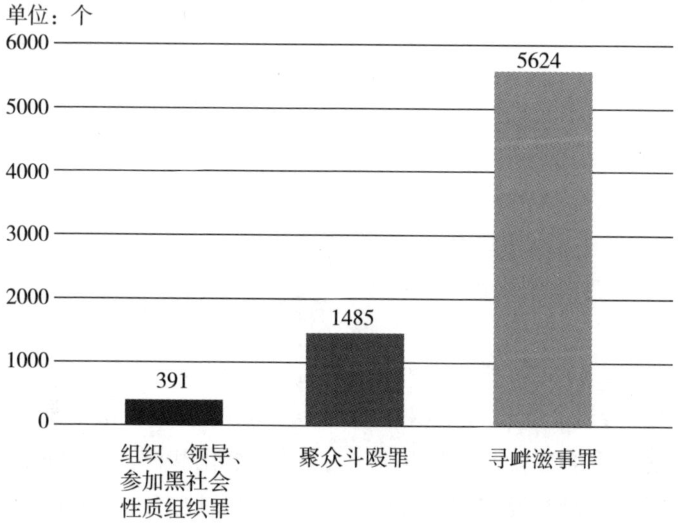

图3-1　本章研究各罪名数量*

第一节　组织、领导、参加黑社会性质组织罪刑事风险与防控

一、风险点：企业生态环境不佳，企业家刑事合规意识薄弱

案例：刘某等组织、领导黑社会性质组织、故意杀人案[1]

【基本案情】

1993年，刘某之兄刘某甲在四川省广汉市组织人员非法转移被法院查

* 资料来源：律小牛刑事辩护智能办案辅助系统。

[1] (2014)鄂刑一终字第00073号。

封的一批货物。湖南省和四川省的公安人员对涉嫌诈骗的刘某甲执行刑事拘留时,刘某持枪阻碍执行,被公安人员当场抓获。刘某甲得以逃脱。此后,刘某甲、刘某兄弟因敢于暴力抗法在广汉市有了恶名。

同年,刘某甲在广汉市开设圣罗兰游戏机厅,从事赌博活动,谋取非法利益。之后,刘某甲将赌博游戏机厅先后交给其兄刘某乙及刘某经营,自己与黄某某在四川省绵阳市合伙成立绵阳市平原建材公司,通过经营建筑材料、从事期货交易等业务,逐渐积累经济实力,并于1997年在绵阳市成立四川汉龙(集团)有限公司(以下简称汉龙集团)、绵阳小岛建设开发有限公司(以下简称小岛公司)。为强行推进对绵阳市游仙区小岛的开发业务,小岛公司组建保安队,多次对当地村民使用暴力。小岛公司保安唐某某还将打伤自己的村民熊甲杀害。其间,黄某某之兄孙某某先后网罗某某、李某等人在广汉市、绵阳市等地"混社会",发展黑恶势力,为刘某甲、黄某某发展经济实力提供武力保护,并在刘某甲、黄某某的指使下安排人员枪杀了对汉龙集团产生威胁的王某甲。熊甲和王某甲相继被杀,为刘某甲、黄某某的经营活动扫除了障碍,树立了刘某甲等人在绵阳市的非法权威。

与此同时,在刘某甲的资助和扶持下,刘某通过经营圣罗兰游戏机厅等,具有一定经济基础后,开始带小弟"混社会",并为加强对"小弟"的控制和管理,将位于广汉火车站附近的房产提供给旷某某等人开办音豪娱乐会所作为聚集场所。刘某组织他人通过"看场子"、收"保护费",枪杀与其争夺势力范围的周某某,确立了强势地位,逐步垄断了广汉市的赌博游戏机行业。刘某甲还通过经营广汉市乙源实业发展有限公司(以下简称乙源实业公司)等经济实体,聚集财富;拉拢四川省什邡市人民检察院原副检察长刘某丙等充当其"保护伞"。刘某多次派手下携带枪支充当刘某甲的保镖、司机,为刘某甲、黄某某等人杀害王某甲、史某某提供枪支,还授意"小弟"杀害了对刘某、刘某甲产生威胁的陈某甲等人。随着经济实力的增强,刘某甲、黄某某通过"政商结合",获取政治地位并谋取更大的经济利益,还利用结交的社会关系,多次为刘某甲、孙某某等人的违法犯罪活动提供庇护。

1993年至2013年,该组织有组织地实施故意杀人5起,致6人死亡、1人轻伤、1人轻微伤,故意伤害1起,致1人死亡、1人轻伤,非法拘禁1起,致1人死亡,敲诈勒索2起,故意毁坏财物1起,妨害公务1起,寻衅滋事1起,开设赌场1起,窝藏多起,并非法买卖枪支2支,非法持有枪支18支、子弹

622发、钢珠弹2163发、手榴弹3枚,另实施违法行为11起。该组织通过实施上述违法犯罪活动及利用国家工作人员的包庇和纵容,为非作恶,欺压、残害群众,称霸一方,在广汉市、什邡市、绵阳市等地形成重大影响,在广汉市的赌博游戏机行业内形成非法控制,严重破坏了当地的经济、社会生活秩序。

【法院判决】

刘某犯组织、领导黑社会性质组织罪、故意杀人罪、故意伤害罪、非法拘禁罪等11项犯罪,决定数罪并罚,判处死刑。对其他被告人也依法作出判决。

死刑复核裁定,第一审判决中除非法经营罪以外的量刑及第二审判决量刑适当,审判程序合法。

【风险提示】

1. 企业生态环境不佳

建筑房地产企业发展壮大必须有良好的生态环境,如公平竞争机制、风清气正的市场氛围、界限清楚的生存空间、有力的权利救济机制等。通过分析样本案件笔者发现,生存状态不佳是建筑房地产企业家涉黑涉恶犯罪的客观原因。主要表现为:

首先,黑恶势力破坏了建筑房地产企业的生态环境。如前所述,建筑房地产企业家涉黑犯罪的一种类型是“黑社会性质组织企业化”。当黑社会性质组织以企业形式进入市场领域,除个别黑社会性质组织通过企业化“洗白”外,多数黑社会性质组织仍会以暴力等手段强迫交易、排挤竞争对手,企图实现对某行业或者某地区的经济垄断,以获取经济利益。以企业面目存在的黑社会性质组织必然造成其所在行业或者地区的企业运行环境恶化,有的企业或者企业家为了维护自身权益或者寻求更大的发展,则与黑恶势力“合作”或者利用黑恶手段经营发展,这是企业黑社会性质组织化的直接原因。

其次,公平竞争的市场秩序未全面建立。市场经济即自由竞争经济,公司企业作为市场主体,本应在法制的框架内通过比技术、比质量、拼服务等提升企业的竞争力,构建良好的市场竞争秩序,但我国市场经济体制还处于初级阶段,保障市场公平竞争的基础制度仍不健全。主要表现为:

第一，建筑房地产行业民营企业与国有企业竞争不平等的现象在某些地域仍然存在。国有企业占有资源、资金等众多优势，而民营企业的生存空间、占有资源等相对有限，有的民营企业家借助非常规手段，如行贿、偷税漏税、非法集资、骗取贷款等，获得资金与资源，或者通过暴力手段直接抢占市场资源。而根据《法人》杂志近6年对企业家涉黑案例的统计，几乎没有国有企业的企业家涉黑。

第二，有公权力背景的建筑房地产企业与无公权力背景的建筑房地产企业之间竞争不平等。同为建筑房地产企业，是否有政府或官员公权力支持，决定了其获取资源、资金、机会等的多少，直接影响其企业的发展。为此，有的民营企业通过行贿等方式与公权力结盟，或者努力获取一定的政治身份。当权力与金钱结合、政治与商业关联，企业当然处于市场竞争中的优势地位。在样本案例中，有政治身份的民营企业家高达75%。

第三，涉黑涉暴违法犯罪的企业与守法经营企业之间不平等竞争。在公平竞争、自由竞争的市场秩序没有真正建立起来的情况下，采取不正当手段获取资源、资金及机会的企业在某一行业或者区域更容易占得先机与优势，进而排挤合法合规经营的企业。

2. 企业家刑事合规意识薄弱

建筑房地产企业家自觉运用法治思维、法治方式经营企业、解决纠纷，是建筑房地产企业在法治轨道内健康运行发展的基本保障。尤其是建筑房地产企业与企业家强化在刑法的限度内活动的意识，是建筑房地产企业与企业家不踩踏刑事法律红线，确保建筑房地产企业家自身安全的关键。

二、罪名解析与辩护策略

组织、领导、参加黑社会性质组织罪，是指组织、领导或者参加以暴力、威胁或者其他手段，有组织地进行违法犯罪活动，称霸一方，为非作恶，欺压、残害群众，严重破坏经济、社会生活秩序的黑社会性质组织的行为。

（一）构成要件

1. 客体要件

本罪的客体为社会管理秩序。

2. 客观要件

本罪应当同时具备以下特征：(1)形成较稳定的犯罪组织，人数较多，有明确的组织者、领导者，骨干成员基本固定；(2)有组织地通过违法犯罪活动或者其他手段获取经济利益，具有一定的经济实力，以支持该组织的活动；(3)以暴力、威胁或者其他手段，有组织地多次进行违法犯罪活动，为非作恶，欺压、残害群众；(4)通过实施违法犯罪活动，或者利用国家工作人员的包庇或者纵容，称霸一方，在一定区域或者行业内，形成非法控制或者重大影响，严重破坏经济、社会生活秩序。

实践中，重点打击的十一类涉黑涉恶违法犯罪包括：(1)威胁政治安全特别是政权安全、制度安全以及向政治领域渗透的黑恶势力；(2)把持基层政权、操纵破坏基层换届选举、垄断农村资源、侵吞集体资产的黑恶势力；(3)利用家族、宗族势力横行乡里、称霸一方、欺压残害百姓的"村霸"等黑恶势力；(4)在征地、租地、拆迁、工程项目建设等过程中煽动闹事的黑恶势力；(5)在建筑工程、交通运输、矿产资源、渔业捕捞等行业、领域，强揽工程、恶意竞标、非法占地、滥开滥采的黑恶势力；(6)在商贸集市、批发市场、车站码头、旅游景区等场所欺行霸市、强买强卖、收保护费的"行霸""市霸"等黑恶势力；(7)操纵、经营"黄赌毒"等违法犯罪活动的黑恶势力；(8)非法高利放贷、"地下钱庄"、暴力讨债的黑恶势力；(9)插手民间纠纷，充当"地下执法队"的黑恶势力；(10)组织或雇佣网络"水军"在网上威胁、恐吓、侮辱、诽谤、滋扰的黑恶势力；(11)境外黑社会，特别是港澳黑社会入境发展渗透以及跨国跨境的黑恶势力。

3. 主体要件

本罪主体为一般主体，即达到刑事责任年龄具有刑事责任能力的自然人，也可以包括单位。

4. 主观要件

本罪在主观方面必须有明确的故意，即明知是黑社会性质的组织而积极参加；明知是黑社会性质的组织而组织、领导。如果不了解情况，参加了黑社会性质的组织，事后退出的，不按本罪追究刑事责任，构成其他犯罪的，依法追究刑事责任。当然，如果参加时不明知，加入后明知了仍不退出，则应按本罪追究刑事责任。本罪的追求目标是金钱和权力。

(二)量刑规定

《刑法》第294条关于组织、领导、参加黑社会性质组织罪的量刑规定为："组织、领导黑社会性质的组织的，处七年以上有期徒刑，并处没收财产；

积极参加的,处三年以上七年以下有期徒刑,可以并处罚金或者没收财产;其他参加的,处三年以下有期徒刑、拘役、管制或者剥夺政治权利,可以并处罚金。境外的黑社会组织的人员到中华人民共和国境内发展组织成员的,处三年以上十年以下有期徒刑。国家机关工作人员包庇黑社会性质的组织,或者纵容黑社会性质的组织进行违法犯罪活动的,处五年以下有期徒刑;情节严重的,处五年以上有期徒刑”。

在对组织、领导、参加黑社会性质组织罪进行处理时,应注意以下几点:

1. 不作为犯罪处理的情形。根据最高人民法院《关于审理黑社会性质组织犯罪的案件具体应用法律若干问题的解释》(以下简称《黑社会性质组织犯罪案件司法解释》)第 3 条第 2 款规定,对于参加黑社会性质的组织,没有实施其他违法犯罪活动的,或者受蒙蔽、胁迫参加黑社会性质的组织,情节轻微的,可以不作为犯罪处罚。

2. 从重处罚的情形。《黑社会性质组织犯罪案件司法解释》第 4 条规定,国家机关工作人员组织、领导、参加黑社会性质组织的,从重处罚。

3. 数罪并罚的情形。《刑法》第 294 条第 4 款规定,犯前三款罪又有其他犯罪行为的,依照数罪并罚的规定处罚。

4. 应当依法追缴、没收的情形。《黑社会性质组织犯罪案件司法解释》第 7 条规定,对于黑社会性质组织和组织、领导、参加黑社会性质组织的犯罪分子通过各种手段聚敛的财物及其收益,以及用于犯罪的工具等,应当依法追缴、没收。

5. 根据最高人民法院《全国部分法院审理黑社会性质组织犯罪案件工作座谈会纪要》(以下简称 2015 年《黑社会性质组织犯罪案件纪要》)第 3 条关于刑事责任和刑罚适用的规定:

(1)已退出或者新接任的组织者、领导者的刑事责任问题。

对于在黑社会性质组织形成、发展过程中已经退出的组织者、领导者,或者在加入黑社会性质组织之后逐步发展成为组织者、领导者的犯罪分子,应对其本人参与及其实际担任组织者、领导者期间该组织所犯的全部罪行承担刑事责任。

(2)量刑情节的运用问题。

黑社会性质组织的成员虽不具有自首情节,但到案后能够如实供述自己罪行,并具有以下情形之一的,一般应当适用《刑法》第 67 条第 3 款的规定予以从轻处罚:①如实交代大部分尚未被掌握的同种犯罪事实;②如实交代尚未被掌握的较重的同种犯罪事实;③如实交代犯罪事实,并对收集定案证据、查明案件事实有重要作用的。

积极参加者、一般参加者配合司法机关查办案件,有提供线索、帮助收集证据或者其他协助行为,并在侦破黑社会性质组织犯罪案件、认定黑社会性质组织及其主要成员、追缴黑社会性质组织违法所得、查处“保护伞”等方面起到较大作用的,即使依法不能认定立功,一般也应酌情对其从轻处罚。

组织者、领导者、骨干成员以及“保护伞”协助抓获同案中其他重要的组织成员,或者骨干成员能够检举揭发其他犯罪案件中罪行同样严重的犯罪分子,原则上依法应予从轻或者减轻处罚。组织者、领导者检举揭发与该黑社会性质组织及其违法犯罪活动有关联的其他犯罪线索,如果在是否认定立功的问题上存在事实、证据或法律适用方面的争议,应当严格把握。依法应认定为立功或者重大立功的,在决定是否从宽处罚、如何从宽处罚时,应当根据罪责刑相一致原则从严掌握。可能导致全案量刑明显失衡的,不予从宽处罚。

审理黑社会性质组织犯罪案件,应当通过判处和执行民事赔偿以及积极开展司法救助来最大限度地弥补被害人及其亲属的损失。被害人及其亲属确有特殊困难,需要接受被认定为黑社会性质组织成员的被告人赔偿并因此表示谅解的,量刑时应当特别慎重。不仅应当查明谅解是否确属真实意思表示以及赔偿款项与黑社会性质组织违法所得有无关联,而且在决定是否从宽处罚、如何从宽处罚时,也应当从严掌握。可能导致全案量刑明显失衡的,不予从宽处罚。

(3)附加剥夺政治权利的适用问题。

对于黑社会性质组织的组织者、领导者,可以适用《刑法》第 56 条第 1 款的规定附加剥夺政治权利。对于因犯参加黑社会性质组织罪被判处 5 年以上有期徒刑的积极参加者,也可以适用该规定附加剥夺政治权利。

(4)财产刑的适用问题。

对于黑社会性质组织的组织者、领导者,依法应当并处没收财产。黑社会性质组织敛财数额特别巨大,但因犯罪分子转移、隐匿、毁灭证据或者拒不交代涉案财产来源、性质,导致违法所得以及其他应当追缴的财产难以准确查清和追缴的,对于组织者、领导者以及为该组织转移、隐匿资产的积极参加者可以并处没收个人全部财产。

对于确属骨干成员的积极参加者一般应当并处罚金或者没收财产。对于其他积极参加者和一般参加者，应当根据所参与实施违法犯罪活动的次数、性质、地位、作用、违法所得数额以及造成损失的数额等情节，依法决定财产刑的适用。

（三）立案标准

根据《刑法》第294条第1款的规定，组织、领导黑社会性质组织的，处7年以上有期徒刑，并处没收财产；积极参加的，处3年以上7年以下有期徒刑，可以并处罚金或者没收财产；其他参加的，处3年以下有期徒刑、拘役、管制或者剥夺政治权利，可以并处罚金。

本罪为行为犯，只要组织、领导了黑社会性质的组织或者参加（包括积极参加和其他参加）了该组织，就应当被立案追究刑事责任。

（四）认定标准

1. 罪与非罪的界限

根据《黑社会性质组织犯罪案件司法解释》第3条第2款规定，对于参加黑社会性质组织，没有实施其他违法犯罪活动的，或者受蒙蔽、胁迫参加黑社会性质的组织，情节轻微，如参加黑社会性质组织后虽有不良行为或者一般性的违法活动，但危害不大的，可以不作为犯罪处理。

2. 本罪的既遂与未遂

本罪为行为犯，只要实施完毕组织、领导、参加黑社会性质组织之一的行为，即构成本罪且为既遂。就本罪而言，包括组织、领导、参加行为。对于这三种行为，从着手进行至完成的认定都不相同，判断既遂的标准自然也不同。

3. 一罪与数罪认定

行为人只要实施了组织、领导或者参加黑社会性质组织的行为，即可构成本罪，而不要求具体实施其他某种犯罪行为。如果组织、领导或者参加黑社会性质组织的同时，又进行其他诸如杀人、伤害、强奸、抢劫、敲诈勒索、聚众斗殴、寻衅滋事等犯罪行为的，则应以本罪与其他所实施的具体犯罪进行并罚。根据《黑社会性质组织犯罪案件司法解释》第3条第1款规定，组织、领导、参加黑社会性质的组织又有其他犯罪行为的，按照《刑法》第294条第4款的规定，依照数罪并罚的规定处罚。对于黑社会性质组织的组织者、领导者，应当按照其所组织、领导黑社会性质组织所犯的全部罪行处罚；对于黑社会性质组织的参加者，应当按照所参与的犯罪处罚。

（五）辩点分析

在进行组织、领导参加黑社会性质组织罪的辩护时，应当着重考虑以下几个辩点：（1）涉案组织不符合黑社会性质组织的组织特征；（2）涉案组织不符合黑社会性质组织的经济特征；（3）涉案组织不符合黑社会性质组织的行为特征；（4）涉案组织不符合黑社会性质组织的非法控制特征。

1. 涉案组织不符合黑社会性质组织的组织特征

根据相关判决书，当前部分法院在认定组织特征时主要考虑的因素是人员构成，即纵观多起违法犯罪事实，列示组织的领导、组织者、积极参加者和一般参加者。

辩方在对组织特征进行论述时，应结合当前的司法裁判依据进行充分论证，结合案件事实进行细致分析，以影响司法裁判。《刑法》将“组织特征”表述为“形成较稳定的犯罪组织，人数较多，有明确的组织者、领导者，骨干成员基本固定”。根据最高人民法院、最高人民检察院、公安部《关于印发〈办理黑社会性质组织犯罪案件座谈会纪要〉的通知》（以下简称2009年《黑社会性质组织犯罪案件纪要》）、2015年《黑社会性质组织犯罪案件纪要》，认定组织特征有三个必备要件：第一，有组织存续时间的起点或突出的犯罪活动；第二，具有一定规模和人数，组织成员一般在10人以上；第三，组织者、领导者明确，骨干成员基本固定，层级和分工比较明确。而参考要件是组织有成文或不成文的组织纪律、活动规约（2009年《黑社会性质组织犯罪案件纪要》称之为“重要参考依据”）。结合以上法律、会议纪要、案例等，笔者归纳否定组织特征的方法如下：

（1）涉案组织存在、发展时间明显过短，犯罪活动尚不突出的，不应认定为黑社会性质组织。《刑事审判参考》第628号《乔永生等组织、领导、参加黑社会性质组织案》指出：“黑社会性质组织并非一夜之间形成，通常有一个由犯罪团伙发展到犯罪集团进而转变为黑社会性质组织的演化进程，因此，对于组织的存续时间，需要结合黑社会组织的组织者、领导者的确立以及组织涉及的违法犯罪行为加以认定。”因此，可以从以下三个时间点论证“组织的存续时间”：一是涉案犯罪组织举行成立仪式或者进行类似活动的时间；二是足以反映其初步形成核心利益或强势地位的重大或标志性事件发生时间；三是涉案犯罪组织为维护、扩大组织势力、实力、影响、经济基础或按照组织惯例、纪律、活动规约而首次实施有组织的犯罪活动的时间。如果不存在这些仪式、活动、事件，则根本不可能具有组织特征。如果存在、发展时间明显过短，犯罪活动尚不突出，则也不应认定为组织特征。

（2）涉案组织的规模相对较小，组织成员未到10人。组织成员的计算应以参与组织活动的人为标准，而且要从组织成员参加活动的目的、动机以及活动的性质进行综合判断。但需要注意的是，2015年《黑社会性质组织犯罪案件纪要》在计算人数时规定，组织成员"既包括已有充分证据证明但尚未归案的组织成员，也包括虽有参加黑社会性质组织的行为但因尚未达到刑事责任年龄或因其他法定情形而未被起诉，或者根据具体情节不作为犯罪处理的组织成员"。

（3）被指控为组织者、领导者以及对组织运行、活动起着突出作用的积极参加者等骨干成员并不固定，联系也不紧密。例如，组织活动、违法犯罪活动中没法体现组织者、领导者具有有别于合法经营活动的人事安排权、经营决策权、利益分配权、惩戒权等情况；从组织资金的管理、"骨干成员"的活动、违法犯罪行为的安排等方面可知，组织的结构不明显，所有活动或行为具有临时性，参与的核心主体并不固定，更没有依据任何命令或规定行事；每一次行动都没有固定模式和行动规律，只是某一两个成员纠集部分人员临时搭配形成合作，在合作过程中并不紧密，参与者中不乏基于面子、义气、起哄的心理临时参与进来。

（4）涉案组织没有成文或不成文的纪律规约。"实践证明，如果没有通过一定的组织纪律、活动规约来加强内部管理，黑社会性质组织将难以保持其自身的稳定性、严密性，从而也难以发挥组织应有的能效……但如果确实不存在一定的纪律、规约，则案件定性时应慎重。"[1]一般来说，在当前案例中成文的纪律规约并不多见，辩方应重视口供及证言是否有关于宣誓、训诫、警告、处罚及组织成员公知公认的惯例、准则等的表述。在没有的情况下，应指出没有纪律规约，同时论证控方所指控的诸起违法犯罪事实也没有

〔1〕 戴长林、朱和庆、刘广三、周川、张向东：《〈全国部分法院审理黑社会性质组织犯罪案件工作座谈会纪要〉的理解与适用》，载最高人民法院刑事审判一、二、三、四、五庭主办：《刑事审判参考》（总第107集），法律出版社2017年版，第140页。

按照不成文的纪律规约进行。

（5）结合相关司法裁判依据论证以上四点，基本上已完成关于组织特征的说理。但为了更翔实的分析，还可以就涉案组织仅为普通共同犯罪或犯罪集团而非黑社会性质组织进行补充论证。参考《刑事审判参考》第619号《邓伟波等组织、领导、参加黑社会性质组织案》，可以论证各被告人违法犯罪的目的是实现组织成员个人的目标和利益，而不是为了维护其组织的利益、安全、稳定和发展，也不是为了实现其对一定区域或者行业的非法控制；控方所认定的“核心成员”频繁更替、组织结构松散，而且控方没有证据证明这种松散人员关系是通过隐蔽方法制造出来的假象；在实施违法犯罪活动时，成员之间没有相互配合，或者虽然有相互配合，但所谓的“核心成员”并没有进行任何干涉；成员没有按照地位或作用进行分配，或者虽按此分配，但都是就某一起具体犯罪“坐地分赃”，属于直接、简单且缺乏相对稳定的分配模式。综上论述，涉案组织仅为普通共同犯罪或犯罪集团。

（6）企业人员类型的组织。控方认定的涉黑成员所形成的组织架构，本来就是企业管理层的架构，上下级关系和权责分配是出于经营管理层面的需要而设置的，不存在严密的、为进行违法犯罪活动的组织分工；组织架构及工作分工以公司章程及工作制度为依托，该等制度与帮规条约截然不同，企业在近年来有人员自由出入，人员的进入是通过正规的聘用流程，人员的退出并没有被限制；企业有合法的经营范围，企业人员的工作内容符合法律规定。

（7）自然村村民（居民）类型的组织。成员之间称兄道弟是基于相互间是同一姓氏的同宗兄弟，而且当中不乏存在亲属关系的情形，在这种情况下，虽然成员相对固定，但相互间关系松散，日常的联系和聚会没有固定时间地点，或有相对固定的时间，但是是基于共同爱好聚集，如喝茶打牌。成员间不存在严密的、为进行违法犯罪活动的组织分工，也无严格的帮规条约，相互独立无依附关系。

（8）非本地户籍同乡类型的组织。成员通过老乡会、聚餐等形式聚集，以共同工作生活圈为纽带。根据现有案例，同乡类型的组织往往会出现不同地域老乡之间的打斗事件，故可通过分析打斗事件发生的原委论证该事件的偶发性；证明人员并不是为了争夺组织在该地区的利益及控制力而集结；虽然事件中有带头的成员，但该成员是因为个人原因才主导违法犯罪，然而其在组织中地位并不固定；参与者仅是基于面子、义气、起哄的心理参与违法犯罪活动，本来就没有抱团称霸的想法。

2. 涉案组织不符合黑社会性质组织的经济特征

《刑法》就黑社会性质组织的“经济特征”的表述是“有组织地通过违法犯罪活动或者其他手段获取经济利益，具有一定的经济实力，以支持该组织的活动”。而根据相关判决书，当前大部分法院在认定经济特征时也正是考虑这三个要件。因此，否定经济特征的方法应该从这三个要件出发：

(1)涉案组织并没有通过有组织的违法犯罪活动或其他手段获取经济利益。参考《刑事审判参考》第628号《乔永生等组织、领导、参加黑社会性质组织案》，可论证涉案组织并没有或者并不是主要通过实施赌博、敲诈、贩毒等违法犯罪活动攫取非法利益，并没有通过开办公司、企业等方式边洗钱边获取非法利益，企业资金的来源是合法的经营所得，并没有“以商养黑”“以黑护商”。涉案组织与其他市场主体竞争时是有合法的招投标程序，交易是在意思表示真实、无强制胁迫的情况下达成，发生纠纷后通过合法的协商或民事诉讼途径表达自己的诉求、以争取经济利益。在部分事件中，虽然表达诉求的方式不尽合理，但其没有通过有组织的违法犯罪方式进行，也尚未达到犯罪的程度。控方一般会指控涉案组织会采用强迫交易、打击竞争对手等手段垄断区域业务市场，而辩方应分析具体行为是否构成犯罪。如若该事件中被告人构成强迫交易罪等，则应判断该犯罪行为是有组织地进行，还是部分成员临时起意单独进行，也就需要结合下文行为特征进行论证。

(2)涉案组织的经济实力没有超过该地区的最低数额标准。2015年《黑社会性质组织犯罪案件纪要》修改了2009年《黑社会性质组织犯罪案件纪要》关于“不能一般性地要求黑社会性质组织所具有的经济实力必须达到特定规模或特定数额”的认定标准，认为“各高级人民法院可以根据本地区的实际情况，对黑社会性质组织所应具有的‘经济实力’在20－50万元幅度内，自行划定一般掌握的最低数额标准”。但是，20万元至50万元的数额较低，这一辩点要发挥实效，关键在于如何框定经济实力的范围。2015年《黑社会性质组织犯罪案件纪要》规定：“‘一定的经济实力’，是指黑社会性质组织在形成、发展过程中获取的，足以支持该组织运行、发展以及实施违法犯罪活动的经济利益。包括：1. 有组织地通过违法犯罪活动或其他不正当手段聚敛的资产;2.有组织地通过合法的生产、经营活动获取的资产;3.组织成员以及其他单位、个人资助黑社会性质组织的资产。通过上述方式获取的经济利益,即使是由部分组织成员个人掌控,也应计入黑社会性质组织的'经济实力'。"因此,要否定被指控为"经济实力"的资产部分,关键要回到资产来源进行分析。另外,还可以统计控方所指控的"经济实力",补充说明该组织历年来缺乏达到称霸一方的经济基础。

(3)涉案组织并没有将所获经济利益全部或部分用于违法犯罪活动或者维系犯罪组织的生存、发展。《刑事审判参考》第625号《王平等组织、领导、参加黑社会性质组织案》指出:"获利之后是否用于支持犯罪组织的生存、发展或者实施违法犯罪活动,历来是认定黑社会性组织'经济特征'的重要参考指标。"2015年《黑社会性质组织犯罪案件纪要》则规定:"是否将所获经济利益全部或部分用于违法犯罪活动或者维系犯罪组织的生存、发展,是认定经济特征的重要依据。无论获利后的分配与使用形式如何变化,只要在客观上能够起到豢养组织成员、维护组织稳定、壮大组织势力的作用即可认定。"根据以上规定,在论证维系组织生存、发展方面,可以统计近几年来全案中所谓的好处费、红包、奖金、丧葬费、旅游费等累计的总额,除以组织成员人数(或加计其家人人数),计算出平均每人每日可获得的经济利益,由此证明组织成员通过组织获取的经济利益没有办法维持正常的生活,更谈不上组织的发展,微薄的利润不可能使组织成员形成稳定的层级关系。

(4)涉案组织的资金主要用于企业合法生产经营,控方没有证据证明资金用于组织活动。辩方可结合公司会计账册、审计报告、银行流水等,证明资金链条和资金流转是用作企业生产。另外,参考《刑事审判参考》第628号《乔永生等组织、领导、参加黑社会性质组织案》,可以论证涉案组织并没有将获取的非法收入用于发展组织成员、购置犯罪工具、扩展非法获利途径等方面,以发展壮大组织;或者将获取的非法收入投入市场,通过各种洗钱手段转化为合法收入;或者用于寻求非法保护,等等。

(5)各被告之间的资金收入来源及用途相互独立,不存在任何一方提供钱财供组织经营、活动或无偿赠与组织其他成员使用,经济利益并不是通过组织及其活动获得。

3.涉案组织不符合黑社会性质组织的行为特征

《刑法》就黑社会性质组织的"行为特征"表述为"以暴力、威胁或者其他手段,有组织地多次进行违法犯罪活动,为非作恶,欺压、残害群众”。根据2009年《黑社会性质组织犯罪案件纪要》、2015年《黑社会性质组织犯罪案件纪要》的规定,该特征的构成具有三个必备要件:一是所实施的违法犯罪活动一般应有一部分能够较明显地体现出暴力或以暴力相威胁的基本特征;二是有组织地多次进行违法犯罪活动;三是违法犯罪活动确与维护组织利益相关,才能作为组织犯罪处理。而当前大部分法院在认定行为特征时也正是考虑这三个要件。因此,否定行为特征应该从这三个要件出发:

(1)涉案组织并没有采用暴力或以暴力相威胁的手段,或者虽然存在暴力手段但次数甚少、程度不深。在目的方面,没有干扰、破坏正常经济、社会生活秩序为目的;在危害手段方面,不存在任何使用刀枪的情形,或者警方查获的作案工具仅少量刀具,没有枪支弹药,且刀具由团伙中极少部分人持有,没有证据证实事件中涉案组织使用了刀具;在危害后果方面,未造成轻伤及轻伤以上的人身损害,或者虽然造成了轻伤,但组织成员实施犯罪行为暴力程度不深,损害是由于意外原因或受害人自身原因所造成的。

(2)所发生的违法犯罪活动并不是涉案组织有组织地多次进行。辩方需要证明控方指控的所有违法犯罪活动,既不是由组织者、领导者直接组织、策划、指挥或参与实施的,也不是由组织成员以组织名义实施,且得不到核心成员的认可或默许,而是个别被告人因临时矛盾激化的或自己预谋事实的,并未与涉案组织其他成员事先商量沟通。

(3)违法犯罪活动与维护组织利益无关。“办案时,还是应当从是否代表组织意志、是否使用组织名义、是否维护组织利益等方面进行认真审查,对组织犯罪的范围加以必要的限制。如果确与维护组织利益无关,则不能作为组织犯罪处理。”[1]2015年《黑社会性质组织犯罪案件纪要》指出:“确与维护和扩大组织势力、实力、影响、经济基础无任何关联,亦不是按照组织惯例、纪律、活动规约而实施,则应作为组织成员个人的违法犯罪活动处理。”辩方可以结合以上会议纪要及理解适用,结合控方指控的所有违法犯罪事实进行论证。

---

〔1〕 戴长林、朱和庆、刘广三、周川、张向东:《〈全国部分法院审理黑社会性质组织犯罪案件工作座谈会纪要〉的理解与适用》,载最高人民法院刑事审判一、二、三、四、五庭主办:《刑事审判参考》(总第107集),法律出版社2017年版,第145页。

（4）涉案组织没有为非作恶，欺压、残害群众。“群众”依据字面含义理解，指的是普通大众，不包括与涉案组织成员发生斗殴、因债务纠纷被拘禁等的特定主体。如果组织成员采用暴力或以暴力相威胁的手段是由于对方存在过错，则不应将控方认定的受害者类推为被欺压、残害的群众。

（5）涉案组织与其他主体发生纠纷后通过协商、调解、诉讼、执行等程序表达自己的利益诉求，可以侧面论证该涉案组织更多的是使用合法手段解决纠纷；如果该组织习惯以暴力、威胁或者其他手段多次进行违法犯罪活动，则组织成员根本没有必要通过沟通对话、耗费漫长的起诉、上诉、执行的时间维权，由此反证涉案组织并没有为非作恶，其偶发的几次违法犯罪行为并不是常态。

认定行为特征时，需要对成员具体的犯罪行为进行评价。在涉黑犯罪中，成员还可能涉嫌故意杀人罪、故意伤害罪、绑架罪、抢劫罪、非法拘禁罪、敲诈勒索罪、寻衅滋事罪、聚众斗殴罪、强迫交易罪、故意毁坏财物罪等具有暴力或胁迫特征的罪名。在实务中，若存在致人重伤、死亡的严重情节，辩方提出涉案组织不具有行为特征的辩点基本上得不到采信。因此，在行为暴力程度相对较低，或者暴力程度虽高，但行为是成员个人实施的，论证涉案组织不符合行为特征才有意义。

4. 涉案组织不符合黑社会性质组织的非法控制特征

《刑法》就黑社会性质组织的“非法控制”表述为“通过实施违法犯罪活动，或者利用国家工作人员的包庇或者纵容，称霸一方，在一定区域或者行业内，形成非法控制或者重大影响，严重破坏经济、社会生活秩序”。2009 年《黑社会性质组织犯罪案件纪要》中强调：“即使有些案件中的违法犯罪活动已符合‘多次’的标准，但根据其性质和严重程度，尚不足以形成非法控制或者重大影响的，也不能认定为黑社会性质组织。”根据 2009 年《黑社会性质组织犯罪案件纪要》以及 2015 年《黑社会性质组织犯罪案件纪要》，认定非法控制特征有两个必备要件和一个参考要件，其中必备要件是在一定区域或者行业内，形成非法控制或者重大影响；通过实施违法犯罪活动称霸一方，而且必然要有犯罪活动；参考要件是利用国家工作人员的包庇或者纵容。否定这些要件的方法如下：

（1）涉案组织在一定区域或者行业内没有形成非法控制或者重大影响。2015 年《黑社会性质组织犯罪案件纪要》将“一定区域”解释为具有承载一定社会功能的空间范围，既包括一定数量的自然人共同居住、生活的区域，如乡镇、街道、较大的村庄等，也包括承载一定生产、经营或社会公共服务功能的区域，如矿山、工地、市场、车站、码头等。如此看来，要否定这一要件，应论证涉案组织的控制和影响仅局限于一座酒店、一处娱乐会所等空间范围有限的场所或者人口数量、流量、经济规模较小的其他区域。《刑事审判参考》第 622 号《张志超等组织、领导、参加黑社会性质组织案》指出，"非法控制"的定义是干预已经达到足以控制一定范围内的经济、社会生活的程度；而"重大影响"是指虽然对于一定区域、一定行业内的社会、经济生活尚未达到任意操控的程度，但已有相当的能力进行干预和施加影响。这种控制和影响，是通过一系列的违法犯罪活动形成的，具有一定的深度和广度，而非个别的、一时的。辩方可以结合违法犯罪活动的次数、性质、后果、侵害对象的个数、造成的社会影响及群众安全感是否下降等因素综合论证犯罪组织的控制力与影响力，以否定模糊抽象的社会负面影响的指控。

（2）尽管涉案组织存在违法犯罪活动，但是未对区域内、行业内的群众形成心理强制、威慑，也没有致使合法利益遭受犯罪或者严重违法活动侵害的群众不敢通过举报、控告等正当途径维护权益。

（3）涉案组织没有操控一定行业的准入、退出、经营、竞争及其他经济活动，也不具有干预以上经济活动的能力，没有占有较大的市场份额，不构成垄断；没有通过违法犯罪活动或以其他不正当手段在该行业内获取数额巨大的经济利益，也没有给其他主体造成 100 万元以上的直接经济损失，没有形成重要影响。实务中，控方往往会指控犯罪组织通过企业在一定区域形成非法控制。辩方可以尝试搜集行业状况调查报告、行业协会数据等，通过实证统计的方法，计算涉案组织相关企业的业务数据在一定区域内该行业总数据所占的比例，进而论证其业务远远达不到对该区域行业产生重大影响的程度。

（4）涉案组织所引发的事件在相关区域或者行业内没有造成严重影响。2015 年《黑社会性质组织犯罪案件纪要》将"严重影响"界定为"具有致人重伤或致多人轻伤、通过违法犯罪活动或以其他不正当手段敛财数额巨大（数额标准同上）、造成直接经济损失 100 万元以上、多次引发群体性事件或引发大规模群体性事件等情节之一"。

（5）涉案组织并没有多次干扰、破坏国家机关、行业管理部门以及基层群众自治组织的工作秩序，也没有致使上述单位、组织的职能不能正常行使；没有以拉拢、收买、威胁等手段多次向国家机关工作人员寻求包庇，也没有对相关工作人员进行打击、报复；没有利用组织的势力、影响，使组织成员获取政治地位，或者在党政机关、基层群众自治组织中担任一定职务。根据2015年《黑社会性质组织犯罪案件纪要》，这里的"担任一定职务"是指在各级党政机关及其职能部门、基层群众自治组织中担任具有组织、领导、监督、管理职权的职务。

（6）涉案组织虽然存在违法活动，但不构成犯罪，或者成员实施了犯罪活动，但与涉案组织无关。《刑事审判参考》第622号《张志超等组织、领导、参加黑社会性质组织案》对"实施违法犯罪活动"中的"违法"进行了补充说明，即"主要是指黑社会性质组织在实施犯罪活动过程中所伴随的违法活动，如果仅仅是实施了违法活动，而未实施犯罪活动，则不能认定为黑社会性质组织"。

（7）涉案组织没有以国家工作人员为"保护伞"。尽管最高人民检察院《关于认真贯彻执行全国人大常委会〈关于刑法第二百九十四条第一款的解释〉和〈关于刑法第三百八十四条第一款的解释〉的通知》已明确规定，"根据《解释》的规定，黑社会性质组织是否有国家工作人员充当'保护伞'，即是否要有国家工作人员参与犯罪或者为犯罪活动提供非法保护，不影响黑社会性质组织的认定"，但基于更全面地否定非法控制要件的考虑，应将国家工作人员收受贿赂、滥用职权、违法违纪等行为与长期为犯罪组织提供非法包庇的行为区别开来。辩方可以结合国家工作人员与犯罪组织成员的联系、帮助行为发生的次数、动机及利益输送情况进行综合分析。

综上所述，黑社会性质组织必须同时具备组织特征、经济特征、行为特征以及非法控制特征。"四个特征"相互融合的同时，也有主次之分，而危害性特征是黑社会性质组织的本质特征，也是黑社会性质组织区别于一般犯罪集团的关键所在。但从辩护空间来说，组织特征是较为重要的突破口，因为当前司法机关在认定这一特征时欠缺力度，而组织特征是黑社会性质组织的组织形态，表明组织成员组合方式及内部联系，是所有特征中的前置特征，故在论证时要把握好这一关卡。

三、防控措施

(一)强化企业家恪守刑事法律底线意识

部分民营企业家为了获取利益而突破法律底线,被定罪判刑,失去人身自由,企业也破产倒闭,这往往是企业家刑事法律底线意识薄弱所致。为了企业健康发展,同时降低企业家自身的刑事法律风险,企业家应自觉恪守刑事法律底线、运用法治思维与法治方式合规经营发展。

第一,企业家应当加强对自身刑事法治意识的培养,学法、懂法、守法、用法。企业家应当树立法治意识,合法诚信经营、积极履行社会责任。第二,企业应当建立完善的管理体制,在公司内部“把权力关进制度的笼子”,通过企业自身制度的建设,防止企业家的个人决策直接上升为企业意志,从而避免因企业家个人决策失误给企业带来刑事风险。第三,企业家应当转变经营观念。随着法制化进程的发展,全民的法治意识都有所提升,因此企业家应当避免老派的“靠关系”“靠人情”经营的经营方式,应当保证企业的经营行为符合法律法规的规定。

(二)增强企业家刑事合规意识

在全面推进依法治国的今天,增强全民的法治意识,培养全民自觉运用法治思维和法治方式,是实现依法治国的前提。企业家群体作为创造社会财富、引领社会创新的群体,更应具有法治意识,特别是刑事合规意识,并积极运用合法合规方式诚信经营、解决问题,寻求企业的长远发展。

(三)摒弃暴力意识,提倡非暴力沟通

企业家和企业管理人员在企业经营管理过程中,应当摒弃暴力意识,杜绝暴力事件的发生,禁止用暴力解决任何问题。有问题、有矛盾时,提倡非暴力沟通,让问题和矛盾及时得到重视和处理,避免问题无序发展、矛盾激化失控,演变为刑事案件,造成刑事风险。同时,制定良好的企业规章制度,加强对员工的管理和引导,尽量杜绝员工个人的犯罪行为,特别是暴力犯罪行为,避免员工个人的犯罪行为给企业造成刑事风险。

第二节 聚众斗殴罪刑事风险与防控

一、风险点：工作人员较多，涉及环节较多，发生纠纷风险更大，事发突然，应急意识薄弱，事态失控概率大

案例：刘某某聚众斗殴案[1]

【基本案情】

2014年10月29日3时许，被害人龚某的朋友罗某（另案处理）在惠州市惠阳区淡水街道办开城大道北芭塔酒吧喝酒时与其他客人发生矛盾，被酒吧的保安制止并被拉出酒吧时，与保安发生冲突，后罗某离开酒吧并纠集了龚某等人驾驶面包车回到酒吧附近，伺机报复。当日4时20分许，龚某等人见酒吧保安即刘某某及姜某、郭某、黄某星（均另案处理）等人出来，便持刀、棍上前追打。刘某某等人见状跑入酒吧停车场，后持棍棒、刀、折叠椅等工具出来反追赶对方。龚某等人逃向罗某驾驶的面包车，龚某在上车时被姜某用折叠椅击倒在地。随后，刘某某、姜某、郭某、黄某星等人持棍棒、折叠椅、刀等工具击打龚某，致龚某不会动弹，并两次阻止罗某等人解救龚某。之后，刘某某等人置已不会动弹的龚某于道路中间而不顾，离开现场，致使龚某在10余秒后被陈某（另案处理）驾驶的粤B×××××小车碾压而过。后龚某经送医院抢救无效死亡。

另查明，案发后芭塔酒吧一次性支付210万元给龚某林、邓某均，作为龚某死亡的补偿款。

【法院判决】

法院认为，刘某某持械积极参与聚众斗殴，其行为已构成聚众斗殴罪，且斗殴过程中在被害人已经倒地的情况下，仍持械继续殴打被害人，情节恶劣，依法应予惩处。鉴于被害人龚某一方对案件的发生存在严重过错，且事后芭塔酒吧对被害人家属进行了赔偿，可在量刑时予以酌情考虑。原审判

---

[1] （2018）粤刑终85号。

决认定事实清楚,证据确实、充分,定罪准确,量刑适当,审判程序合法。刘某某上诉及其辩方辩护提出请求从轻处罚的意见不能成立,不予采纳。

【风险提示】

1. 建筑房地产企业工作人员较多,具有人数符合的基础

涉及建筑房地产企业的聚众斗殴,因为施工人员较多,一般都会超过3人,在此情况下,由施工人员参与的纠纷有极大的风险被认定为"聚众"。

2. 建筑房地产企业涉及环节较多,发生纠纷导致刑事风险的概率更大

建筑房地产所涉及的诸多环节都有发生纠纷导致刑事风险的可能,例如,在拿地阶段,如果土地性质分为"毛地"和"净地",显然"毛地"上存在纠纷的可能要大一些。另外,建筑房地产可能还涉及参与拆迁的情况、施工队的选择、楼房质量等,可以说从地到房的每一步都要注意。

3. 事发突然,应急意识薄弱,事态失控概率大

在实践中,笔者还发现,虽然在某些案件中管理人员一般都在现场监督防止出现意外,但是基于工地上人员较多,一旦出现纠纷可能很快就会演变成暴力冲突。在这种情形下,即使施工方有所控制,但是只要不是双方都克制,就不能及时制止暴力冲突发生。

二、罪名解析与辩护策略

聚众斗殴罪,是指聚集多人进行斗殴的行为。

(一)构成要件

1. 客体要件

本罪的犯罪客体是社会公共秩序。所谓社会公共秩序,是指社会公共生活安定与宁静的状态。它一方面由人们代代相传的风俗习惯和伦理道德所维持,另一方面由社会中的法律、法规以及其他各种规范所保护。

2. 客观要件

本罪的客观方面表现为聚众斗殴的行为。所谓聚众,与前述各罪中的含义相同。需要明确的是,这里的聚众是对双方行为人的要求。如果行为人一方聚众而另一方没有聚众,就形成多人合伙殴打对方一人的局面,此时根据具体案情可能构成寻衅滋事罪或者故意伤害罪,不宜作为聚众斗殴罪处理。所谓斗殴,是指双方相互进行暴力攻击或殴斗。虽然聚众斗殴的行

为人双方常常使用刀、枪、棍、棒等凶器，但斗殴的双方是否使用了凶器，并不是本罪的构成要件；也就是说，聚众进行徒手斗殴，也可以构成本罪。

3. 主体要件

本罪的犯罪主体为一般主体。但根据《刑法》第 292 条第 1 款的规定，立法者把一般参与聚众斗殴的人排除在本罪主体之外，只有聚众斗殴的首要分子和其他积极参加斗殴的分子才能成为本罪主体。

4. 主观要件

本罪的犯罪主观方面是故意。至于行为人的犯罪目的与动机如何，并不影响本罪成立。

（二）量刑规定

《刑法》第 292 条对聚众斗殴的量刑规定为："聚众斗殴的，对首要分子和其他积极参加的，处三年以下有期徒刑、拘役或者管制；有下列情形之一的，对首要分子和其他积极参加的，处三年以上十年以下有期徒刑：（一）多次聚众斗殴的；（二）聚众斗殴人数多，规模大，社会影响恶劣的；（三）在公共场所或者交通要道聚众斗殴，造成社会秩序严重混乱的；（四）持械聚众斗殴的。聚众斗殴，致人重伤、死亡的，依照本法第二百三十四条、第二百三十二条的规定定罪处罚。"

（三）立案标准

《刑事案件立案追诉标准一》第 36 条规定，组织、策划、指挥或者积极参加聚众斗殴的，应予立案追诉。

（四）认定标准

1. 罪与非罪的界限

关于本罪的罪与非罪的问题，主要应注意在以下方面把聚众斗殴罪与一般打群架的行为严格区别开来。虽然二者都表现为有多人参与，但一般打群架的行为在斗殴规模、所用暴力强度等方面远远不如聚众斗殴罪。而且，一般打群架具有偶发性特点，往往是因为琐事引起的打架双方的突发性的行为，如果双方是经过预谋之后斗殴，则应该属于聚众斗殴行为。因此，对于既没有使用器械，又没有造成人身伤亡或财产损失或其他严重后果的一般打群架的行为，仍应作为《刑法》第 13 条"但书"所规定的"情节显著轻微危害不大的"情况来处理，即不认为是犯罪。

2. 本罪与聚众扰乱社会秩序罪的界限

二者的相同点在于都是聚众的行为，都是扰乱公共秩序犯罪，主体都是聚众犯罪的首要分子和其他积极参加者。二者的明显区别在于：其一，客观方面表现不同。本罪的客观方面表现为行为人实施了聚众斗殴的行为；而聚众扰乱社会秩序罪的客观方面表现为行为人实施了“聚众扰乱社会秩序”的行为。其二，犯罪对象不同。本罪的犯罪对象是相互斗殴的对方；而聚众扰乱社会秩序罪的犯罪对象则是不特定的党政机关、企业、事业单位、人民团体等。其三，犯罪形态不同。本罪属行为犯，原则上只要行为人实施了聚众斗殴的行为，便成立犯罪；而聚众扰乱社会秩序罪属情节犯，即必须是行为人之行为属“情节严重的”才构成犯罪。

（五）辩点分析

1. “聚众”形式的认定

在进行聚众斗殴罪的辩护时，应当着重考虑以下几个辩点：（1）“聚众”形式的认定；（2）“斗殴”形式的认定；（3）首要分子、积极参加者和主犯、从犯的认定；（4）持械聚众斗殴的认定；（5）聚众斗殴转化犯的认定。

聚众斗殴中的斗殴是一种行为，但“聚众”只是斗殴的形式，而不是一种行为。因此，聚众斗殴罪是单行为犯，而不是复行为犯。“聚众”的范围包括为斗殴而“聚众”，但不仅仅局限于此形式，也包括非为斗殴而因其他原因临时起意而聚众。“聚众”的重点不在“聚”的行为，而在“众”的形式。

以行为人是否实施了“聚”的行为为标准，聚众斗殴的形式可以分为三种：一是纠集者实施了“聚”的行为的聚众斗殴，即行为人在斗殴之前有纠集、指挥、策划、组织的行为，斗殴行为实施时亦有众人参与；二是纠集者没有实施“聚”的行为的聚众斗殴，斗殴行为实施时虽有众人参与，但在斗殴之前没有明显的首要分子或纠集者，系零散的参与者在无人纠集的情况下，自动地聚集在一起实施斗殴；三是因为其他原因而非为了斗殴而聚集在一起，后临时起意而众人一起斗殴。这三种情形都构成聚众斗殴罪。

“聚众”中的“众”，是指三人以上（含本数）且人数众多。“众”是对参与斗殴的一方的人数要求，而不是对斗殴双方的要求。也就是说，构成本罪不要求斗殴的双方都是三人以上，只要单方人数达到三人以上即可。正确地理解“聚众”的含义，对界定聚众斗殴罪的罪与非罪具有重要意义。只有做到这一点，才能在案件中寻找辩点。

2."斗殴"形式的认定

"斗殴"的含义是殴打,但不必是相互殴打,即对聚众斗殴罪中的参与双方或多方不要求是相互殴打。仅有一方实施了殴打另一方的行为,另一方没有实施攻击对方的行为,也能构成本罪。聚众斗殴罪的本质是藐视国家法纪、破坏公共秩序。无论是单方的殴打行为,还是双方的殴打行为,只要实施了聚众斗殴的行为,藐视法纪、破坏公共秩序,就能构成聚众斗殴罪。如果将"斗殴"的形式限定为必须是双方或多方之间实施相互殴打的话,则可能缩小刑法规定的范围,放纵一部分犯罪。所以,本罪中的"斗殴"不要求双方或多方之间的相互殴打,即单方殴打也可构成本罪。

另外,殴打必须是对身体的暴力攻击,其暴力要达到一定的程度。如果暴力没有达到一定的程度,不能构成本罪中的斗殴。比如,轻微地拍打对方的身体不能认定为殴打,猥亵侮辱他人、将人捆绑起来剥夺自由、强力挟持他人等,也不构成本罪中的殴打。如果构成其他罪名的,可按其他罪名处罚。

3.首要分子、积极参加者和主犯、从犯的认定

《刑法》第97条规定,本法所称首要分子,是指在犯罪集团或者聚众犯罪中,起组织、策划、指挥作用的犯罪分子。只要在聚众斗殴中实施了组织、策划、指挥行为,起到了主要作用,就可认定为首要分子。至于其是否参与了斗殴,则并不影响。如果首要分子既实施了组织、策划、指挥行为,也直接参与了斗殴,那么包括首要分子在内的参与者达到三人以上(含本数),就可构成聚众斗殴罪。如果首要分子只是实施了组织、策划、指挥行为,而没有参与斗殴,则除首要分子以外的参与者需要达到三人以上(含本数),才能构成聚众斗殴罪。

聚众斗殴的积极参加者,是指首要分子之外积极参与斗殴行为的参加者,即斗殴行为的主要实行者(主要的实行犯),不包括次要的实行者、一般的帮助者。在聚众斗殴罪中,首要分子一般在共同犯罪中起主要作用,故一般是主犯。但也有例外,即在聚众斗殴中有可能有数个首要分子,而有的首要分子只是起到次要的策划作用,在整个案件中发挥的作用不是很大,就很有可能被认定为从犯。有的聚众斗殴是各个零散的个人在没有人召集的情况下实施的斗殴,这种聚众斗殴没有首要分子,只有积极参加者。积极参加者一般也可被认定为主犯,但相关事实表明积极参加者对聚众斗殴所起作用较小、参与程度较小,或者对危害后果的发生没有直接责任时,可以认定

为从犯。

聚众斗殴中,首要分子、积极参加者可以全部认定为主犯,或者部分认定为主犯,部分认定为从犯,但一般不可以全部认定为从犯。被控聚众斗殴罪的嫌疑人,其在具体的案件中究竟是首要分子、积极参加者或者一般参加者;究竟是主犯还是从犯,这涉及具体的量刑问题。对于一般参加者,还涉及罪与非罪的问题(一般参加者不构成聚众斗殴罪)。这些,都是辩方应该寻找的重要的辩护空间。

4. 持械聚众斗殴的认定

一般认为,"械"就是指凶器。1984 年,最高人民法院、最高人民检察院《关于当前办理流氓案件中具体应用法律的若干问题的解答》(已失效),其中规定,携带凶器,是指携带匕首、刮刀等治安管制刀具和枪支、铁棍、木棍等足以致人伤亡的器械。上述规定虽已失效,但其关于"凶器"的解释精神是准确的,完全符合法理。另外,根据器械的通常用途,可将凶器分为性质上的凶器和用法上的凶器两种,其中,性质上的凶器是指枪支、爆炸物、管制刀具等,通常用途是杀伤他人。"持械"中的"持"是指实际使用或向对方展示、显示,用以威吓对方。

因此,所谓持械聚众斗殴,是指斗殴的一方或双方或多方使用枪支、爆炸物、管制刀具等性质上的凶器或持钢管、砖块、石头、木棒等用法上的凶器进行斗殴的行为;或者虽未实际使用,但向对方展示上述"械",威吓对方并与对方斗殴的行为。

由于持械聚众斗殴属于加重犯,其量刑比一般性质的聚众斗殴的量刑要高,故准确地认定行为人的行为是否属于持械聚众斗殴对于辩护有着重要的意义。

5. 聚众斗殴转化犯的辩护

根据《刑法》第 292 条第 2 款的规定,聚众斗殴,致人重伤、死亡的,以故意伤害罪、故意杀人罪定罪处罚,此即聚众斗殴转化犯的规定。但是要杜绝一种错误认识,即不能认为只要聚众斗殴在客观上造成了对方重伤、死亡的结果,无论行为人对重伤、死亡结果的主观心态如何,一律都认定为故意伤害罪、故意杀人罪。对任何犯罪,包括聚众斗殴罪的转化犯在内,都应坚持主客观一致的原则,即对于聚众斗殴罪的转化犯,行为人在主观上也必须有伤害、杀人的故意,其行为才能转化为故意伤害、故意杀人罪。故意要素并不因为此款转化犯的规定而在犯罪成立要素中被缺省，只是在由客观推断主观之时，被作为无相反证据情况下的推断结论。

对于可以查明造成重伤、死亡结果的直接加害人的，应将直接加害人、共同加害人认定为故意伤害罪、故意杀人罪。对于聚众斗殴的首要分子，如无相反证据证明其对于重伤、死亡结果是持反对态度的，也应认定为故意伤害罪、故意杀人罪。对于不能查明造成重伤、死亡结果的直接加害人的，则只能认定首要分子构成故意伤害罪、故意杀人罪。同样，如果有证据证明首要分子已明确表示反对重伤、死亡结果的，则不能转化为故意伤害罪、故意死亡罪，只能认定为聚众斗殴罪。

根据以上聚众斗殴罪转化犯在法理上的认定规则，如果被控故意伤害罪、故意杀人罪的嫌疑人的辩护人能够准确地认定哪些构成转化犯，哪些不构成转化犯，则能及时地抓住有利的辩点，为当事人辩护。

三、防控措施

（一）强化刑事风险教育培训

一线施工作业的工人由于文化水平的局限性，十分缺乏规避刑事风险意识和刑事法律法规知识，刑事风险教育不到位，犯罪行为屡屡发生，令企业及员工本人承担刑事风险。故企业应当对施工人员进行刑事风险教育培训，从根本上减少刑事风险事故发生。

（二）强化刑事风险防控技术措施

强化刑事风险防控技术措施，需要拟定切实可行的刑事风险防控方案。作为在刑事风险方面具有某种指导性意义的文件，该刑事风险防控方案必须全面具体，内容除了应当包括实施主体、实施地点、风险识别等基本信息外，还应当包括应急预案等。

（三）摒弃暴力意识，提倡非暴力沟通

企业家和企业管理人员在企业经营管理过程中，应当摒弃暴力意识，杜绝暴力事件的发生，禁止用暴力解决任何问题。有问题、有矛盾时，提倡非暴力沟通，让问题和矛盾及时得到重视和处理，避免问题无序发展、矛盾激化失控，演变为刑事案件，造成刑事风险。同时，制定良好的规章制度，加强对员工的管理和引导，尽量杜绝员工个人的犯罪行为、特别是暴力犯罪行为，避免员工个人的犯罪行为给企业造成刑事风险。

◇ 第三节 寻衅滋事罪刑事风险与防控

一、风险点:部分员工法律意识淡薄,企业管理者存在侥幸心理

案例:伍某甲、伍某乙寻衅滋事案[1]

【基本案情】

2013年某日,伍某丙、伍某丁建设指挥部划拨的安置地上施工建房,指挥部的工作人员、村干部在场指挥。被告人伍某乙、伍某甲与伍某戊三父子到工地上不准挖土机施工作业。指挥部的工作人员及村干部进行劝导,被告人伍某乙、伍某甲与伍某戊不但不听劝导,还威胁施工人员,迫使工地停工。第二天上午伍某丙、伍某丁在安置地上施工,被告人伍某甲、伍某乙与伍某戊父子三人又到伍某丙、伍某丁的安置地上阻止施工。被告人伍某甲脱光自己的衣裤,赤裸全身辱骂在场的施工人员及指挥部的工作人员,伍某戊用石头将挖土机驾驶室的玻璃砸碎,迫使工地停工。经耒阳市价格认证中心鉴定,挖土机驾驶室的玻璃价值2800元。第三日8时许,被告人伍某甲、伍某乙再次到伍某丙、伍某丁的安置地施工现场阻工。被告人伍某甲准备用摩托车头盔砸挖土机司机,被其妻子劝阻。次月,伍某丙、伍某丁在安置房建设工地施工,被告人伍某甲又再次到工地阻止施工。经耒阳市天鹏工程造价咨询有限公司鉴定:伍某丙、伍某丁的工程损失总造价为12,000元。

【法院判决】

法院认为,涉案工程是该市人民政府立项的城市重点基础建设项目,该项目的用地已经得到湖南省人民政府批准,伍某丙、伍某丁的拆迁安置建房是该建设工程的一部分。伍某乙分得的承包土地虽与伍某己调换,但拆迁安置地并没有占用伍某乙家的承包土地。伍某甲、伍某乙与伍某戊三父子多次到安置地阻工的真正原因是对组里干部分配安置地的方式有意见,对

---

〔1〕(2014)耒刑一重字第1号。

其本人的安置地位置不满，没有满足自己欲望。在阻工过程中，伍某甲当众脱光自己的衣裤辱骂、恐吓他人，伍某乙多次参与阻工，伍某戊任意损毁他人财产，造成恶劣社会影响。其行为符合寻衅滋事罪的构成要件，已构成寻衅滋事罪。在共同犯罪中，伍某甲起主要作用，系主犯。伍某乙起次要作用，系从犯，应当从轻或减轻处罚。

伍某甲主张其是维权，并无犯罪故意的辩解意见，既无法律依据，又与查明的事实不符，对此辩解意见法院不予采纳。伍某乙提出自己不构成寻衅滋事罪的辩解意见，经查，伍某乙多次参与阻工，其父子系共同犯罪，其行为符合寻衅滋事罪的构成要件，辩解意见不予采纳。伍某乙的辩护人提出，伍某乙的行为不符合寻衅滋事罪的构成要件，不构成寻衅滋事罪；伍某乙阻止伍某丙、伍某丁在其承包土地上进行违法建筑施工的行为属于典型的正当防卫行为，不负任何刑事责任和民事责任的辩护意见，既无法律依据，又与查明的事实不符，法院不予采纳。

【风险提示】

1. 部分员工法律意识淡薄

由于建筑房地产行业所面对的人事、部门、纠纷呈多元化、复杂化、不易解决等特点，加之工程工期、成本、损耗、资金回笼的巨大压力，以及企业员工常常法律意识淡薄，在处理问题时多采用简单粗暴的方式进行，企图使用暴力解决问题，或者采用暴力的方式“威慑一方”，以期达到“快、好、省”的效果。

2. 企业管理者存在侥幸心理

综上所述，在发生纠纷时，冲在最前面的往往是一线的员工，大多为保安人员和其他工作人员，甚至是地方上“黑恶势力”这种“合作者”，这些人往往接受教育的程度较低，不能及时依法处理纠纷。而当纠纷出现时，企业的管理者有时并不及时采取措施，而是任由其发展，抱着一种侥幸的心理，觉得法不责众，如果闹一下，警察也不会从严处理；而且企业的管理者并没有牵涉其中，要被处理也是处理闹事的员工，其做着“渔翁得利”的美梦。且不说严重的暴力事件对企业形象的负面影响，如果企业管理者长期纵容此类事件的发生，在当下扫黑除恶的大环境下，其极易被认定为黑恶势力，一旦涉嫌黑恶势力，将对企业和企业家造成毁灭性打击。

二、罪名解析与辩护策略

寻衅滋事罪，是指随意殴打他人，情节恶劣的；追逐、拦截、辱骂、恐吓他人，情节恶劣的；强拿硬要或者任意损毁、占用公私财物，情节严重的；以及在公共场所起哄闹事，造成公共场所秩序严重混乱的等破坏社会秩序的行为。

（一）构成要件

1. 客体要件

本罪侵犯的客体是公共秩序。所谓公共秩序，包括公共场所秩序和生活中人们应当遵守的共同准则。寻衅滋事犯罪多发生在公共场所（也有一些发生在偏僻隐蔽的地方），常常给公民的人身、人格或公私财产造成损害，但是寻衅滋事罪一般侵犯的并不是特定的人身、人格或公私财产，而主要指向公共秩序，向整个社会挑战，蔑视社会主义道德和法制。

2. 客观要件

本罪在客观方面表现为无事生非，起哄捣乱，无理取闹，殴打伤害无辜，肆意挑衅，横行霸道，破坏公共秩序的行为。《刑法》第293条将寻衅滋事罪的客观行为方式具体规定为：

（1）随意殴打他人，情节恶劣的。

随意殴打他人，是指出于耍威风、取乐等不健康动机，无故、无理殴打相识或者素不相识的人。这里的“情节恶劣”，是指随意殴打他人手段残忍的，多次随意殴打他人的；造成被殴打人自杀等严重后果的，等等。

（2）追逐、拦截、辱骂他人，情节恶劣的。

追逐、拦截、辱骂他人，是指出于取乐、寻求精神刺激等不健康动机，无故无理追赶、拦挡、侮辱、谩骂他人，多表现为追逐、拦截、辱骂妇女。这里的“情节恶劣”，主要是指经常性追逐、拦截、辱骂他人的；造成恶劣影响或者激起民愤的；造成其他后果的，等等。需要指出的是，如果行为使用暴力、胁迫或者其他方法强制猥亵或者侮辱妇女的，则构成强制猥亵、侮辱妇女罪。

（3）强拿硬要或者任意损毁、占用公私财物，情节严重的。

强拿硬要或者任意损毁、占有公私财物，是指以蛮不讲理的流氓手段，强行索要市场、商店的商品以及他人的财物，或者随心所欲损坏、毁灭、占用公私财物。这里的情节严重，是指强拿硬要或者任意损毁、占用的公私财物数量较大的;造成恶劣影响的;多次强拿硬要或者任意损毁、占用公私财物的;造成公私财物受到严重损失的,等等。

(4)在公共场所起哄闹事,造成公共场所秩序严重混乱的。

在公共场所起哄闹事,是指出于取乐、寻求精神刺激等不健康动机,在公共场所无事生非,制造事端,扰乱公共场所秩序;造成公共场所秩序严重混乱的,是指公共场所正常的秩序受到破坏,引起群众惊慌、逃离等严重混乱局面的。

行为人只要有上述四种情形中的任意一种,就构成寻衅滋事罪。但在审判实践中,行为人往往既"强拿硬要",又"随意殴打他人",或者先"追逐、拦截、辱骂他人",后"任意损毁、占用公私财物"。行为人为满足其寻求精神刺激、开心取乐的流氓动机,一般会实施多个行为,这时只以本罪一罪认定。

3. 主体要件

本罪的主体为一般主体,凡年满 16 周岁且具备刑事责任能力的自然人均能构成本罪。

4. 主观要件

本罪在主观上只能由故意构成,即公然藐视国家法纪和社会公德。其动机是通过寻衅滋事活动,追求精神刺激,填补精神上的空虚。

(二)量刑规定

《刑法》第 293 条对寻衅滋事的量刑规定为:"有下列寻衅滋事行为之一,破坏社会秩序的,处五年以下有期徒刑、拘役或者管制:(一)随意殴打他人,情节恶劣的;(二)追逐、拦截、辱骂、恐吓他人,情节恶劣的;(三)强拿硬要或者任意损毁、占用公私财物,情节严重的;(四)在公共场所起哄闹事,造成公共场所秩序严重混乱的。纠集他人多次实施前款行为,严重破坏社会秩序的,处五年以上十年以下有期徒刑,可以并处罚金。"

(三)立案标准

1. 随意殴打他人,破坏社会秩序,涉嫌下列情形之一的,应予立案追诉:

(1)致 1 人以上轻伤或者 2 人以上轻微伤的;(2)引起他人精神失常、自杀等严重后果的;(3)多次随意殴打他人的;(4)持凶器随意殴打他人的;(5)随意殴打精神病人、残疾人、流浪乞讨人员、老年人、孕妇、未成年人,造成恶劣社会影响的;(6)在公共场所随意殴打他人,造成公共场所秩序严重混乱的;(7)其他情节恶劣的情形。

2. 追逐、拦截、辱骂、恐吓他人，破坏社会秩序，涉嫌下列情形之一的，应予立案追诉：

（1）多次追逐、拦截、辱骂、恐吓他人，造成恶劣社会影响的；（2）持凶器追逐、拦截、辱骂、恐吓他人的；（3）追逐、拦截、辱骂、恐吓精神病人、残疾人、流浪乞讨人员、老年人、孕妇、未成年人，造成恶劣社会影响的；（4）引起他人精神失常、自杀等严重后果的；（5）严重影响他人的工作、生活、生产、经营的；（6）其他情节恶劣的情形。

3. 强拿硬要或者任意损毁、占用公私财物，破坏社会秩序，涉嫌下列情形之一的，应予立案追诉：

（1）强拿硬要公私财物价值1000元以上，或者任意损毁、占用公私财物价值2000元以上的；（2）多次强拿硬要或者任意损毁、占用公私财物，造成恶劣社会影响的；（3）强拿硬要或者任意损毁、占用精神病人、残疾人、流浪乞讨人员、老年人、孕妇、未成年人的财物，造成恶劣社会影响的；（4）引起他人精神失常、自杀等严重后果的；（5）严重影响他人的工作、生活、生产、经营的；（6）其他情节严重的情形。

在车站、码头、机场、医院、商场、公园、影剧院、展览会、运动场或者其他公共场所起哄闹事，应当根据公共场所的性质、公共活动的重要程度、公共场所的人数、起哄闹事的时间、公共场所受影响的范围与程度等因素，综合判断是否造成公共场所秩序严重混乱。

（四）认定标准

1. 本罪与非罪的区分

根据本条的规定，寻衅滋事行为必须情节恶劣、情节严重或者造成公共场所秩序严重混乱，才构成犯罪。对于情节轻微、危害不大的寻衅滋事行为，只能以一般违法行为论处。笔者认为，判断行为人的行为是否属于情节严重，应该综合以下几个方面因素进行分析：

（1）行为的方式和手段。行为的方式和手段对危害结果的大小具有决定性作用，对社会心理的伤害程度也有很大影响。因此，在认定情节是否严重时，应该考察行为人是否使用了暴力、威胁等手段，是否采用了公开或者组织的方式等。

（2）行为的直接危害结果和间接不良后果。直接危害结果是行为直接对社会造成损害；间接不良后果是指行为对社会造成的不良影响或间接引起的损害。行为人是否造成被害人自杀，是否引起公私财产重大损失，是否造成公共场所秩序严重混乱等，是认定情节严重与否的重要因素。

（3）行为的时间和地点。同一行为在不同的时间、不同的地点实施，所造成的社会影响是不同的，例如，白天在公共场所的滋事活动当然要比晚上在荒郊野外的危害性大。

（4）行为人的一贯表现。行为人的一贯表现表明了行为人主观恶性的大小，决定着行为人接受改造的难易程度。其是否多次寻衅滋事、屡教不改，也是认定情节严重与否的一个重要方面。

2. 本罪与聚众扰乱社会秩序罪、聚众扰乱公共场所秩序罪的界限

三者都是破坏公共秩序的犯罪，但存在明显区别。

（1）犯罪动机不同。寻衅滋事罪是为了满足耍威风、取乐等不正常的精神刺激或其他不健康的心理需要；后二者的犯罪动机是为了实现个人的某种不合理要求，以聚众闹事的形式，扰乱机关、团体、单位的正常秩序，或者扰乱公共场所秩序或交通秩序，对有关单位、机关、团体乃至政府施加压力。

（2）犯罪形式不同，寻衅滋事罪不要求聚众，后二者必须是多人以聚众形式出现。

（3）客观方面不同。寻衅滋事罪在客观方面表现为随意殴打他人、情节恶劣的行为，或者追逐、拦截、辱骂他人、情节恶劣的行为，或者强拿硬要或任意毁损、占用公私财物、情节严重的行为，或者在公共场所起哄闹事、造成公共场所秩序严重混乱的行为；后二者在客观方面表现为聚众冲击国家机关、企事业单位、人民团体或者扰乱公共场所秩序、交通秩序，情节严重的行为。

（4）犯罪主体不同。寻衅滋事罪的所有参与者都要以本罪追究刑事责任；后两者只追究首要分子和积极参加者的刑事责任。

3. 本罪与敲诈勒索罪的界限

两者的区别在于：寻衅滋事行为人勒索的动机是为了满足精神上的刺激，故意炫耀，因此，其犯罪往往是当面地、直截了当地进行；敲诈勒索行为人索取财物是主要目的，因此，其为了逃避法律追究，常常以间接或当面暗示的方法进行，往往采取隐秘的方法，持不愿让人觉察的态度。

4. 本罪与抢劫罪的界限

（1）主观特征上不同。寻衅滋事罪是以满足耍威风等不正常的精神刺

激或其他不健康的心理需要为动因,以破坏社会秩序为目的;抢劫罪是以非法占有公私财物为目的,犯罪动机多种多样。

(2)客观上不同。寻衅滋事罪表现为强拿硬要或者任意损毁、占用公私财物,情节严重的行为;抢劫罪表现为以暴力、胁迫或者其他方法抢劫公私财物的行为。

(3)客体上不同。寻衅滋事罪侵犯的客体是社会公共秩序;抢劫罪侵犯的客体是公私财物的所有权。

(五)辩点分析

在进行寻衅滋事罪的辩护时,应当着重考虑以下几个辩点:(1)犯罪客体的双重性;(2)客观行为的多样化和具体量化;(3)犯罪动机上的去"流氓"化。

1. 犯罪客体的双重性

刑法将寻衅滋事罪设置在妨害社会管理秩序罪一章的扰乱公共秩序一节中,从中可以得知,寻衅滋事罪侵犯的客体应当首先包含社会管理秩序和公共秩序,即社会法益。社会法益是由每一个个体法益组合而成,因此,对个体法益的侵犯都可以看成是对社会法益的侵犯。但是,从这个角度上研究寻衅滋事罪客体的双重性就失去了意义,因为并不是所有侵犯个体法益的行为都构成寻衅滋事罪,如追逐、拦截、辱骂自己的妻子,任意毁损父母财物的行为,在侵害个体法益的同时没有直接对社会管理秩序造成破坏,其侵害的法益具有单一性。因此,寻衅滋事罪必须同时侵犯社会法益和个体法益,而且这两个法益必须相对独立,即在行为侵犯个体法益的同时,必须额外造成对社会管理秩序的破坏,使其他个体受到威胁和恐惧,从而使社会秩序处于动荡或者断裂状态,影响人们生活的安定预期,而不是简单地由个体法益直接传导到社会法益。

2. 客观行为的多样性与具体量化

《刑法》第293条规定了寻衅滋事罪的四种行为类型。从客观行为看,寻衅滋事罪与故意伤害罪、侮辱罪、抢劫罪、聚众哄抢罪的客观行为具有重合性。虽然《刑法》对寻衅滋事罪规定了"情节恶劣""情节严重"等字眼,但是一些地方在司法实践中对恶劣和严重的程度掌握得较低,有时对于仅仅追逐他人的行为就认定构成该罪。这种定罪标准的降低会导致寻衅滋事罪的调整范围过大,将情节显著轻微的行为也纳入刑法的调整范围,出现罪刑不均衡的情况。因此,对寻衅滋事罪的认定既要考虑行为对直接对象造成的危害程度,也要权衡对公共秩序造成的危害程度,对寻衅滋事的行为在总体上予以评价,达到具有应当追究刑事责任的社会危害性。

3. 犯罪动机上去“流氓”化

1979 年《刑法》将寻衅滋事罪作为流氓罪的一种表现形式予以规定,因此,在 1997 年《刑法》增设寻衅滋事罪而删除流氓罪以后,理论上和司法实践中还是习惯于将两者相联系,主要是在犯罪动机的确定上。笔者认为,《刑法》将寻衅滋事罪作为危害社会管理秩序犯罪的一种,主要是因为此类行为既损害了个体的权益,例如人身权、财产权,同时又扰乱了整个社会秩序的安定,其危害性重于一般单纯侵犯个体法益的行为。但是,将此行为予以入罪并非基于行为人的主观态度,而是着眼于行为的客观危害。在行为多样化的当下,认定寻衅滋事罪的主观要素不应以是否有流氓动机为条件。只要行为人具有主观故意,恣意实施了一定程度上危害个体法益和社会公共秩序的寻衅滋事行为,就可以认定为寻衅滋事罪。

三、防控措施

(一)开展法制教育,增强员工法律意识

房地产企业应定期开展法制教育,增强员工法律意识。在法治越来越昌明的当下,企业有必要承担起增强员工法律意识的责任,在企业内部进行普法工作,让员工铭记发生纠纷要依法合规处理,切勿暴力解决。同时,企业也应在招聘时严格把关,禁止招收一些地痞流氓充当保安,更不能与地方上的黑恶势力进行“合作”。这既是企业应当承担的社会责任,也是保护自己的必要手段,更是合规化和长远发展所必须做的。

(二)加强公司管理,完善部门责任制

现代企业往往内部有着明确的职责划分,房地产企业应该进一步完善公司的内部治理,完善相关管理制度,用制度治理公司。具体来讲,可以建立严格的部门责任制或部门负责人责任制,并形成公司规章制度和员工守则。这样一方面可以督促各单位部门进行规范管理,另一方面也可以限制不利效应的扩大化。

(三)完善纠纷解决机制,防止纠纷升级

暴力事件的发生往往是纠纷没有及时有效解决所导致,房地产企业应

该建立风险防控部门,在纠纷发生时第一时间依法处理。专业的事情应当交给专业的人来做,因此,房地产企业应建立法务部门或者购买外部法律服务,为企业的经营发展保驾护航。

第四章 其他篇

房地产企业的刑事风险在资本市场、企业管理、公共安全三方面尤为突出和典型，但房地产企业面临的刑事风险绝不仅限于此，其他企业面临的刑事风险同样存在于房地产企业。本章选取所有企业可能存在的共同刑事风险，分析房地产企业在这些共性犯罪中的特性。

例如，在税务方面，企业经营过程中或多或少存在的税务问题，可能导致企业涉嫌逃税罪、虚开增值税专用发票罪等刑事犯罪，在建筑、房地产企业的房地产开发建设销售等活动中，也同样可能存在这类犯罪。房地产企业往往为降低税务成本，对税务筹划不合理，缺乏税务规划专业人员，又因其资金体量巨大的特点，一旦追究其刑事责任，将承担比其他各行业企业更为严厉的刑罚处罚。在企业廉洁性方面，房地产行业中诸多环节须经行政审批、许可，属于与政府打交道较多的行业，可以说地方政绩与房地产企业发展存在某种微妙的相关性。企业与政府的频繁接触，为破坏廉洁性的犯罪提供了滋养空间，其中主要存在的刑事风险包括职务侵占罪、受贿罪、非国家工作人员受贿罪、行贿罪、单位行贿罪、挪用资金罪等。

基于房地产企业的个性因素，本章拟选择逃税罪对房地产企业税务方面的刑事风险、职务侵占罪与行贿罪对房地产企业在廉洁性方面的刑事风险、侵犯公民个人信息罪对房地产企业在营销过程中的刑事风险分别进行阐释。

第一节　逃税罪的刑事风险与防控

一、风险点一：超限列支预提费用将被追缴并加收滞纳金

案例一：安徽金粮置业有限公司与合肥市国家税务局第一稽查局税务行政管理（税务）纠纷案[1]

【基本案情】

2015年8月5日，合肥市国家税务局[2]第一稽查局（以下简称市国税局第一稽查局）向金粮公司下达税务检查通知书，决定派员自2015年8月5日起对金粮公司2012年1月1日至2014年12月31日涉税情况进行检查。2016年8月2日，市国税局第一稽查局对金粮公司作出合国税一稽处〔2016〕63号《税务处理决定书》，认定金粮公司存在的相关违法事实并给予金粮公司处理决定。对于作出的税务处理决定，市国税局第一稽查局要求金粮公司在限定的时间和地点将税款及滞纳金缴纳入库，并向其交代纳税争议的处理办法。金粮公司对该税务处理决定不服，于2016年10月21日向合肥市国家税务局申请行政复议。合肥市国家税务局于2016年10月24日作出合国税复不受字20162号《不予受理复议申请决定书》，认为金粮公司在市国税局第一稽查局规定的期限内未缴清税款和滞纳金，且未提出延期缴纳申请，也未提供纳税担保，不符合《税务行政复议规则》第33条的规定，根据《行政复议法》第17条、《税务行政复议规则》第33条、第45条第1款的规定，决定不予受理。2016年11月7日，金粮公司起诉至法院，要求撤销市国税局第一稽查局作出的税务处理决定。

【法院判决】

根据《税收征收管理法》第88条第1款规定，纳税人、扣缴义务人、纳税担保人同税务机关在纳税上发生争议时，必须先依照税务机关的纳税决定缴纳或者解缴税款及滞纳金或者提供相应的担保，然后可以申请行政复议；

---

〔1〕(2016)皖0103行初112号。

〔2〕现为国家税务总局安徽省税务局合肥市税务局。

对行政复议决定不服的,可以依法向人民法院起诉。《行政诉讼法》第 44 条第 2 款规定:"法律、法规规定应当先向行政机关申请复议,对复议决定不服再向人民法院提起诉讼的,依照法律、法规的规定。"本案属于纳税人与税务机关之间的纳税争议,依照上述法律规定,申请行政复议是提起行政诉讼的前置程序。金粮公司于起诉前曾向合肥市国家税务局申请行政复议,但该局决定不予受理,故法院裁定如下:驳回原告安徽金粮置业有限公司的起诉。

【风险提示】

房地产开发属于资金高度密集行业,依据税收政策规定作出相关费用预提,是房地产企业降低税收支出、提高资金使用效率的普遍做法。从税务机关开展纳税检查情况看,违规列支预提费用几乎成了全行业"通病"。

对此,房地产企业不要随意突破税收法规正列举的范围。对于可以预提费用,现行税收法规以正列举的方式作出明确规定,只有出包工程、公共配套设施、报批报建费用和物业完善费用可以预提,其他费用均不可以。此外,房地产企业不要随意突破税收法规规定的上限。对于出包工程而言,预提费用金额既不能超过出包合同总金额 10%,也不能超过出包合同发票不足部分金额。

同时,对于公共配套设施、报批报建费用和物业完善费用的预提,房地产企业要注意前提条件。例如,对于公共配套设施,税收政策有明确规定,企业必须先做好预算造价,且公共配套设施必须已在售房合同、协议、广告、模型中明确承诺建造且不可撤销或按照法律法规规定必须配套建造。否则,预提费用不允许在应纳税所得额前扣除。在案例一中,若原告拒不缴纳的话,后续便可能卷入刑事诉讼。

二、风险点二:结算确认时点滞后导致计税成本错误被追究

案例二:佛山市富御房地产发展有限公司逃税案[1]

【基本案情】

2015 年 10 月 18 日,被告佛山市国家税务局[2]稽查局(以下简称市稽

[1] (2016)粤 0606 行初 172 号。

[2] 现为国家税务总局佛山市税务局。

查局)作出佛国税稽罚〔2015〕10 号税务行政处罚决定,认定佛山市富御房地产发展有限公司虚增工程款 27,450,000 元,隐瞒利息收入 6,215,008.12 元,少缴企业所得税 8,261,307.66 元,构成了《税收征收管理法》第 63 条第 1 款所规定的偷税行为,根据该条款规定,对原告偷税行为处以少缴企业所得税8,261,307.66 元的 50% 的罚款共 4,130,653.83 元。原告不服上述行政处罚决定,向被告广东省国家税务局[1](以下简称省国税局)申请行政复议。被告省国税局受理后,于 2016 年 4 月 8 日作出粤国税复决字〔2016〕第 3 号行政复议决定,维持被告市稽查局所作的佛国税稽罚〔2015〕10 号税务行政处罚决定。原告仍不服,遂提起行政诉讼。

原告诉称自 2009 年起开发佛山市禅城区美陶花园项目,工程总承包单位为广东省六建集团有限公司。项目开发期间,因承包单位广东省六建集团有限公司资金紧张,所以原告用预付工程款的形式对其支持,总共预付约 51,000,000 元,已经远远超出广东省六建集团有限公司的工程实际进度,广东省六建集团有限公司在收取原告的预付工程款后向原告开具了工程发票。这时由于原告的董事长梁某富需要资金急用,就与广东省六建集团有限公司协商后,由广东省六建集团有限公司退回部分预付款 27,450,000 元直接到梁某富的个人账户内。该项目 2011 年 12 月竣工验收,后原告按估算工程总额要求广东省六建集团有限公司开具了发票。但该项目双方至今仍未完成最终结算。在 2015 年 7 月,原告给佛山市国土局的《请示报告》中对此也作了明确说明,并承诺在原告与广东省六建集团有限公司对该工程作最终结算后,在 2016 年度的所得税汇算清缴时自行调整应纳税所得额。

【法院判决】

本案中,相关证据能够相互印证,形成证据链,能够证明 2011 年 12 月,原告取得广东省六建集团有限公司开具的发票,发票金额 27,500,000 元,计入“开发成本”科目,其中 27,450,000 元没有真实的业务发生,为虚增成本,原告已于 2011 年开始结转相应的主营业务成本,并已作税前列支,2013 年至 2014 年,原告共向外借出款项 100,000,000 元,所产生的利息 6,215,008.12 元(其中 2013 年为 5,614,723.12 元,2014 年为 600,285 元)没有计入原告的账上,没

〔1〕 现为国家税务总局广东省税务局。

有向税务机关申报纳税，以上共造成少缴企业所得税税款 8,261,307.66 元的事实。被告市稽查局所作佛国税稽罚〔2015〕10 号税务行政处罚决定认定事实清楚，证据充分。原告认为其不存在虚列成本和隐瞒利息收入的偷税行为，没有证据证明，理由不成立。最终，法院驳回原告佛山市富御房地产发展有限公司的诉讼请求。案件受理费 50 元，由原告佛山市富御房地产发展有限公司负担。

【风险提示】

对于房地产企业涉及所得税收入确认原则，会计法规与税收法规有明显区别。会计法规对房地产企业收入的确认，主要以房地产的法定所有权转移给买方且所有权上的主要风险和报酬转移为前提，而部分税收法规则按销售方式的不同确认房地产企业收入的实现。由于这一税会差异的存在，房地产企业确认收入时总是滞后，进而引发税务风险。

房地产企业要准确区分不同销售方式下纳税义务发生时间。房地产企业通常会采取销售方式包括一次性全额收款方式、分期收款方式、银行按揭方式以及委托方式，其中委托方式又细分为支付手续费方式、视同买断方式、基价（保底价）并实行超基价双方分成方式及包销方式。不同销售方式具有不同交易环节及操作流程，国家税务总局《关于印发〈房地产开发经营业务企业所得税处理办法〉的通知》第 6 条对各种销售方式下收入的确认时间都作了明确规定。

另外，上述办法第 35 条则明确点明完工年度企业要在“企业所得税汇算清缴前”选择确定计税成本核算的终止日，否则税务机关有权确定计税成本。

因此，建议企业应对各类时点规则有足够的注意，不要放松警惕随意操作，认为“法无规定则自由”，误踩结算、收入确认滞后等“雷区”。

三、风险点三：缺失合法有效凭证支出不被认可被追缴

案例三：张某江逃税案[1]

【基本案情】

2006 年，达州市虹强房地产开发有限公司（以下简称虹强房地产公司）

---

〔1〕（2017）川 17 刑终 230 号。

股东张某江以公司的名义在宣汉县东乡镇江口湖畔县粮食局机关院坝取得宗地一块，面积为4462平方米，成立“香江名都”商品房工程项目部进行商品房建设开发。张某江与公司其他股东约定，该项目由其个人负责出资修建，实行独立核算、自负盈亏，项目的盈利和亏损不与公司发生关系，公司其他股东不参与分红。2006年1月12日，张某江又以“香江名都”项目部和其个人名义与四川省宣汉县恒升建筑工程有限公司签订“内部承包协议书”，由张某江对“香江名都”商品房工程进行修建，对该工程的施工、质量、安全、税、费全权负责。2006年11月“香江名都”项目动工，2009年10月竣工，并由张某江以虹强房地产公司的名义对修建的商品房和门市进行销售。截至2009年10月工程竣工交付购房者使用，其间，除在工程初期张某江缴纳了311,352.70元的税款，其后便再没有到宣汉县地方税务局如实申报缴纳税费。2015年1月15日，宣汉县地方税务局稽查局经稽查发现，“香江名都”商品房工程项目部存在不进行纳税申报造成少缴地方税费、未按规定设置账簿、应当开具发票而未开具发票等行为。该项目应纳税款合计7,395,346.16元，未缴纳营业税、城市维护建设税、印花税、企业所得税、城镇土地使用税、契税、土地增值税等税款合计7,083,993.46元，未缴纳税款金额达总应缴税款总金额的95.7%。2015年5月21日，宣汉县地方税务局对虹强房地产公司“香江名都”商品房工程项目作出税务处理决定和税务处罚决定，对未缴税款7,083,993.46元予以限期追缴，并对其未按规定设置账簿、应当开具发票而未开具发票等违法行为处以了罚款。2015年6月11日、7月7日和2016年1月18日，宣汉县地方税务局三次对虹强房地产公司作出责令限期整改通知，要求其于2015年6月18日、7月15日和2016年1月28日前将未缴纳税款解缴入库。作为该项目直接责任人的张某江在受送达后没有按照税务机关通知的期限履行义务申报纳税，也没有在法定的期限内依法申请行政复议或者向人民法院起诉。至宣汉县地方税务局移送公安机关处理前，张某江对未缴税款7,083,993.46元一直未缴纳，也未接受行政处罚。张某江因此被提起公诉。后因不服一审判决，张某江提起了上诉。

【法院判决】

法院认为，上诉人张某江作为“香江名都”商品房开发工程的直接责任人，拒不申报纳税，逃避缴纳税款7,083,993.46元，数额巨大，未缴纳税款金额达总金额的95.7%，经税务机关依法下达追缴通知后，不补缴应纳税款、不缴纳滞纳金、不接受行政处罚，其行为已构成逃税罪，应依法予以刑事处罚。对于其中的教育费附加和地方教育附加，该笔费用属于行政事业性收费，应从逃税总金额中予以剔除。

法院最终撤销宣汉县人民法院（2017）川1722刑初20号刑事判决，即被告人张某江犯逃税罪，判处有期徒刑4年，并处罚金10万元，继续追缴其应纳税款7,083,993.46元，上缴国库。认定上诉人（原审被告人）张某江犯逃税罪，判处有期徒刑3年6个月，并处罚金10万元。继续追缴其应纳税款6,883,993.46元，上缴国库。

【风险提示】

一般来说，房地产企业在经营过程中涉及土地获取、规划设计、融资、建筑施工、房屋预售和项目清算等多项环节。在这些环节能否取得合法有效凭证，直接决定了企业发生的成本费用支出，能否在申报企业所得税前作税前扣除。由于房地产企业交易量大且交易对象规模不一，其在合法有效凭证获取及管理上面临较大挑战。

房地产企业合法有效凭证的缺失分两种情况：一种是就发生的成本费用支出未取得任何合法有效凭证；另一种则是虽然取得了发票，但并不合法、有效。

四、罪名解析与辩护思路

逃税罪，是指纳税人采取欺骗、隐瞒手段进行虚假纳税申报或者不申报，逃避缴纳税款数额较大的行为。

（一）构成要件

1. 客体要件

本罪的客体是我国的税收征收管理秩序。

2. 客观要件

本罪的客观方面表现为纳税人采取欺骗、隐瞒手段，进行虚假纳税申报或者不申报，逃避缴纳税款数额较大且占应纳税额10%以上；扣缴义务人采取欺骗、隐瞒手段不缴或者少缴已扣、已收税款，数额较大的行为。

3. 主体要件

本罪的犯罪主体是纳税人和扣缴义务人，既可以是自然人，也可以是单位。作为纳税人或扣缴义务人的建筑施工企业、职工都可以涉嫌构成逃税罪。

4. 主观要件

本罪在主观方面是出于直接故意，并且具有逃避缴纳应缴税款义务而非法获利的目的。过失不构成本罪。

（二）量刑规定

《刑法》第 201 条对逃税罪的量刑规定为："纳税人采取欺骗、隐瞒手段进行虚假纳税申报或者不申报，逃避缴纳税款数额较大并且占应纳税额百分之十以上的，处三年以下有期徒刑或者拘役，并处罚金；数额巨大并且占应纳税额百分之三十以上的，处三年以上七年以下有期徒刑，并处罚金。扣缴义务人采取前款所列手段，不缴或者少缴已扣、已收税款，数额较大的，依照前款的规定处罚。对多次实施前两款行为，未经处理的，按照累计数额计算。有第一款行为，经税务机关依法下达追缴通知后，补缴应纳税款，缴纳滞纳金，已受行政处罚的，不予追究刑事责任；但是，五年内因逃避缴纳税款受过刑事处罚或者被税务机关给予二次以上行政处罚的除外。"

《税收征收管理法》第 63 条规定："纳税人伪造、变造、隐匿、擅自销毁帐簿、记帐凭证，或者在帐簿上多列支出或者不列、少列收入，或者经税务机关通知申报而拒不申报或者进行虚假的纳税申报，不缴或者少缴应纳税款的，是偷税。对纳税人偷税的，由税务机关追缴其不缴或者少缴的税款、滞纳金，并处不缴或者少缴的税款百分之五十以上五倍以下的罚款；构成犯罪的，依法追究刑事责任。扣缴义务人采取前款所列手段，不缴或者少缴已扣、已收税款，由税务机关追缴其不缴或者少缴的税款、滞纳金，并处不缴或者少缴的税款百分之五十以上五倍以下的罚款；构成犯罪的，依法追究刑事责任。"

第 80 条规定："税务人员与纳税人、扣缴义务人勾结，唆使或者协助纳税人、扣缴义务人有本法第六十三条、第六十五条、第六十六条规定的行为，构成犯罪的，依法追究刑事责任；尚不构成犯罪的，依法给予行政处分。"

最高人民法院《关于审理偷税抗税刑事案件具体应用法律若干问题的解释》第 1 条规定："纳税人实施下列行为之一，不缴或者少缴应纳税款，偷税数额占应纳税额的百分之十以上且偷税数额在一万元以上的，依照刑法第二百零一条第一款的规定定罪处罚：（一）伪造、变造、隐匿、擅自销毁帐簿、记帐凭证；（二）在帐簿上多列支出或者不列、少列收入；（三）经税务机关通知申报而拒不申报纳税；（四）进行虚假纳税申报；（五）缴纳税款后，以假报出口或者其他欺骗手段，骗取所缴纳的税款。扣缴义务人实施前款行为之一，不缴或者少缴已扣、已收税款，数额在一万元以上且占应缴税额百分之十以上的，依照刑法第二百零一条第一款的规定定罪处罚。扣缴义务人书面承诺代纳税人支付税款的，应当认定扣缴义务人'已扣、已收税款'。实施本条第一款、第二款规定的行为，偷税数额在五万元以下，纳税人或者扣缴义务人在公安机关立案侦查以前已经足额补缴应纳税款和滞纳金，犯罪情节轻微，不需要判处刑罚的，可以免予刑事处罚。"

《刑法》第201条规定的"应纳税额"是指某一法定纳税期限或者税务机关依法核定的纳税期间内应纳税额的总和。偷税行为涉及两个以上税种的，只要其中一个税种的偷税数额、比例达到法定标准，即构成偷税罪，其他税种的偷税数额累计计算。

（三）立案标准

根据《刑事案件立案追诉标准二》第57条的规定，逃避缴纳税款，涉嫌下列情形之一的，应予立案追诉：

1. 纳税人采取欺骗、隐瞒手段进行虚假纳税申报或者不申报，逃避缴纳税款，数额在5万元以上并且占各税种应纳税总额10%以上，经税务机关依法下达追缴通知后，不补缴应纳税款、不缴纳滞纳金或者不接受行政处罚的。

2. 纳税人5年内因逃避缴纳税款受过刑事处罚或者被税务机关给予2次以上行政处罚，又逃避缴纳税款，数额在5万元以上并且占各税种应纳税总额10%以上的。

3. 扣缴义务人采取欺骗、隐瞒手段，不缴或者少缴已扣、已收税款，数额在5万元以上的。

纳税人在公安机关立案后再补缴应纳税款、缴纳滞纳金或者接受行政处罚的，不影响刑事责任的追究。

（四）认定标准

1. 逃税罪与一般税务违法行为的区别

纳税人没有采取欺骗、隐瞒手段进行虚假纳税申报或者不申报，或者逃避缴纳税款数额不属较大,抑或逃避缴纳税款数额占应纳税额不足 10% 的,不构成逃税罪,其中有的情形(如漏税)属于一般税务违法行为。漏税是指纳税人(包括扣缴义务人)虽然没有依照税法规定缴纳或者足额缴纳税款,但并非出于故意的行为,是一种一般税务违法行为,应由税务机关责令其补缴漏缴的税款,并加收滞纳金。漏税属于过失或者无意识,而逃税则具有直接主观故意。

2. 逃税罪与避税的区别

所谓避税,是指采用合法手段减轻或者免除税收负担的行为。避税是在纳税义务发生前采取各种合乎法律规定的方法,不是法律禁止的,而逃税则是法律禁止的。

(五)辩点分析

在进行逃税罪的辩护时,应当着重考虑以下几个辩点:(1)主体是否符合;(2)主观条件是否符合;(3)客观条件是否符合;(4)是否适用《刑法》第 201 条第 4 款;(5)事实和证据是否清晰充分。

1. 主体是否符合

逃税罪的主体是纳税人和扣缴义务人,既可以是自然人,也可以是单位。作为纳税人或扣缴义务人的建筑施工企业、职工都可能涉嫌构成逃税罪。由此可知,寻找他人代购材料,或者合同约定由他人承担税费等行为,都不会改变纳税主体。逃税罪是纳税主体本身才能构成的,如果犯罪嫌疑人不具有主体资格,不是纳税义务人,自然不可能构成逃税罪,这是主体适格的与否的辩护思路。

2. 主观条件是否符合

本罪的主观要件是故意,对主观心理状态有一定的针对描述。例如,一个房地产企业处在行政管理关系中的被管理者地位,对资产只有管理权而没有处理权的时候,其只是被动接受管理者的决定,是一个纯粹的执行者,那么,其自然不存在犯罪主观条件构成的前提。此时企业的主观心理状态并不决定事件的发展,也难以证明其主观心理状态是否存在,该企业自然不构成逃税罪。

此外,对于适格主体,其确因疏忽而没有纳税申报,则属于漏税,依法补缴即可,其行为也不构成犯罪。

所以,在主观上,可以从各种层面找寻无犯罪故意的证据进行有效辩护。

3. 客观条件是否符合

本罪的客观方面表现为:纳税人或扣缴义务人采取“欺骗、隐瞒”的手段。如果能证明其并不存在或其情节不应认定为欺骗或隐瞒情况的话,自然就能得到应有的辩护效果。例如,聘用残疾人员工即可依法享受退免税待遇的社会福利企业,令残疾人享受了企业职工应当享受的基本待遇,即使所报的残疾人没有真正上班,也应认定行为人不具有虚假纳税申报或者不申报的行为,不宜以逃税罪论处。

再如,公司发生了股权变动,逃税行为人、同时也是股权变动前主要决策者和股权所有人在股权变动前有逃税行为。股权变动后,其已经离职,对公司不再有经营决策权。此时,即使逃税行为发生在行为人任职期间,但税务机关的行政处理文书在行为人离职后才送达,其已无法对公司经营决策造成任何影响,无法配合税务机关的行政处理决定。依据有利于被告人原则,行为人也不应构成逃税罪,因其客观上无法进行任何形式的补救。

4. 是否适用《刑法》第 201 条第 4 款

《刑法》第 201 条第 4 款规定:“有第一款行为,经税务机关依法下达追缴通知后,补缴应纳税款,缴纳滞纳金,已受行政处罚的,不予追究刑事责任;但是,五年内因逃避缴纳税款受过刑事处罚或者被税务机关给予二次以上行政处罚的除外。”这是有关逃税罪除罪条款的规定,适用该条款必须满足几个条件:第一,满足逃税罪的犯罪构成要件,如果没有满足犯罪构成要件,就无所谓适不适用了;第二,经过税务机关的处理;第三,补缴应纳税款,缴纳滞纳金,已受行政处罚的,不予追究刑事责任;第四,只有当行为人超过税务机关规定期限而不接受处理才能追究刑事责任。由此可以产生以下情形的辩护:

税务机关先予行政处罚是刑事追诉的前置程序,若公安机关在此之前立案侦查,属于逾越行政处罚前置程序的行为,可以程序违法、行为人的行为不具备刑事追诉的条件为由进行抗辩。

行为人实施逃税行为后,接受税务机关的行政处罚,补缴税款并缴纳罚款、滞纳金,因其不构成犯罪,也不应再追究其逃税罪的刑事责任。

5. 事实和证据是否清晰充分

刑事诉讼案件的事实和证据,需要能够排除合理怀疑,充分认定逃税事实和逃税数额。如果能进行合理怀疑,无法对案件真实情况进行评判,此时的证据是不宜被采信的。所以,在辩护策略上,可从证据链的逻辑、证据的程序合法性上进行辩护,打破构成逃税罪的证据链条。

同时,逃税数额的多少也会决定量刑多少和犯罪构成与否,因此,对逃税金额的认定也是重中之重。

五、防控措施

建筑施工企业及相关人员要避免因触犯逃税罪而受到刑罚,应注意以下问题:

1. 企业负责人以及相关管理人员不得强迫、指使财务人员进行虚假纳税申报或者不进行纳税申报。

2. 企业财务人员应当认真履责,依法为企业缴纳各项税款,避免因疏忽而漏缴税款,导致企业受到处罚。企业可以建立财务人员定期考核办法,加强对财务人员的业务培训和管理。

3. 企业应当加强对账簿、记账凭证的管理,任何人不得伪造、变造、隐匿、擅自销毁相关财务凭证,不得在账簿上多列支出或者不列、少列收入。

4. 在税务机关依法对企业下发了税款追缴通知书后,企业应当及时、全部补缴应纳税款,并依法缴纳全部滞纳金,切莫再拖延缴纳税款或滞纳金,避免涉嫌刑事犯罪。

5. 不能采取欺骗、隐瞒手段进行虚假纳税申报或者不申报,逃避缴纳税款。

6. 一定要注意避免被税务机关给予 2 次以上行政处罚,如已受到 2 次以上行政处罚,则决不能再逃避缴纳税款。

7. 建筑施工企业作为扣缴义务人,不能采取欺骗、隐瞒手段,不缴或者少缴已扣、已收税款。

8. 建筑施工企业及相关人员应学习税收方面的法律法规,增强企业的整体纳税意识。

第二节　虚开增值税专用发票罪刑事风险与防控

一、风险点:企业管理者为避税铤而走险

案例:李某某、姚某某虚开增值税发票案[1]

【基本案情】

2012年3月,李某某、姚某某伙同杨某某(已判刑)等人预谋注册成立公司向外虚开增值税专用发票,从2012年4月开始,通过借用他人身份信息、抽逃注册资金的方式,在营口地区先后注册成立营口万顺、营口兴强、营口德锋、营口成焱、营口鑫禧等10余家商贸有限公司。李某某、姚某某负责发送开票信息、取送增值税专用发票及相关财务资料等事项。上述公司在营口没有经营场地、货物和实际业务的情况下,于2012年4月至2013年7月,向青岛邦泰国际贸易有限公司、南京东南铜业有限公司虚开增值税专用发票2269组。为取得进项发票,营口万顺商贸有限公司、营口成焱商贸有限公司、营口德锋商贸有限公司、营口兴强商贸有限公司接受天津市合发兴食品有限公司、葫芦岛云瑞金属材料销售有限公司虚开的增值税专用发票142组。

经司法税务鉴定,营口鑫禧商贸有限公司、营口际尔商贸有限公司、营口成焱商贸有限公司、营口绍瑞成商贸有限公司涉及向青岛邦泰国际贸易有限公司虚开增值税专用发票2148组,价款金额204,434,174.87元,税额34,753,808.06元;营口万顺商贸有限公司涉及向南京东南铜业有限公司虚开增值税专用发票121组,价款金额11,757,121.46元,税额1,998,710.64元;天津市合发兴食品有限公司涉及向营口万顺商贸有限公司、营口成焱商贸有限公司、营口德锋商贸有限公司、营口兴强商贸有限公司虚开增值税专用发票133组,价款金额12,296,417.34元,税额2,090,390.66元。葫芦岛云瑞金属材料销售有限公司涉及向营口万顺商贸有限公司虚开增值税专用

---

〔1〕(2018)辽08刑初21号。

发票 9 组，价款金额 854,750.00 元，税额 145,299.85 元。上述发票已被相关企业全部认证抵扣税款。

【法院判决】

法院认为，李某某、姚某某违反国家税收征管和发票管理规定，虚开增值税专用发票，虚开的税款数额巨大，其行为已构成虚开增值税专用发票罪，应予惩处。公诉机关指控李某某、姚某某犯虚开增值税专用发票罪的事实清楚，证据确实、充分，指控罪名成立。

李某某、姚某某在案发后主动到公安机关投案，并如实供述主要的犯罪事实，系自首，可以从轻或者减轻处罚。在共同犯罪中，李某某、姚某某起次要或者辅助作用，系从犯，应当从轻或者减轻处罚。李某某、姚某某没有前科，有自首情节，又系从犯，故对二人减轻处罚，并适用缓刑。

根据李某某、姚某某犯罪的事实、犯罪的性质、情节和对于社会的危害程度，依照《刑法》第 205 条、第 25 条第 1 款、第 26 条、第 27 条、第 61 条、第 67 条、第 72 条、第 73 条的规定，判决：李某某犯虚开增值税专用发票罪，判处有期徒刑 3 年，缓刑 3 年，并处罚金 5 万元。姚某某犯虚开增值税专用发票罪，判处有期徒刑 3 年，缓刑 3 年，并处罚金 5 万元。

【风险提示】

我国施行增值税税款抵扣政策，一般纳税人存在进项和销项的抵扣，应纳税额并非恒定。所以，一些企业利用增值税专用发票可以抵扣的特性，在没有实际业务产生的情况下，虚开增值税专用发票抵扣税款，导致国家税收大量流失。

为了打击日益猖獗的犯罪，国家祭出重典。1995 年，全国人民代表大会常务委员会《关于惩治虚开、伪造和非法出售增值税专用发票犯罪的决定》正式确定了“虚开增值税专用发票罪”，规定最高刑为死刑。1997 年，该罪名被写入《刑法》中。2011 年，《刑法修正案（八）》取消该罪的死刑，即确定最高刑为无期徒刑。

纵观该罪的发展历史，可见国家对虚开增值税专用发票的打击力度和打击决心之大。但在巨大的利益诱惑面前，仍有许多人以身试法，最终锒铛入狱。

二、罪名解析与辩护策略

虚开增值税专用发票罪是指有为他人虚开、为自己虚开、让他人为自己虚开、介绍他人虚开行为之一的,违反有关规范,使国家造成损失的行为。

(一)构成要件

1.客体要件

本罪侵犯的客体是国家对增值税专用发票的管理制度。这是本罪区别于其他破坏社会主义经济秩序罪的本质特征。《发票管理办法》第22条规定:"开具发票应当按照规定的时限、顺序、栏目,全部联次一次性如实开具,并加盖发票专用章。任何单位和个人不得有下列虚开发票行为:(一)为他人、为自己开具与实际经营业务情况不符的发票;(二)让他人为自己开具与实际经营业务情况不符的发票;(三)介绍他人开具与实际经营业务情况不符的发票。"

为了骗取税款,虚开增值税专用发票或用于骗取出口退税、抵扣税款的其他发票的行为,违反了发票管理制度;同时,虚开增值税专用发票或用于骗取出口退税、抵扣税款的其他发票,可以抵扣大量税款,造成国家税款的大量流失,也严重地破坏了社会主义经济秩序。

2.客观要件

本罪在客观方面表现为没有货物购销或者没有提供或接受应税劳务而为他人、为自己、让他人为自己、介绍他人开具增值税专用发票,或者即使有货物购销或提供或接受了应税劳务,但为他人、为自己、让他人为自己、介绍他人开具数量或者金额不实的增值税专用发票,或者进行了实际经营活动,但让他人为自己代开增值税专用发票的行为。

虚开,是指行为人违反有关发票开具管理的规定、不按照实际情况如实开具增值税专用发票及其他可用于骗取出口退税、抵扣税款的发票之行为。从广义上讲,一切不如实出具发票的行为、都是虚开的行为,包括没有经营活动而开具,或虽有经营活动但不作真实的开具,如改变客户的名称、商品名称、经营项目,夸大或缩小产品或经营项目的数量、单价及其实际收取或支出的金额,委托代扣、代收、代征税种的税率及税额、增值税税率及税额,虚填开票人、开票日期等,狭义的虚开,则是指对发票能反映纳税人纳税情况、数额的有关内容作不真实填写,致使所开发票的税款与实际缴纳不符的一系列之行为，如没有销售商品、提供服务等经营活动，却虚构经济活动的项目、数量、单价、收取金额或者有关税率、税额予以填写；或在销售商品提供服务开具发票时，变更经营项目的名称、数量、单价、税率及税额等，从而使发票不能反映出交易双方进行经营活动以及应纳或已纳税款的真实情况，主要体现在票与物或经营项目不符、票面金额与实际收取的金额不一致。

显然，本罪的虚开应是狭义上的虚开。虚开增值税专用发票的具体行为方式有以下四种：

(1)为他人虚开增值税专用发票，指合法拥有增值税专用发票的单位或者个人，明知他人没有货物购销或者没有提供或接受应税劳务而为其开具增值税专用发票，或者即使有货物购销或者提供了应税劳务，但为其开具数量或者金额不实的增值税专用发票或用于骗取出口退税、抵扣税款的其他发票的行为。

(2)为自己虚开增值税专用发票，指合法拥有增值税专用发票的单位和个人，在本身没有货物购销或者没有提供或者接受应税劳务的情况下为自己开具增值税专用发票，或者即使有货物购销或者提供或接受了应税劳务，但却为自己开具数量或者金额不实的增值税专用发票的行为。

(3)让他人为自己虚开增值税专用发票，指没有货物购销或者没有提供或接受应税劳务的单位或者个人要求合法拥有增值税专用发票的单位或者个人为其开具增值税专用发票，或者即使有货物购销或者提供或接受了应税劳务，但要求他人开具数量或者金额不实的增值税专用发票，或者进行了实际经营活动，但让他人为自己代开增值税专用发票的行为。

(4)介绍他人虚开增值税专用发票，指在合法拥有增值税专用发票的单位或者个人与要求虚开增值税专用发票的单位或者个人之间沟通联系、牵线搭桥的行为。

3. 主体要件

本罪的主体均为一般主体，即达到刑事责任年龄且具有刑事责任能力的自然人均可构成。根据《刑法》第 205 条第 2 款之规定，单位也可成为本罪主体。单位构成本罪的，对单位实行两罚制，对单位判处罚金，并对直接负责的主管人员和其他直接责任人员依照《刑法》第 205 条第 2 款规定追究刑事责任。

4. 主观要件

本罪在主观方面必须是故意,而且一般具有牟利的目的。在实践中,为他人虚开增值税专用发票的单位和个人一般都以收取高额的手续费为目的,而为自己虚开、让他人为自己虚开、介绍他人虚开的单位和个人一般都是以收取高额的中介费、信息费为目的。但"以营利为目的"并不是本罪主观上的必要条件。

(二)量刑规定

《刑法》第205条对虚开增值税专用发票的量刑规定为:"虚开增值税专用发票或者虚开用于骗取出口退税、抵扣税款的其他发票的,处三年以下有期徒刑或者拘役,并处二万元以上二十万元以下罚金;虚开的税款数额较大或者有其他严重情节的,处三年以上十年以下有期徒刑,并处五万元以上五十万元以下罚金;虚开的税款数额巨大或者有其他特别严重情节的,处十年以上有期徒刑或者无期徒刑,并处五万元以上五十万元以下罚金或者没收财产"。

根据最高人民法院《关于虚开增值税专用发票定罪量刑标准有关问题的通知》规定,虚开的税款数额在5万元以上的,以虚开增值税专用发票罪处3年以下有期徒刑或者拘役,并处2万元以上20万元以下罚金;虚开的税款数额在50万元以上的,认定为《刑法》第205条规定的"数额较大";虚开的税款数额在250万元以上的,认定为《刑法》第205条规定的"数额巨大"。

(三)立案标准

最高人民法院《关于虚开增值税专用发票定罪量刑标准有关问题的通知》的规定,对虚开增值税专用发票刑事案件定罪量刑的数额标准,可以参照最高人民法院《关于审理骗取出口退税刑事案件具体应用法律若干问题的解释》第3条的规定执行,即虚开的税款数额在5万元以上的,以虚开增值税专用发票罪处3年以下有期徒刑或者拘役,并处2万元以上20万元以下罚金;虚开的税款数额在50万元以上的,认定为刑法第205条规定的"数额较大";虚开的税款数额在250万元以上的,认定为刑法第205条规定的"数额巨大"。也就是说,虚开的税款数额达到5万元,即构成本罪的立案标准。

(四)认定标准

有人认为,虚开增值税专用发票犯罪的目的是非法抵扣税款,如果行为人仅虚开了增值税专用发票而没有非法抵扣税款,则应认定为犯罪未遂。

笔者认为,这种观点是不正确的。我国《刑法》第 205 条第 3 款已明确规定,虚开增值税专用发票是指有为他人虚开、为自己虚开、让他人为自己虚开、介绍他人虚开行为之一。行为人只要实施上述四种行为中的一种,且达到定罪标准的,即可构成虚开增值税专用发票罪。从立法的角度可以看出,虚开增值税专用发票犯罪是行为犯。因此,只要行为人虚开了增值税专用发票,即使没有能够抵扣税款,仍属犯罪既遂,而不能认定为未遂。那么,虚开增值税专用发票犯罪有无未遂形态?笔者认为,虚开增值税专用发票犯罪一般不存在未遂,但如果行为人在虚开过程中,还没来得及将虚开发票行为完成即被查获,这种情况是可以认定为未遂的。

(五)辩点分析

在进行虚开增值税专用发票罪的辩护时,应当着重考虑以下几个辩点:(1)是否属于虚开增值税专用发票;(2)虚开增值税专用发票是否具有骗取国家税款的目的;(3)虚开税款金额的认定。

1. 是否属于虚开增值税专用发票

根据最高人民法院《印发〈关于适用《全国人民代表大会常务委员会关于惩治虚开、伪造和非法出售增值税专用发票犯罪的决定》的若干问题的解释〉的通知》第 1 条第 2 款的规定,具有下列行为之一的,属于虚开增值税专用发票:

(1)没有货物购销或者没有提供或接受应税劳务而为他人、为自己、让他人为自己、介绍他人开具增值税专用发票;

(2)有货物购销或者提供或接受了应税劳务但为他人、为自己、让他人为自己、介绍他人开具数量或者金额不实的增值税专用发票;

(3)进行了实际经营活动,但让他人为自己代开增值税专用发票。

经济活动的表现形式多种多样,部分经济活动表面上可能符合上述司法解释规定的虚开增值税专用发票的表现形式,但实际上并非虚开增值税专用发票。例如,在挂靠经营中,实际经营活动一般是由挂靠方负责,被挂靠方负责开具增值税专用发票。这与上述司法解释规定的"进行了实际经营活动,但让他人为自己代开增值税专用发票"非常类似,但是否构成虚开增值税专用发票仍须区分不同情况而定。

通过参考国家税务总局《关于纳税人对外开具增值税专用发票有关问题的公告》可知,如果挂靠方以被挂靠方名义,向受票方纳税人销售货物、提供增值税应税劳务或者应税服务并开具增值税专用发票,则不属于虚开增值税专用发票;而如果挂靠方以自己名义向受票方纳税人销售货物、提供增值税应税劳务或者应税服务,仅仅是找挂靠方对外开票,则属于虚开增值税专用发票。

在"金某虚开用于抵扣税款发票案"[1]中,长沙市中级人民法院认为:"公诉机关还指控,被告人金某、袁某丙为姚某虚开运输发票给湖南亿利达实业有限公司,金额共计2,190,659.92元。经法院审查认为,姚某以飞腾公司合同专用章承接湖南亿利达实业有限公司运输业务并签订运输合同,姚某与飞腾公司之间形成了实质挂靠关系,应认定为飞腾公司自身承接的运输业务。故该部分指控不能成立,法院不予支持。"法院的认定标准与上述国家税务总局的解读一致。

2. 虚开增值税专用发票是否具有骗取国家税款的目的

目前理论界和实务界一般认为,虚开增值税专用发票罪既是行为犯,也是目的犯。从近两年审判实践来看,越来越多的法院在审判时均把是否具有骗取税款目的纳入犯罪构成的考虑范围,如果不具有骗取税款目的,则不再认定构成虚开增值税专用发票罪。

在宜宾市中级人民法院审理的"何某甲、罗某某犯虚开增值税专用发票罪案"[2]以及绵阳市中级人民法院审理的"徐某虚开增值税专用发票罪案"[3]中,法院均以被告人不具有偷、骗税目的,客观上也未导致国家税款损失为由,判决被告人不构成虚开增值税发票犯罪。

《如何解读虚开增值税专用发票罪的"虚开"》[4]一文中提到,"刑法第205条第1款规定的虚开用于骗取出口退税、抵扣税款发票罪在内,均要求有骗取税款的主观目的,如不具备该目的,则不能认定为刑法第205条之'虚开'行为,不能以该罪论处"。并且,该文中还提到"在此问题上,最高人民法院的态度一贯明确。2001年最高人民法院答复福建省高级人民法院请示的泉州市松苑锦涤实业有限公司等虚开增值税专用发票一案中,该案被

---

[1] (2010)长中刑二初字第0080号。

[2] (2016)川15刑终110号。

[3] (2015)绵刑终字第338号。

[4] 姚龙兵:《如何解读虚开增值税专用发票罪的"虚开"》,载《人民法院报》,2016年11月16日第6版。

告单位不以抵扣税款为目的，而是为了显示公司实力以达到与外商谈判中处于有利地位而虚开增值税发票。据此，最高人民法院答复认为，该公司的行为不构成犯罪”。因此，是否具有骗取国家税款的目的，是虚开增值税发票的一个重要的辩护点。

3. 虚开税款金额的认定

在虚开税款金额的认定方面，应注意从以下三个方面开展辩护工作：

（1）虚开增值税专用发票罪中往往涉及人员及受票企业众多，资金流向复杂，要准确认定虚开金额并非易事。在辩护工作中，应结合公诉机关提供的证据，对每张发票逐笔进行审查，分析认定为虚开的依据是否充分，虚开金额的认定是否准确。

（2）在共同犯罪中，不同的被告人可能分别负责一部分虚开业务，而并非对全部的虚开金额承担责任，在辩护时应当注意区分。

（3）行为人对外虚开增值税专用发票后，为抵销销项税额而为自己虚开或者让他人为自己虚开增值税专用发票，在认定虚开税款金额时，是以虚开的进项税金额或者销项税金额中较大的金额为准，还是二者累加的金额为准，目前司法实践中尚存争议。

笔者认为，应当以二者中金额较大的为准，因为如果行为人没有从事实际经营活动，其本身并不需要交纳增值税，其为自己或者让他人为自己虚开增值税专用发票仅仅是为了抵销虚开的销项税，在这一过程中不会造成国家税款的损失。在刘某某虚开增值税专用发票罪一案〔1〕中，法院就认为“因本案被告人刘某某是在不具有实际生产经营活动情况下虚开增值税专用发票，其本人不存在纳税义务，故以销项或进项中较大的数额计算其虚开税款数额”。当然，也有持不同观点的案例，可参见“邱某煌虚开增值税专用发票案”。〔2〕

三、防控措施

（一）三流一致

在日常经济活动中，税务机关会将“三流不一致”的企业作为重点监控

〔1〕（2016）冀0102刑初147号。

〔2〕（2014）赣中刑二初字第3号。

对象。所谓“三流”是指货物流（销售方→购买方）、资金流（付款方→收款方）、发票流（开票方→受票方）。“三流一致”是指销售方、开票方和收款方为同一企业；购买方、受票方和付款方为同一企业。

但是，随着经济快速发展，交易模式也在不断创新，“三流不一致”也越来越普遍存在于各种交易活动中。例如，在货物买卖交易中，销售方为节省成本，会选择从第三方直接发货给购买方，这就造成了货物流与发票流、资金流不一致。虽然这种“三流不一致”是企业为节省经济成本导致的，但是仍应将财务记录等相关材料保留好，以备税务机关查账。

（二）不可资金回流

资金回流是虚开增值税专用发票的重要特征之一，也是税务机关对企业开户行监管的重要手段，资金回流情况非常容易被发现。

（三）进项、销项发票品名比对一致

现在的科技手段拥有超强的信息比对功能，通过大数据和云计算技术等，可自动比对可疑企业的进项和销项信息，在品名、数量、金额间大量计算，发现异常是很容易的。

第三节　职务侵占罪的刑事风险与防控

一、风险点一：项目负责人缺乏监督导致犯罪易发

案例一：杨某耀职务侵占案[1]

【基本案情】

2008年年初，茂名市茂南区政府在茂南秀色居委会征用茂南大道南面的土地计划建设乐天五星级酒店等项目。茂名市乐天房地产有限公司为了工程顺利进行，于2011年12月27日由该公司项目经理陈某某与秀色村委会主任杨某通过多次协商达成协议，将该项目地块的土地围墙建设项目包干每米1200元，场地平整项目包干按每亩7000元承包给秀色居委会，并签

[1] (2015)茂南法刑初字第30号。

订《围墙及场地平整工程施工合同》《补充协议》两份合同，但《补充协议》是不在村民中公开的，《补充协议》中的围墙项目每米600元、平整土地项目每亩5000元都是以工农关系协调费的名义收取。双方签署合同后，乐天公司通过银行转账501.3万元工程款给被告人杨某某和杨某（其中杨某某账上有356.3万元，杨某账上有145万元），同时茂名市茂南开发试验区财政所将54.772万元作为青苗补偿费汇入杨某某的银行账户，杨某和杨某某两人合计共收到556.072万元，其中约290.914万元用于正常开支使用，剩下的约265.158万元由杨某、杨某某、杨某耀等村干部及村民代表利用职务便利非法私分、占有。杨某耀累计分得赃款7.5万元。

茂名市茂南区人民检察院认为，被告人杨某耀无视国法，伙同他人利用职务上的便利，将本单位财物非法占为己有，数额较大，其行为触犯了《刑法》第271条的规定，犯罪事实清楚，证据确实充分，应当以职务侵占罪追究其刑事责任。并认为杨某耀职务侵占数额75,000元，认罪态度较好，建议判处被告人杨某耀有期徒刑2年4个月至3年4个月。根据《刑事诉讼法》（2012年版）第172条的规定，提请茂名市茂南区人民法院依法判处。

【法院判决】

法院根据综合情况，认定被告人杨某耀利用担任居委会委员的职务便利，将村集体财产7.5万元非法占为已有，数额较大，其行为已构成职务侵占罪，并结合具体情节，作出了如下判决：

1. 被告人杨某耀犯职务侵占罪，判处有期徒刑1年6个月（刑期从判决执行之日起计算。判决执行以前先行羁押的，羁押一日折抵刑期一日，即自2014年10月19日起至2016年4月18日止）。

2. 继续追缴被告人杨某耀违法所得7.5万元；发还给被害单位茂名市茂南城郊经济开发试验区秀色社区居民委员会。

【风险提示】

房地产企业在与一些其他企业或集体产生经营交集时，尤其是对于一些公司管理制度、人事管理制度不到位的相关企业集体，必须充分认识到与该类集体打交道可能遇到的风险。最典型的就是对方“吃空饷，拿回扣”。在这个案例中，茂名市乐天房地产有限公司为了工程顺利进行，由公司项目经理陈某某与秀色村委会主任杨某通过多次协商达成协议，将该项目地块的土地围墙建设项目包干给秀色居委会，并签订《围墙及场地平整工程施工合同》，同时还签订了不对村民公开的《补充协议》。作为一个房地产企业，为了项目的展开使用各种公关手段无可厚非，但这种补充协议签订时，对于是不是会对天乐房地产公司本身产生企业风险，企业管理者是否考虑过？对于项目经理借机与秀色村委会主任杨某暗通款项，损害企业利益，企业管理者又是否考量过？

当然，以上都是假设，但其中的风险不可忽略。在这个案件中，秀色居委会作为承包方主体，因自身缺乏制度监督，损害村集体的知情权，协同代表村集体利益的人员侵吞款项，构成了职务侵占罪。这一类缺乏制约、处在监督真空中的犯罪，其实是最常见的。所以，在这类企业或集体中的人不能抱有侥幸心理，以为能够瞒天过海不被发觉，也不要以为只要拉了足够多的人下水，利益均摊，便能高枕无忧。相关的企业管理者也要充分管控风险，设计好科学合理的制度，尽全力防止该类事件在自己的企业内部发生。

二、风险点二：财务制度不完善导致财产损失而不知情

案例二：张某职务侵占案[1]

【基本案情】

张某于2003年10月入职深圳市某投资发展有限公司（以下简称某公司）任业务员，代表该公司签订合同并且回收货款。自2010年开始，张某以某公司业务员的身份在收取对方公司支付的货款后，采取不交或少交现金或者将支票兑现金后不交或少交等方式，侵占某公司的货款。截至2013年3月31日，张某使用上述方式侵占了某集团有限公司（以下简称裕某公司）的郑某为广东省东莞市东江豪门一期工地、二期工地等项目支付给某公司的货款共计16万元；侵占了裕某公司的张某珍为东莞市中央豪门工地、水岸豪门工地等项目支付给某公司的货款共计71,000元；侵占了深圳市恒某房地产开发有限公司支付给某公司的货款共计80,583.5元。以上张某侵占某公司的货款合计311,583.5元。经审计，截至2014年3月31日，张某未归

〔1〕（2014）深南法刑初字第1542号。

还某公司借款 119,853.94 元,未经某公司审核确认的张某未结算提成约 45,000 元。某公司发现张某侵占公司货款后,张某于 2013 年 11 月 4 日上午向某公司出具了《说明》,称将中央豪门、水岸豪门、东江豪门一期等项目的货款共计 98,700 元私用,并表示希望被害公司给其机会。其后,张某便很少在公司上班,并不接电话或关机使被害公司与其无法联络。2014 年 3 月 26 日,民警接到某公司报警后,在某公司所在的国兴大厦 13 层将张某抓获。

张某归案后如实供述,认罪态度好,具有悔罪表现,只是纠正了部分侵占金额;另被害公司长期拖欠被告提成工资,被告人家庭情况困难且本人患有糖尿病急需用钱,被告人家属庭前积极与被害公司构成赔偿,但现未能与被害公司达成协议。另查,诉讼中,被告人家属赔偿了某公司全部损失,得到了被害公司的谅解。

【法院判决】

法院认为,被告人张某以非法占有为目的,利用职务上的便利,将本公司财物据为己有,数额较大,其行为已构成职务侵占罪。公诉机关指控的犯罪事实清楚,证据确实、充分,指控罪名成立。被告人犯罪后赔偿被害单位全部损失,取得了被害单位的谅解,法院依法对被告人从轻处罚。被告人当庭认罪,法院依法从轻处罚,并认为对其宣告缓刑不致再危害社会,亦可达到惩戒的目的,故法院决定对被告人适用缓刑。综上所述,依据《刑法》第 271 条第 1 款,第 72 条,第 73 条第 2 款、第 3 款之规定,判决被告人张某犯职务侵占罪,判处有期徒刑 2 年,缓刑 2 年 6 个月。

【风险提示】

部分企业在创立之初,由于各种各样的原因,并没有形成完善的财务制度,更多的还是采取个人负责某个项目款项全部流程的方法;在发生款项拖欠时,也往往是让某个特定负责人去负责全部的内容,而不是将款项转入公司的特定账户。慢慢地,哪怕企业发展壮大了,这一管理习惯还是保留了下来。

这种由职工个人主导的财务收账制度不可完全说不好。但这无疑是增加企业风险的,因为人是随环境变化的主体,无法要求一个人不会因为各种各样的原因以身犯险。所以,单位款项收支要规范化,走公对公账目,授权委托书上应该有相应的款项往来声明,并且企业必须建立科学有效的财务流程和制度。

另外,该企业在管理上也有很大问题,长期拖欠工资也是促使张某将公司财物据为己有的一个很重要的诱因。

三、风险点三:项目负责人权责过高使其陷入刑事风险

案例三:冯某达、刘某甲职务侵占案[1]

【基本案情】

2004年12月7日,珠海豪胤杰企业发展公司(以下简称豪胤杰公司)为依法从事生产经营活动需要,向珠海市香洲造贝股份合作公司(以下简称造贝公司)承租了位于珠海市前山造贝新村后的一块空地,双方签订了《租赁合同》,约定合同租赁期限为8年,即2005年5月1日起至2013年4月30日止。后因豪胤杰公司所建厂房遭风灾影响,2005年12月31日,双方再次签订了《补充协议》,将租期延长一年。

2011年9月2日,因金港路(翠屏路段)建设项目用地需要,珠海市国土资源局、珠海市香洲区人民政府联合发布公告(珠国土公告〔2011〕8号),将对位于该路段的豪胤杰公司厂房用地进行征收。2014年1月至2015年2月,被告人冯某达利用担任造贝公司董事长的职务便利,擅自与豪胤杰公司负责人被告人刘某甲,签订新的《租赁合同》(其中两个条款予以变更),擅自延长租赁合同期限、擅自出具委托豪胤杰公司收款的《授权委托书》等相关材料的方式,将征地拆迁补偿款11,607,744.09元由豪胤杰公司账户接收,被告人冯某达再擅自按造贝公司占补偿款45%共5,223,484.8元、豪胤杰公司占55%共6,384,259.29元的比例分配,由豪胤杰公司取得补偿款6,384,259.29元,造贝公司取得补偿款5,223,484.8元。后被告人刘某甲按照与被告人冯某达的约定,将其公司所得的征地拆迁补偿款的约30%共215万元以现金或转账的方式支付给被告人冯某达,其中两笔每笔20万元分别按照被告人冯某达的指示转入到刘某甲的珠海农行账户和邓某流的珠海农商银行账户。

---

〔1〕 (2016)粤04刑终321号。

2015 年 10 月 16 日，被告人刘某甲被公安机关抓获，同年 10 月 22 日，被告人冯某达被公安机关抓获；同年 10 月 29 日，公安机关冻结邓某流广发银行珠海分行 62 × × ×19 的账户；11 月 16 日，公安机关冻结刘某甲招商银行珠海拱北支行 62 × × ×33 的账户 20 万元。

另查明，豪胤杰公司于 2013 年 1 月 ~2015 年 4 月缴纳租金等费用，双方实际履行了租赁合同；2016 年 5 月 6 日，豪胤杰公司将实际所得补偿款共计 4,234,259.2 元划至珠海市香洲区人民法院账户以待拆迁款项重新分配，并同意如果拆迁补偿款 215 万元能够追偿也归属造贝公司。

【法院判决】

一审判决认定冯某达职务侵占的数额为 215 万元。

二审法院因证据问题对一审认定的侵占数额进行修改，认为上诉人冯某达、原审被告人刘某甲身为公司企业人员，利用上诉人冯某达职务上的便利，非法占有公司财物，共计 40 万元，数额较大，其行为均已构成职务侵占罪。原审被告人刘某甲在共同犯罪中起次要作用，是从犯，依法可以减轻处罚。原审被告人刘某甲归案后基本如实供述犯罪事实，依法可以从轻处罚。根据原审被告人刘某甲的犯罪情节和悔罪表现，对其适用缓刑确实不致再危害社会，依法可以宣告缓刑。原判决认定事实不清，适用法律错误，并据此导致量刑过重，依法予以纠正，并由此作出如下判决：(1)撤销广东省珠海市香洲区人民法院(2016)粤 0402 刑初 821 号刑事判决。(2)上诉人冯某达犯职务侵占罪，判处有期徒刑 2 年(刑期从判决执行之日起计算。判决执行以前先行羁押的，羁押一日折抵刑期一日，即自 2015 年 10 月 22 日起至 2017 年 10 月 21 日止)。(3)原审被告人刘某甲犯职务侵占罪，判处有期徒刑 1 年，缓刑 2 年(缓刑考验期，从判决确定之日起计算)。(4)冻结在案的刘某甲招商银行珠海拱北支行 62 × × ×33 账户中 20 万元发还给被害单位造贝公司；责令上诉人冯某达退赔 20 万元发还被害单位造贝公司。

【风险提示】

在实际经营中，经营者会出于经营方便等考量，跳过股东大会或董事会进行一些重大决策的决定。尤其在负责人大权独揽、缺乏监督的时候，其特别容易因为自身的职责大、过于自信膨胀等原因，而忽略了擅自决策重大事项的法律风险。

在这个案例中，对于冯某达所作的决策，如果忽略掉其中职务侵占罪的事实，从其供述和其他证人的证言来看，确实谈不上有什么不合理的地方。但是其擅自决策，跳过股东会董事会决议的事实，为他的违法犯罪埋下了伏笔。当然，其中不能排除其私心作祟，但这个案例确实给相关企业经营者提了一个醒，即企业的事、监事、高级管理人员或某个具体项目负责人，千万要注意这一类风险，不要擅自决策，怀有私心，让自己陷入职务侵占罪而不自知。企业也要注意相关制度的完善，尽早消灭一些不良的授权决策习惯和惯性认知。

四、罪名解析与辩护策略

职务侵占罪是指公司、企业或者其他单位的人员，利用职务上的便利，将本单位财物非法占为己有，数额较大的行为。

（一）构成要件

1. 客体要件

本罪侵犯的客体是公司、企业或其他单位的财产所有权。此处的公司、企业或其他单位，是指非公有性质的公司、企业或其他单位。如果行为人利用职务上的便利，侵吞、窃取公共财物，应当以贪污罪而非本罪论处。本罪的犯罪对象是公司、企业或其他单位的财物，既包括这些单位享有所有权的财物，也包括由这些单位管理、使用或者运输的私人财产。

2. 客观要件

本罪在客观方面表现为利用职务上的便利，将处于自己看管或经手的数额较大的财物，非法据为己有的行为。对本罪客观方面须从以下两个方面进行理解：

（1）必须“利用职务上的便利”。行为人利用职务上的便利而侵吞、窃取、骗取本单位财物，是职务侵占罪的本质特征之一，也是职务侵占罪区别于盗窃罪的主要特征。一般而言，“利用职务上的便利”是指直接利用本人职务上的权力，包括两种情况：一是利用本人主管、经管财物的职务便利；二是担任其他职务的公司、企业或其他单位工作人员，利用因执行公务而临时经手、管理本单位财物的便利。如果只是利用在本单位工作，熟悉作案环境等条件，不能视为利用职务上的便利，不构成本罪。

（2）行为人必须非法占有数额较大的财物。行为人非法占有的财物没有达到法定的数额标准的，不成立犯罪。根据最高人民法院、最高人民检察院《关于办理贪污贿赂刑事案件适用法律若干问题的解释》（以下简称《办理贪污贿赂案件解释》）第 11 条第 1 款之规定，职务侵占罪的“数额较大”具体为 6 万元以上不满 100 万元。

3. 主体要件

本罪的主体是特殊主体，即只有公司、企业或其他单位的工作人员，才具有成为本罪主体的资格。公司，是指依照《公司法》在中国境内设立的有限责任公司或股份有限公司。企业，是指进行企业登记，从事经营活动，但并不以公司形式组成的经济实体，如厂矿、商店、宾馆、饭店以及其他服务性行业。其他单位，是指公司、企业以外的其他组织。此处的公司、企业或其他单位应为非国有性质的单位，即本罪主体属于不具有国家工作人员身份的公司、企业或其他单位的工作人员。

4. 主观要件

本罪的主观方面是故意，并且具有非法占有目的，即行为人明知是公司、企业或其他单位的财产，而决意将其非法占有。

（二）立案标准

职务侵占罪的立案标准在 1979 年《刑法》中未作规定。1997 年《刑法》第 271 条规定，公司、企业或者其他单位的人员，利用职务上的便利，将本单位财物非法占为已有，数额较大的，处 5 年以下有期徒刑或者拘役；数额巨大的，处 5 年以上有期徒刑，可以并处没收财产。

所谓利用职务上的便利，是指行为人利用自己在本单位所具有职务所产生的方便条件。对于将本单位财物非法占为已有，实践中一般表现为侵吞、盗窃、骗取等非法手段。

构成职务侵占罪，必须达到“数额较大”的标准。根据《刑事案件立案追诉标准二》第 84 条的规定，公司、企业或者其他单位的人员，利用职务上的便利，将本单位财物非法占为已有，数额在 5000 元至 1 万元以上的，应予立案追诉。这里的数额，应当累计计算。

应当注意，最高人民检察院、公安部关于职务侵占罪的立案标准规定了一个幅度，即非法占有的数额在 5000 元至 1 万元的，应当追诉。各省、自治区、直辖市公安厅、局应当会同当地人民检察院，结合本地实际情况，在上述数额幅度的范围内，确定本省、自治区、直辖市范围内统一执行的数额标准，并上报备案。广东将全省分为两类地区,一类地区即广州、深圳、珠海、汕头、佛山、中山、东莞、江门市及其所辖市、县、区,以 2 万以上不满 40 万元为"数额较大",40 万元以上为"数额巨大"。二类地区即湛江、茂名、惠州、揭阳、汕尾、梅州、河源、肇庆、韶关、清远、阳江、云浮及其所辖市、县、区,以 1 万元以上不满 30 万元为"数额较大",30 万元以上为"数额巨大"。

(三)量刑规定

《刑法》第 271 条第 1 款对职务侵占罪的量刑规定为:"公司、企业或者其他单位的人员,利用职务上的便利,将本单位财物非法占为己有,数额较大的,处五年以下有期徒刑或者拘役;数额巨大的,处五年以上有期徒刑,可以并处没收财产。"

《刑法》第 183 条第 1 款规定:"保险公司的工作人员利用职务上的便利,故意编造未曾发生的保险事故进行虚假理赔,骗取保险金归自己所有的,依照本法第二百七十一条的规定定罪处罚。"

(四)认定标准

1. 本罪与贪污罪的界限

(1)主体要件不同,本罪的主体是公司、企业或者其他单位的人员;

(2)犯罪行为不同,本罪是利用职务的便利,侵占本单位财物的行为;

(3)犯罪对象不同,本罪的对象必须是自己职权范围内或者是工作范围内经营的本单位的财物;

(4)情节要件的要求不同,本罪的构成必须是侵占公司、企业财物数额较大的行为,数额较小的不构成犯罪;

(5)法定刑上有所不同,本罪的最高法定刑只有 15 年有期徒刑,而贪污罪的最高法定刑为死刑。

2. 本罪与侵占罪的界限

(1)本罪的主体是公司、企业或者其他单位的工作人员,且为非国家工作人员,为特殊主体;而后者的主体为一般主体,即达到刑事责任年龄具有刑事责任能力的自然人。

(2)本罪在主观方面表现为明知是单位的财物而决意采取侵吞、窃取、欺诈等手段非法占为己有;而后罪的主观内容则是明知是代为保管的他人的财物、遗忘物或埋藏物而决意占为己有,拒不交还。

(3)本罪在客观方面表现为利用职务之便将单位财物非法占为己有,即化公为私。

(4)本罪所侵犯的对象是公司、企业或者其他单位的财物,其中既有国有的,也有集体的,还有个人的;后罪所侵犯的仅仅是他人的3种特定物,即系为自己保管的他人财物、遗忘物或者埋藏物,其中的他人仅指个人,而不包括单位。

(5)本罪所侵犯的客体是公私财物的所有权;而后罪所侵犯的仅是他人财物的所有权。

(6)本罪不属于告诉才处理的案件;而后者则只有告诉的才处理。

3. 职务侵占罪与挪用资金罪的界限

(1)侵犯的客体和对象不同。挪用资金罪侵犯的客体是公司、企业或者其他单位的资金的使用权,对象是公司、企业或者其他单位的资金;职务侵占罪侵犯的客体是公司、企业或者其他单位的资金的所有权,对象是公司、企业或者其他单位的财物,既包括货币形态的资金和有价证券等,也包括实物形态的公司财产,如物资、设备等。

(2)客观方面不同。挪用资金罪表现为公司、企业或者其他单位的工作人员,利用职务上的便利,挪用本单位资金归个人使用或者借贷给他人,数额较大、超过3个月未还的,或者虽未超过3个月,但数额较大、进行营利活动的,或者进行非法活动的行为;职务侵占罪表现为公司、企业或者其他单位的人员利用职务上的便利,将本单位财物非法占为己有,数额较大的行为。挪用资金罪的行为方式是挪用,即未经合法批准或许可而擅自挪归自己使用或者借贷给他人;职务侵占罪的行为方式是侵占,即行为人利用职务上的便利,侵吞、窃取、骗取或者以其他手段非法占有本单位财物。挪用本单位资金进行非法活动的,并不要求"数额较大",即可构成犯罪;职务侵占罪则要求,只有侵占本单位财物数额较大的才能构成。

(3)主观要件不同。挪用资金罪行为人的目的在于非法取得本单位资金的使用权,但并不企图永久非法占有,而是准备用后归还;职务侵占罪行为人的目的在于非法取得本单位财物的所有权,而并非暂时使用。

关于挪用本单位资金数额较大不退还的,此处所说的不退还,是指在挪用本单位资金案发后,人民检察院起诉前不退还。一般认为,在实际生活中,挪用本单位资金不退还的分为两种情况:一种是主观上想退还,但客观上无能力退还;另一种是客观上虽有能力退还,但主观上已发生变化,先前的挪用本单位资金的故意已经转化为侵占该资金的故意。在司法实践中，如果行为人在挪用本单位资金后，确属犯罪故意发生转变，不再想退还，而是企图永久非法占为己有，在客观上有能力退还而不退还的，仍应根据处理转化犯的原则，直接以职务侵占罪定罪处罚。

（五）辩点分析

在进行职务侵占罪的辩护时，应当着重考虑以下几个辩点：(1)是否属于"利用职务上的便利"；(2)主观上是否有"将单位财产非法占为己有"的意思；(3)程度上是否达到"数额较大"的标准；(4)对共同犯罪的罪名选择。

1. 是否属于"利用职务上的便利"

本罪要求行为人必须是利用自己的职务上的便利，而利用职务上的便利指利用职权及与职务有关的便利条件。职权，是指本人职务、岗位范围内的权力。与职务有关的便利条件，是指虽然不是直接利用职务或岗位上的权限，但却利用了本人的职权或地位所形成的便利条件，或通过其他人员利用职务或地位上的便利条件，包括：(1)利用自己主管、分管、经手、决定或处理以及经办一定事项等的权力；(2)依靠、凭借自己的权力去指挥、影响下属或利用其他人员与职务、岗位有关的权限；(3)依靠、凭借权限、地位控制、左右其他人员，或者利用对自己有所求人员的权限，如单位领导利用调拨、处置单位财产的权力，出纳利用经手、管理钱财的权利，一般职工利用单位暂时将财物，如房屋等交给自己使用、保管的权利等。至于不是利用职务上的便利，而仅是利用工作上的便利，如熟悉环境、容易混入现场、易接近目标等，即使取得了财物，也不构成本罪。构成犯罪的，应当以他罪如盗窃罪论处。

2. 主观上是否有"将单位财产非法占为己有"的意思

"占为己有"，是指将本单位财物占为自己所有、自己占有控制或者由第三人非法占有控制的状态。需要注意的是，如果行为人将款项占有后，在单位账目中并未平账、销账，此笔款项在账目上仍能体现出来，且行为人并未将此款项挥霍致使无法归还，则辩护人可以提出行为人只是暂时挪用，不具有非法占有目的，故不构成犯罪或者只构成挪用资金罪的意见。

关于"非法占有目的"，在司法实践中较为常见的是行为人与单位间有经济纠纷的情形。律师也多据此提出行为人不具有非法占有目的的意见。在实践中，公司、企业因各种原因拖欠员工工资、奖金的情况时有发生，从而引发员工扣押单位财物以抵劳动报酬或者以扣押财物迫使单位及时发放报酬的行为。对此类案件,司法机关在办案中一般根据情形区别对待:如果所扣押财物远超过被拖欠的报酬数额,且将扣押财物任意处置、随意变卖(如低价贱卖),一般认为行为人具有非法占有的目的;如果所扣押财物相当或者略高于被拖欠的报酬数额,可以认为行为人是为了维护自己的权益,尽管采取的手段不当,但不具有非法占有的目的;如果所扣押财物远超过被拖欠的报酬数额,但行为人妥善保存所扣押财物,且在得到报酬或者与单位协商后即主动返还的,一般也不认定为具有非法占有的目的。

3. 程度上是否达到"数额较大"的标准

根据《办理贪污贿赂案件解释》第11条的规定,职务侵占罪"数额较大""数额巨大"的标准按照贪污、贿赂罪相对应的标准规定的2倍、5倍执行,即职务侵占数额在6万元以上不满100万元的,属于数额较大;职务侵占数额在100万元以上的,属于数额巨大。此标准标志着不再适用《刑事案件立案追诉标准二》中关于职务侵占罪的立案追诉标准。在司法实践中,如果行为人侵占的不是钱款,而是其他财物,还需要参照最高人民法院、最高人民检察院《关于办理盗窃刑事案件具体适用法律若干问题的解释》中对被盗物品的数额计算方法进行计算。辩护律师还应当仔细审查价格鉴定意见,因为在实践中,价格鉴定意见总有某些地方存在瑕疵。另外,即使被侵占的是钱款,也应当对被侵占的钱款进行仔细核对,以期对数额予以减少,从而影响行为人的量刑。

4. 共同犯罪的罪名选择,即具有国家工作人员身份的人员与公司、企业或者其他单位的人员共同侵占单位财物如何定性处理

依据最高人民法院《关于审理贪污、职务侵占案件如何认定共同犯罪几个问题的解释》的规定,对此有三种不同情况:

(1)行为人与国家工作人员勾结,利用国家工作人员的职务便利,共同侵吞、窃取、骗取或者以其他手段非法占有公共财物的,以贪污罪共犯论处。

(2)行为人与公司、企业或者其他单位的人员勾结,利用公司、企业或者其他单位人员的职务便利,共同将该单位财物非法占为己有,数额较大的,以职务侵占罪共犯论处。

(3)公司、企业或者其他单位中,不具有国家工作人员身份的人与国家工作人员勾结,分别利用各自的职务便利,共同将本单位财物非法占为己有的,按照主犯的犯罪性质定罪。

五、防控措施

(一)重大决策要经过董事会或股东会

房地产企业作为社会主义经济建设工作中的重要一环,其合规工作必须做好。企业的重大决策要经过董事会、股东会的决议,不可对重要职务人员过于依赖和授权,否则就会为企业财产带来风险,并可能导致一些单位犯罪,如利用职务便利,用各种各样的方式和名目为自身牟利。

由于历史原因,部分企业往往相关规定并不是那么规范,屡屡出现特定个人以企业名义处理企业重大事宜和处分财产的情况。部分个人甚至能够完全替代企业决定,其个人衡量出发点是不侵犯企业利益即不禁止的错误认知。也有企业创立者对个人的财产与企业不能够混同的情况认知不深,忽略了其中的刑事法律风险,从而不知不觉走上违法犯罪的道路,这在一些传统企业家担任一把手的情况下极易出现。同样,企业管理的中的董事、监事、高级管理人员也往往会犯类似的错误。如案例三中的冯某达,正是由于对自身权责界限认识不深,或者历史遗留习惯等原因,忽略了个人肆意决断的刑事风险,才踏上违法犯罪的道路。若非证据问题,其就要因职务侵占215 万元承担刑事责任、赔偿责任。

(二)健全财务体系

企业作为一个经营主体,对账目资金的管理更不应忽视。忽略账目问题,除了可能出现税务方面的法律风险,更可能让企业财产安全落于不稳定状态。例如,资金往来没有使用对公账户,或货物转移没有特定的程序和审批制度,都会让企业的财产更多地置于职务占有者的道德和谨慎履职的自觉和能力上。道德层面先不予谈论,就企业财产安全与否的压力让职务财产占有者承担,而不反思企业在财产和相关制度上的遗漏,这本身就是企业层面的失职和不作为。这不仅不利于保护企业财产,也让职务财产占有者无端置于职务侵占的风险中,因为只要职务占有财产者自身稍不注意,加之一系列不规范不可追踪的财务制度,便能让占有者无法证明占有财产去向或无法证明占有财产用于企业支出而被起诉,而这类案例绝不匮乏。

案例二中的张某某,其犯事的原因也无非是企业财务规范化不足。让职务履行者代收账目,且没有相应的监督机制,那么对应地,其占有应收货款,不入企业账户,也必然是企业需要承担的风险。就这个案例而言,只要在授权收账的委托书上,写入规范的企业收账账号,并且进行相关收账注意事项和流程提示,便足以让这场风波消弭无形。

(三)公司制度和人事管理不可以马虎应对

其实职务侵占罪的发生也可以笼统地总结为两个原因,一个是制度设置不到位,另一个是人事管理不到位。随着经济的发展和法治社会的健全,越来越多的企业意识到了合理的企业制度和人事制度的重要性。合理的审批制度、可追踪的运营制度、合规的保密制度、缜密的人事制度和谨慎的财务制度,这些在企业经营过程中都是不可或缺的。许许多多企业或个人经济犯罪的契机,往往来自这一系列制度的不规范。另外,人事管理制度作为公司制度中特别的一个类目,更须着重注意,如应有的员工信息建立、员工关怀、员工考核、员工监督、岗位制约,这类制度更直接牵扯到人,也更值得花代价去投入和优化。

案例一中的杨某耀等人,就是因为缺乏相应的制度制约、规范,居然轻易地签订了缺乏公示、侵犯集体利益的不公开合同,从而牟取灰色利益。这一类犯罪发生的基础,正是没有合理制度制约,以及人事管理的缺失。所以,房地产企业在遇到与类似制度和人事管理制度不健全的企业或其他集体打交道的情况时,务必慎之又慎,否则极易牵扯自身,平白无故承担刑事风险,或让职务人员暴露在诱惑之中。

第四节　行贿罪刑事风险与防控

一、风险点一:为承揽工程建设权实施行贿

案例一:谭某对非国家工作人员行贿案[1]

【基本案情】

2008 年至 2013 年,佛山市禅城区某某村委会注册成立房地产公司,利用村内土地开发某某花苑和某某国际商住中心两个房地产项目。被告人谭某为取得某某花苑和某某国际商住中心的消防工程承建权,承诺给予时任

[1] (2015)佛城法刑初字第 941 号。

某某村委会副书记梁某乙(另案处理)3%的工程回扣款。2010年至2013年,被告人谭某分三次送给梁某乙现金共计300,000元。

佛山市禅城区纪律检查委员会在对佛山市禅城区石湾街道某某村委会有关违纪问题进行调查过程中,发现谭某存在对非国家工作人员行贿的行为,遂对谭某进行了谈话,在谈话过程中,谭某如实交代了上述犯罪事实。

【法院判决】

法院认为,被告人谭某为谋取不正当利益,给予其他单位的工作人员财物,共计人民币300,000元,数额较大,其行为已构成对非国家工作人员行贿罪,公诉机关的指控成立。被告人谭某在被追诉前主动交代行贿行为,依法可以减轻处罚。法院采纳了公诉机关判处被告人谭某有期徒刑2年的量刑意见以及辩护人提出的被告人谭某是初犯,悔罪态度好的意见。鉴于被告人谭某有悔罪表现,可对其宣告缓刑。依照《刑法》第164条第1款、第4款、第72条第1款、第73条第2款、第3款的规定,判决被告人谭某犯对非国家工作人员行贿罪,判处有期徒刑1年3个月,缓刑2年。

【风险提示】

企业在工程竞标中为获得承揽工程建设权而实施行贿的70%左右的案件均命中此风险,是本罪的高频风险。目前多数企业存在一个共通性,即法治意识形成的迟延性。包括民营企业家在内的很多企业家还没习惯于用法律思维思考问题、用法律途径处理事务,普遍认为关系大于法律,解决问题的首要方式就是通关系,习惯于通过行贿获取机会或不当获取利益,导致各企业家忽视可能引发的法律风险,最终受到严重处罚,甚至面临牢狱之灾。所以,企业在工程竞标中,应通过合法手段夺标,避免刑事责任。

二、风险点二:为审批不合规的手续实施行贿

案例二:江门金钻辉精密铸造有限公司余某某单位行贿案[1]

【基本案情】

2005年至2006年5月,被告单位江门金钻辉精密铸造有限公司在办理

〔1〕 (2015)江海法刑初字第21号。

公司拍卖所得的江门市江海区滘北油湾里146号之一厂房的房地产权证过程中，因该厂房没有规划、施工等相关审批资料而无法正常办理。时任该公司总经理的被告人余某某找到时任江门市江海区建设局住宅与房地产业股股长曹某英（已判决）帮忙办理，并承诺给曹某英好处费。曹某英遂利用职务上的便利，通过安排被告人余某某篡改竣工验收图并提供虚假证明材料等方式，帮助被告单位违规通过审核并最终取得房屋所有权来源为新建的房地产权证。事后，被告人余某某从被告单位取款送给曹某英好处费22万元。

【法院判决】

法院认为，被告单位江门金钻辉精密铸造有限公司无视国家法律，为谋取公司不正当利益向国家工作人员行贿，情节严重，已构成单位行贿罪。被告人余某某直接经办有关的办证手续、联系受贿人和实施行贿，是直接责任人员，依法应对其以单位行贿罪判处刑罚。被告人余某某在被追诉前主动交代行贿行为，悔罪表现较好。被告人余某某的辩护人提出其认罪态度好，是初犯的辩护意见属实，法院予以采纳。公诉机关提出对被告单位判处罚金，对被告人余某某判处1年以下有期徒刑或拘役，可以适用缓刑的量刑建议，符合法律规定，法院予以采纳。依照《刑法》第393条、第389条第1款、第390条、第72条和第73条的规定，判决如下：(1)被告单位江门金钻辉精密铸造有限公司犯单位行贿罪，判处罚金25万元。罚金已预缴，在判决生效后上缴国库。(2)被告人余某某犯单位行贿罪，判处有期徒刑8个月，缓刑1年。

【风险提示】

第一类风险是部分企业的消防、排污等资质不符合法律规定，相关政府部门不予审批，导致没有相关手续，无法正常营业。为正常盈利，企业便向相关部门行贿，使其不合格的条件获审批通过，从而获得相应资质。解决不合格资质问题应通过正规手段，来完善自身出现的各项问题，使各指标符合国家相关标准，正面解决问题。

第二类风险是部分企业为了少缴交报建费用与税款，虚报、少报相应建设面积等内容，如建设七层的建筑上报为两层，建设完成后，向相关负责人行贿，使审批通过，下发相关手续。此类情况对国家的税收产生较大影响，损害国家利益，刑事责任会更严重。

三、风险点三：为获得政策补贴、专项基金退款等实施行贿

案例三：王某勇、江某泽行贿案[1]

【基本案情】

2007年至2010年，被告人王某勇、江某泽承接增城市新塘民营工业园及环保工业园内多家企业的房产证申办业务，在此期间，为谋取不正当利益，多次向多名国家工作人员行贿共计83.5万元。具体分述如下：

被告人王某勇、江某泽于2009年至2010年承接了增城市新塘环保工业园内的增城市新塘镇港桥洗漂厂等十余家公司办理房产证的业务，在为上述企业办理房产证过程中，两被告人在明知上述企业厂房不符合国家新型墙体材料专项基金退款条件的情况下，为骗取上述专项基金退款，被告人王某勇找到增城市城乡建设管理局负责办理新型墙体材料专项基金退款工作的李某1（已判决），要求李某为其违规办理新型墙体材料专项基金退款，并承诺退款后给予报酬。在征得李某同意并在李某指导下，被告人王某勇、江某泽完善了申请退款的资料，又在李某的帮助联系下，被告人王某勇、江某泽到广州市增城平隆建筑材料厂、广州市增城广兴新型建材厂和广州市增城濠源建材厂虚开了申请新型墙体材料专项基金退款所需的购砖发票。然后，李某在自己离任交接时授意接任的曾某违反规定为上述不符合退款条件的厂房办理了新型墙体材料专项基金退款，退款金额共计2,922,800元。被告人王某勇、江某泽在陆续收到上述新型墙体材料专项基金退款后，二人经商议决定贿送46万元给李某作为报酬。2011年1月11日，被告人王某勇将46万元通过中国工商银行转账至李某指定的“尹某”名下中国工商银行账户。

【法院判决】

法院认为，被告人王某勇、江某泽为谋取不正当利益，向多名国家工作人员贿送财物，致使国家利益遭受重大损失，其行为已构成行贿罪。公诉机关指控被告人王某勇、江某泽犯行贿罪的犯罪事实清楚，证据确实、充分，罪名成立，应予支持。被告人王某勇、江某泽在司法机关未掌握其具体犯罪事

---

[1] （2011）穗增法刑初字第870号。

实时，即如实供述自己的罪行，属自首，依法可以减轻处罚。被告人王某勇、江某泽归案后能退出其部分违法所得，可以酌情从轻处罚。关于辩护人提出被告人王某勇、江某泽举报他人犯罪行为，属立功的辩护意见，经查，被告人王某勇、江某泽供述的是自己参与贿赂犯罪的事实，因此不能认定为立功，该辩护意见据理不足，法院不予采纳。关于辩护人提出两被告人有自首情节，主动退出违法所得，认罪态度好的辩护意见有理，法院予以采纳。公诉机关提出的量刑建议意见与被告人王某勇、江某泽的罪责相适应，法院予以采纳。依照《刑法》第 389 条第 1 款、第 390 条、第 67 条第 1 款、第 64 条、第 25 条，《关于自首和立功的解释》第 1 条、第 3 条的规定，判决如下：

1. 被告人王某勇犯行贿罪，判处有期徒刑 3 年（刑期从判决执行之日起计算。判决执行以前先行羁押的，羁押一日折抵刑期一日，即自 2012 年 7 月 30 日起至 2015 年 7 月 29 日止）。

2. 被告人江某泽犯行贿罪，判处有期徒刑 3 年（刑期从判决执行之日起计算。判决执行以前先行羁押的，羁押一日折抵刑期一日，即自 2012 年 7 月 30 日起至 2015 年 7 月 29 日止）。

3. 被告人王某勇、江某泽退出的违法所得 40 万元，予以没收、上缴国库。

【风险提示】

我国对于某些工程项目会有一定的补贴，也有个别的专项基金退款政策。部分企业利用行贿相关部门负责人的方式，将本身不满足相应政策的企业划入补贴名单中，或者将符合小额补贴标准的变为大额补贴标准。这种从无变有、从小变大的骗取补贴方式也是企业的禁区，关于补贴的相关程序必须符合法律规定。

四、罪名解析与辩护策略

行贿罪，是指为谋取不正当利益，给予国家工作人员以财物的行为，以及在经济往来中，违反国家规定，给予国家工作人员财物，数额较大的，或者违反国家规定，给予国家工作人员以各种名义的回扣、手续费的行为。

（一）构成要件

1. 客体要件

本罪侵犯的客体是国家工作人员的职务廉洁性和职务行为的不可收

买性。

2. 客观要件

本罪在客观方面表现为为谋取不正当利益而给予国家工作人员以财物。这种行贿行为分为两种情况:一种是主动给予国家工作人员财物;另一种是因国家工作人员索要而被动地给予财物。

在经济往来中,违反国家规定,给予国家工作人员以财物,数额较大的,或者违反国家规定,给予国家工作人员以各种名义的回扣、手续费。

3. 主体要件

本罪的主体是一般主体,即年满 16 周岁且具有刑事责任能力的自然人。

4. 主观要件

本罪的主观方面是故意,并且具有谋取不正当利益的目的。行为人如果不具有谋取不正当利益的目的,或者谋取的是正当利益,那么不构成犯罪。

(二)量刑规定

《刑法》第 390 条第 1 款对行贿罪的量刑规定为:"对犯行贿罪的,处五年以下有期徒刑或拘役,并处罚金;因行贿谋取不正当利益,情节严重的,或者使国家利益遭受重大损失的,处五年以上十年以下有期徒刑,并处罚金;情节特别严重的,或者使国家利益遭受特别重大损失的,处十年以上有期徒刑或者无期徒刑,并处罚金或者没收财产。"关于情节严重、情节特别严重的标准,法律未作具体规定。从司法实践的情况来看,应该从行贿数额、手段、次数、人数、后果、犯罪后的表现等方面进行考察,一般是指为谋取个人非法利益,一贯行贿,屡教不改的;为推销伪劣产品而行贿,造成严重后果的;为签订假合同,骗取财物而行贿的;为骗取国家出口退税而行贿的;行贿手段或结果又牵连其他多种罪行的;用国家文物行贿或者用优抚、救济、扶贫、教育等专项特定款物行贿以及用党费、团费行贿的;行贿数额巨大或特别巨大,致使国家利益遭受重大或者特别重大损失的;在司法机关追诉时,拒不交代罪行,伪造、隐匿、毁灭证据,与受贿人订立攻守同盟的,等等。

行贿人在被追诉前主动交代行贿行为的,可以减轻处罚或者免除处罚。关于自首,根据《刑法》第 67 条规定,对于自首的犯罪分子,可以从轻或者减轻处罚。其中,犯罪较轻的,可以免除处罚。鉴于贿赂犯罪具有很大的隐蔽性,取证难度较大,而行贿与受贿又是对应的、密切联系在一起的,行贿人主动交代行贿行为实际上是对受贿人的揭发检举，属于立功表现，因此，为了分化瓦解犯罪分子，严厉打击受贿犯罪，落实惩办与宽大相结合的政策，《刑法》第390条第2款规定，行贿人在被追诉前主动交代贿赂行为的，可以减轻或者免除处罚。这是对行贿人自首的特别规定，是对我国自首制度的重要补充。

（三）立案标准

《办理贪污贿赂案件解释》第7条规定："为谋取不正当利益，向国家工作人员行贿，数额在三万元以上的，应当依照刑法第三百九十条的规定以行贿罪追究刑事责任。行贿数额在一万元以上不满三万元，具有下列情形之一的，应当依照刑法第三百九十条的规定以行贿罪追究刑事责任：（一）向三人以上行贿的；（二）将违法所得用于行贿的；（三）通过行贿谋取职务提拔、调整的；（四）向负有食品、药品、安全生产、环境保护等监督管理职责的国家工作人员行贿，实施非法活动的；（五）向司法工作人员行贿，影响司法公正的；（六）造成经济损失数额在五十万元以上不满一百万元的。"

根据《办理行贿刑事案件解释》的规定，多次行贿未经处理的，按照累计行贿数额处罚。

根据《刑法》第389条第3款的规定，因被勒索给予国家工作人员以财物，没有获得不正当利益的，不是行贿。

（四）认定标准

1. 本罪与单位行贿罪的界定

（1）量刑幅度不同

行贿罪包括三个量刑档次，即5年以下有期徒刑或者拘役；5年以上10年以下有期徒刑；10年以上有期徒刑或者无期徒刑。单位行贿罪的量刑幅度有且仅有一个，即5年以下有期徒刑或拘役。

（2）体现意志不同

行贿罪体现的是个人意志，而单位行贿罪体现的是单位意志。

作为犯罪主体的单位，是法律拟制主体，其自身在客观上不可能作出任何行为，故其所做的任何行为需要借助个人之力而付诸实际。当然，单位意志也并不必然要求一概由单位集体的决策机构进行讨论或者集体决策，而是在客观上能够体现出区别于个人意志的单位整体意思。司法实践中，以下几种情况往往被认定为单位意志：①经单位研究决定的由有关人员实施的行贿行为;②经单位主管人员批准,由有关人员实施的行贿行为;③法定代表人或者其他企业高级管理人员以自己身份实施的行贿行为。

单位的整体利益不同于单位任一成员的个体利益,单位的共同目标就是实现单位的团体利益,因此,单位共同目标的存在就表明单位具有独立于单位任一成员的意志,即单位具有独立的整体意志。此外,从单位意志形成过程来看,单位集体研究决定当然是形成单位意志的主要形式,但单位的负责人员也可以代表单位形成单位意志,即单位的负责人员行贿意志是为单位整体意志所支配的,在这种情况下,便可以认定是单位的意志,而非个人意志。

(3)利益归属不同

单位行贿罪要求行贿人所谋取的不正当利益归属于单位;而行贿罪则要求不正当利益归属于个人。虽然,从某种程度上讲,几乎所有的行贿案件中所谋取的不正当利益最终会归属于个人,然而,不能以此否认利益归属不同对构成A罪或者B罪的区分。《刑法》第393条在单位行贿罪的条款中规定:“因行贿取得的违法所得归个人所有的,依照本法第三百八十九条、第三百九十条的规定定罪处罚”。这是立法机关对两罪之间准确而清晰的立法界分,也成为判断行贿罪和单位行贿罪的重要标准之一。

不正当利益的归属在不少情况下存在难以割裂的混同关系。司法实践中,企业人员行贿的目的往往是从企业获得更多的提成、奖金,而行贿的客观结果往往是既使企业获得了利益,也使行贿人自己获得了好处。如果单位有内部约定,应视为单位行贿,因为行贿人所获得的提成、奖金等利益本质上来源于单位利益,只有单位获得了更大的利益,行贿人理论上才能分得更多的奖金、提成,也即个人利益从属、决定于单位利益。在这种情况下,不宜以这种间接的利益为个人获得而否认单位行贿的性质。

2. 本罪与非国家工作人员行贿罪的界定

对非国家工作人员行贿罪是指为谋取不正当利益,给予公司、企业或者其他单位的工作人员以财物,数额较大的行为。

本罪与对非国家工作人员行贿罪的主要区别在于行贿的对象不同,行贿罪的行贿对象是国家工作人员,而对非国家工作人员行贿的对象是非国家工作人员。

（五）辩点分析

1. 是否“谋取不正当利益”

所谓的“谋取不正当利益”，是指谋取违反法律、法规、国家政策和国务院各部门规章规定的利益，以及要求国家工作人员或者有关单位提供违反法律、法规、国家政策和国务院各部门规章规定的帮助或者方便条件。

根据《刑法》第 389 条第 3 款之规定，因被勒索给予国家工作人员以财物，没有获得不正当利益的，不是行贿。从结果上看，行为人没有获得不正当利益，只是在争取正当利益时，因国家工作人员向其勒索而不得已给予其财物，其不符合行贿罪的主观要件。

2. 行贿行为是否基于行为人个人意志

从主体上看，行贿罪的实施主体是自然人，如果实施行贿行为的主体不是自然人而是单位，则应当构成单位行贿罪而非自然人的行贿罪。

但是，单位也是由自然人构成的，有的企业在经营中往往是老板一人做主。企业的治理体系不够完善，常常是少数管理者一言堂，在这种情况下，就要注意行贿罪与单位行贿罪之间的区别。关于这一点上文中已有介绍，在此不予赘述。

五、防控措施

预防企业行贿犯罪，须多手段结合治理，从人事、规章、资金、方向等各方面同时采取措施，以便完善防控体制。

1. 加强对企业高管人员的刑事风险防范教育。所有的行贿行为均是基于人的行为所产生的，对于在企业有较大影响力的人员应进行关于刑事责任的培训，使其对企业日常管理中的刑事陷阱形成高度敏感，并自觉学会识别、化解风险。

2. 完善企业部门制衡。企业各部门之间应形成互相监督、互相制衡的稳定状态，避免权力失衡。同时制定权力运行监督机制，促进企业决策合理化、程序规范化，尤其对国企高管等掌握企业经济控制权的人员，更要加强对其权力运行的监督制约，从而最大限度发挥企业能动性，远离刑事风险。

3. 管控企业财产。明确企业财产的每一笔支出，从根源处切断行贿可能。多数民营企业法律意识不强，常出现股东或经营者与企业财产混同的情况，故须立即转型，将财产明确区分，并制定完善的资金使用程序，确保资金用于企业。

4. 签署廉洁承诺书。调整企业风气，不仅要从外部入手，还要使员工从内部自发调整。企业高管人员在任职前应当签署廉洁承诺书，明确其在违背承诺时所应承担的责任，以此督促其约束自身行为。

第五节　侵犯公民个人信息罪的刑事风险与防控

一、风险点一：公民个人信息获取程序不合法（非法购买、信息采集不合规）

案例：杨某、刘某侵犯公民个人信息案[1]

【基本案情】

自2015年以来，上诉人（原审被告人）杨某通过物业公司、房地产开发商售楼部等多种渠道购买了大量楼盘业主信息，该信息包含业主姓名、电话、楼栋号、单元号、门牌号、房屋面积等内容，然后通过QQ邮箱（282×××@qq.com）或U盘拷贝的方式将上述楼盘业主信息出售给原审被告人刘某、陈某、吴某（另案处理）等人。在杨某的QQ邮箱中共查获公民个人信息55,306条，其中发送给刘某的信息共计19,752条，发送给吴某的信息共计27,032条。在陈某的电脑内查获楼盘业主信息共计5384条。杨某、刘某、陈某均被抓获归案。

【法院判决】

一审法院认为，被告人杨某、刘某、陈某非法获取公民个人信息，情节特别严重，其行为均已构成侵犯公民个人信息罪。公诉机关指控被告人杨某、刘某、陈某的犯罪事实清楚，证据确实、充分，指控的罪名成立，该院予以确认。

二审法院认为，上诉人杨某、原审被告人刘某、陈某非法获取公民个人信息，其行为均已构成侵犯公民个人信息罪。原公诉机关指控的罪名成立，且情节特别严重。

---

〔1〕（2018）赣01刑终156号。

杨某、刘某、陈某均具有坦白情节，依法予以从轻处罚。原审法院对原审被告人刘某、陈某宣告缓刑并无不当，本院予以维持。基于杨某具有坦白情节，杨某家属自愿代为缴纳罚金，杨某认罪和悔罪态度较好，结合杨某实际居住地所在社区矫正机构同意对其进行矫正的意见，本院决定对上诉人杨某予以改判，宣告缓刑。依照《刑法》第253条之一第1款、第67条第3款、第72条第1款和第3款、第73条第2款和第3款、《刑事诉讼法》(2012年版)第225条第1款第2项之规定，判决如下：

1. 维持一审判决第2、3项，即被告人刘某犯侵犯公民个人信息罪，判处有期徒刑3年，缓刑3年，并处罚金人民币3万元；被告人陈某犯侵犯公民个人信息罪，判处有期徒刑3年，缓刑3年，并处罚金3万元。

2. 撤销一审判决第1项，即被告人杨某犯侵犯公民个人信息罪，判处有期徒刑3年，并处罚金3万元。

3. 上诉人杨某犯侵犯公民个人信息罪，判处有期徒刑3年，缓刑3年，并处罚金3万元(缓刑考验期从判决确定之日起计算，以上罚金已缴纳)。

【风险提示】

侵犯公民个人信息罪所打击的对象主要是非法获取和非法提供这两种行为，所以，个人信息采集的程序必须经合规化管理。当今社会对于个人隐私的保护日益重视，经营者必须充分认识到公民个人信息的特殊性，在获取过程中须遵循《网络安全法》中明文规定的公民个人信息收集和使用的合法、正当、必要的原则。具体而言，该原则要求经营者在收集信息时应明确收集的方式、范围、使用目的等，对于经营过程中确有必要的才可以进行收集，同时必须经过被收集者同意。

获取个人信息的程序应注意：

1. 必须取得用户授权。即详细列举需要采集的确有必要的信息，并充分告知公民需要提供个人信息的情况，并在双方签署的协议中明确约定收集和使用个人信息的条款，或另行签署授权。

2. 禁止非法购买公民个人信息。本罪入罪门槛低，敏感信息50条达即可定罪量刑，所以，经营者必须通过与公民签署协议等合法合规方式来获取个人信息，不得从他人处非法购买公民个人信息。

3. 禁止采集约定之外的信息和法律禁止收集的信息。例如，《征信业管理条例》规定,禁止征信机构采集个人的宗教信仰、基因、指纹、血型、疾病和病史信息等。

二、风险点二:公民个人信息使用、保管过程中的泄露

案例:木某静、张某森等侵犯公民个人信息罪案[1]

【基本案情】

2017 年 7 月,被告人王某庆向恒大易居销售离职人员被告人王某驰索要恒大业主信息资料。后王某驰通过微信向王某庆提供恒大业主信息资料,内容包括楼栋房号、客户姓名、联系方式等 7 项,计 16,842 条(已剔除业主为公司的信息)。

2017 年下半年,王某庆将上述信息提供给包某名。2018 年 9 月,包某名因同行被告人木某静索要,将上述信息提供给木某静。

2018 年 8 月,被告人王某庆向恒大易居在职销售人员被告人颜某索要恒大业主信息资料。后颜某通过微信向王某庆提供恒大业主信息资料,内容包括楼栋房号、客户姓名、联系方式等 7 项,计 24,510 条(已剔除业主为公司的信息)。

2018 年上半年,被告人张某森从恒大离职销售人员马某俊处获取恒大业主信息资料,内容包括楼栋房号、客户姓名、套内面积、成交单价、成交总价、付款方式、客户身份证号码、联系方式、联系地址等 40 项,计 23,887 条(已剔除公司购房信息)。张某森将上述信息资料保存在电脑内,后提供给被告人木某静。2018 年 9 月,木某静又将上述"总房源表"提供给被告人包某名。

【法院判决】

法院认为,被告人木某静、张某森、包某名、王某庆违反国家有关规定,非法获取公民个人信息,后又向他人提供,被告人颜某、王某驰违反国家有关规定,将在履行职责或者提供服务过程中获得的公民个人信息提供给他人,其中被告人木某静、张某森、包某名涉案情节特别严重,被告人颜某、王

[1] (2019)苏 0681 刑初 369 号。

某驰、王某庆涉案情节严重，其行为均已构成侵犯公民个人信息罪，依法应当追究刑事责任。依照《刑法》第 253 条之一第 1 款、第 2 款、第 3 款、第 67 条第 3 款、第 72 条第 1 款、第 3 款、第 73 条第 2 款、第 3 款、第 64 条、最高人民法院、最高人民检察院《关于办理侵犯公民个人信息刑事案件适用法律若干问题的解释》（以下简称《办理侵犯公民信息案件的解释》）第 3 条、第 5 条、第 11 条之规定，判决如下：

1. 被告人木某静犯侵犯公民个人信息罪，判处有期徒刑 3 年，缓刑 4 年，并处罚金 1 万元（已预缴）（缓刑考验期限，从判决确定之日起计算）。

被告人张某森犯侵犯公民个人信息罪，判处有期徒刑 3 年，缓刑 4 年，并处罚金 8000 元（已预缴）（缓刑考验期限，从判决确定之日起计算）。

被告人包某名犯侵犯公民个人信息罪，判处有期徒刑 3 年，缓刑 4 年，并处罚金 8000 元（已预缴）（缓刑考验期限，从判决确定之日起计算）。

被告人颜某犯侵犯公民个人信息罪，判处有期徒刑 1 年 3 个月，缓刑 1 年 6 个月，并处罚金 5000 元（已预缴）（缓刑考验期限，从判决确定之日起计算）。

被告人王某庆犯侵犯公民个人信息罪，判处有期徒刑 1 年 3 个月，缓刑 1 年 6 个月，并处罚金 5000 元（已预缴）（缓刑考验期限，从判决确定之日起计算）。

被告人王某驰犯侵犯公民个人信息罪，判处有期徒刑 1 年 3 个月，缓刑 1 年 6 个月，并处罚金 5000 元（已预缴）（缓刑考验期限，从判决确定之日起计算）。

2. 扣押在案的手机、电脑等涉案物品，予以没收，由扣押机关销毁或上缴国库。

【风险提示】

许多经营者收集信息后掉以轻心，使用及保管过程不规范，导致公民个人信息遭到泄露。信息的保管是十分重要的环节，应从内部与外部分别采取措施，保障信息的安全性。

外部措施包括：构建信息安全人员或部门，在网络端进行加密处理，采取网络安全保护措施，防止黑客、病毒侵入窃取。在现实端将信息集中放置，安排人员管理，制定参阅审批程序，尽量保持少量人员接触信息。

内部措施包括:对内部员工进行岗位培训,明确公民个人信息的重要性,并签署保密协议,以防止工作人员因接触到该信息而发生信息泄露的风险。同时制定风险预案,在发生或者可能发生个人信息泄露、毁损、丢失的情况时,应当立即采取补救措施,按照规定及时告知用户并向有关主管部门报告。

三、风险点三:非法出售、提供公民个人信息

案例:张某侵犯公民个人信息案[1]

【基本案情】

自2017年4月以来,被告人张某在深圳市佰仟金融服务有限公司工作期间,利用工作上的便利,通过连接公司管理系统数据库的方式导出大量含有客户姓名、电话、身份证号码等内容的公民个人信息,后以每条2角、5角钱不等的价格通过QQ、微信等即时聊天工具卖给谢某等人,张某从中非法获利401,968.75元。经过对张某持有的一部手机及一台笔记本电脑进行电子证据检查,发现存有公民个人信息2,797,371条。

【法院判决】

一审法院认为,被告人张某非法获取公民个人信息并出售,情节特别严重,其行为已构成侵犯公民个人信息罪,依法应受刑罚处罚。据此,以被告人张某犯侵犯公民个人信息罪,判处有期徒刑3年2个月,并处罚金人民币410,000元。公安机关扣押的被告人张某的手机一部,笔记本电脑一台,移动存储U盘一个,依法予以没收;违法所得401,968.75元依法予以追缴,上缴国库。

二审法院认为,上诉人(原审被告人)张某非法获取公民个人信息并出售,情节特别严重,其行为已构成侵犯公民个人信息罪,依法应受刑罚处罚。张某主动退出部分赃款,可酌情从轻处罚,深圳市佰仟金融服务有限公司出具的《情况说明》证明张某有权查询和接触及调取相应的业务数据,该岗位有义务严格遵守公司的保密制度,不得泄露公司的信息。结合被告人张某

---

[1] (2018)鄂05刑终363号。

交代不能将业务数据拷贝到个人电脑的供述，张某系在履行职责过程中获得公民个人信息，应当从重处罚。原判认定事实清楚，证据确实、充分，定罪准确，但量刑不当。依照《刑法》第253条之一第1款、第2款、第3款、《办理侵犯公民信息案件的解释》第1条、第5条第2款第3项、第12条和《刑事诉讼法》第236条第1款第1项、第2项之规定，判决如下：

1. 维持一审判决第2项，即公安机关扣押的被告人张某的手机一部，笔记本电脑一台，移动存储U盘一个，依法予以没收；违法所得401,968.75元依法予以追缴，上缴国库。

2. 撤销一审判决第1项，即被告人张某犯侵犯公民个人信息罪，判处有期徒刑3年2个月，并处罚金41万元。

3. 上诉人（原审被告人）张某犯侵犯公民个人信息罪，判处有期徒刑5年，并处罚金41万元（刑期从判决执行之日起计算，判决以前先行羁押的，羁押一日折抵刑期一日，即上诉人张某的刑期自2018年1月17日起至2023年1月16日止）。

【风险提示】

正如上文“风险点一”所述，非法提供公民信息是侵犯公民个人信息罪打击的对象之一。企业通过合法程序采集的信息只能在自身相关经营部分范围使用，不可将信息售卖给其他主体。实践中多发生部分员工或经营者为牟利，铤而走险，非法出售公民个人信息，构成犯罪的情况。所以，经营者应守住底线，坚决依照法律规定，合情合理使用公民个人信息。

四、罪名解析与辩护策略

侵犯公民个人信息罪是违反国家有关规定，向他人出售或者提供公民个人信息，情节严重的行为。

（一）构成要件

1. 客体要件

本罪侵犯的客体是公民个人的信息自由、安全和隐私权。

2. 客观要件

本罪在客观方面表现为两种行为方式：

一是违反国家有关规定，向他人出售或者提供公民个人信息的行为。

需要注意的是,“违反国家有关规定”不同于“违反国家规定”,前者的范围更为宽泛。如前所述,我国尚未制定专门的公民个人信息保护法,但一些专门的法律、法规对特定领域公民个人信息的保护有专门规定。此外,违反部门规章等关于公民个人信息保护的规定的,也可以认定为“违反国家有关规定”。根据信息来源的不同,此种行为又可以区分为向他人出售或者提供公民个人信息的情形和将在履行职责或者提供服务过程中获得的公民个人信息出售或者提供给他人的情形。需要注意的是,实践中需要依据有关规定,准确判断提供公民个人信息的行为是否“违反国家有关规定”,而不能仅以是否经权利人同意为判断标准。例如,为了侦查、起诉、审判工作的需要,依据有关法律向司法机关提供有关犯罪嫌疑人、被告人的个人信息的,虽未经该犯罪嫌疑人、被告人许可,但属于合法提供。

二是窃取或者以其他方法非法获取公民个人信息的行为。对此,需要着重把握“其他方法”的范围问题。“窃取”是指采用秘密的或者不为人知的方法取得他人个人信息的行为。“其他方法”,是指“窃取”以外的其他方法,如通过收买、欺骗等方法非法获取公民个人信息。实际上,窃取也是非法获取的方式之一。关于“其他方法”是否必须自身具有非法的性质,即其他方法是否只包括诈骗、胁迫等自身具有非法性质的方法,而不包括购买、接受赠与等自身不具有非法性质的方法,实践中存在不同认识。笔者赞同从行为人获取行为的本质属性角度加以判断,而不论获取行为是否违反法律的禁止性规定,即只要行为人没有获取公民个人信息的法律依据或者资格而获取相关个人信息,即可认定系“非法获取”。[1]司法适用中应当注意的是,具有特定职责的办案人员可以为履行职责而进入公安信息网络等特定网络查阅公民信息,但是也出现了一些人利用职务便利,出于履职以外的目的,私自进入系统获取公民信息的现象,此种情形也应当认定为“以其他方法非法获取公民个人信息”。

3. 主体要件

本罪的主体是一般主体,单位,可构成本罪。

4. 主观要件

本罪的主观方面表现为故意。

---

〔1〕 参见赵秉志:《公民个人信息刑法保护问题研究》,载《华东政法大学学报》2014 年第 1 期。

（二）量刑规定

《刑法》第 253 条之一规定："违反国家有关规定，向他人出售或者提供公民个人信息，情节严重的，处三年以下有期徒刑或者拘役，并处或者单处罚金；情节特别严重的，处三年以上七年以下有期徒刑，并处罚金。违反国家有关规定，将在履行职责或者提供服务过程中获得的公民个人信息，出售或者提供给他人的，依照前款的规定从重处罚。窃取或者以其他方法非法获取公民个人信息的，依照第一款的规定处罚。单位犯前三款罪的，对单位判处罚金，并对其直接负责的主管人员和其他直接责任人员，依照各该款的规定处罚。"

《办理侵犯公民信息案件的解释》第 5 条规定："非法获取、出售或者提供公民个人信息，具有下列情形之一的，应当认定为刑法第二百五十三条之一规定的'情节严重'：（一）出售或者提供行踪轨迹信息，被他人用于犯罪的；（二）知道或者应当知道他人利用公民个人信息实施犯罪，向其出售或者提供的；（三）非法获取、出售或者提供行踪轨迹信息、通信内容、征信信息、财产信息五十条以上的；（四）非法获取、出售或者提供住宿信息、通信记录、健康生理信息、交易信息等其他可能影响人身、财产安全的公民个人信息五百条以上的；（五）非法获取、出售或者提供第三项、第四项规定以外的公民个人信息五千条以上的；（六）数量未达到第三项至第五项规定标准，但是按相应比例合计达到有关数量标准的；（七）违法所得五千元以上的；（八）将在履行职责或者提供服务过程中获得的公民个人信息出售或者提供给他人，数量或者数额达到第三项至第七项规定标准一半以上的；（九）曾因侵犯公民个人信息受过刑事处罚或者二年内受过行政处罚，又非法获取、出售或者提供公民个人信息的；（十）其他情节严重的情形。

"实施前款规定的行为，具有下列情形之一的，应当认定为刑法第二百五十三条之一第一款规定的'情节特别严重'：（一）造成被害人死亡、重伤、精神失常或者被绑架等严重后果的；（二）造成重大经济损失或者恶劣社会影响的；（三）数量或者数额达到前款第三项至第八项规定标准十倍以上的；（四）其他情节特别严重的情形。"

（三）立案标准

1. 公民个人信息的内涵及特征

（1）与公民个人直接相关，能够反映公民的局部或整体特点；或是一经取得、使用即具有专属性。前者如公民的出生日期、指纹等，后者如身份证编号、家庭住址等。

（2）具有法律保护价值。公民个人信息承载了公民的个体特征甚至各项权利，如果任由他人泄露、获取，必然导致公民时刻处于可能遭受侵害的危险状态。

（3）公民个人信息的保护不以信息所有人请求为前提。除非基于维护国家利益、公共利益的需要或信息所有人的意愿，任何组织和个人均无权泄露、获取其个人信息。

2. 采取非法手段

从窃取的特征分析，非法手段至少应当具备以下特点：（1）违背了信息所有人的意愿或真实意思表示；（2）信息获取者无权了解、接触相关公民个人信息；（3）信息获取的手段违反了法律禁止性规定或社会公序良俗。

3. 情节严重的认定

窃取或者以其他方法非法获取公民个人信息，情节严重的，方可追究刑事责任。但对于何为"情节严重"，尚无明确的规定可循。从立法背景看，近年来，公民信息广为泄露，网络上出现了公开兜售各类公民个人信息的广告，社会上甚至出现了收集、出售公民个人信息的"专业户"，对公民个人隐私及人身、财产安全构成了严重威胁。因此，利用刑罚手段保护公民的个人信息安全实属必要。但刑罚手段有其特殊的适用范围，并非一切非法获取公民信息的行为均应受到刑罚处罚。

（四）认定标准

1. 对"违反国家有关规定"的理解

违反国家规定有特定的含义，根据《刑法》第 96 条的规定，"本法所称违反国家规定，是指违反全国人民代表大会及其常务委员会制定的法律和决定，国务院制定的行政法规、规定的行政措施、发布的决定和命令"。

从这个意义上看，违反部门规章侵犯公民个人信息的行为不构成本罪。不过，本罪的前提是"违反国家有关规定"而非"违反国家规定"。根据《办理侵犯公民信息案件的解释》第 2 条的规定，违反法律、行政法规、部门规章有关公民个人信息保护的规定的，应当认定为刑法第 253 条之一规定的"违反国家有关规定"。

因此，单纯违反部门规章的行为也可能构成本罪。

2. 公民个人信息的内涵

《办理侵犯公民信息案件的解释》第 1 条对公民个人信息作出了界定，即《刑法》第 253 条之一规定的"公民个人信息"，是指以电子或者其他方式记录的能够单独或者与其他信息结合识别特定自然人身份或者反映特定自然人活动情况的各种信息，包括姓名、身份证件号码、通信通讯联系方式、住址、账号密码、财产状况、行踪轨迹等。显然，公民个人信息的范围较广。

3. 非法"提供公民个人信息"的认定

根据《刑法》第 253 条之一的规定，违反国家有关规定，向他人出售或者提供公民个人信息，是侵犯公民个人信息罪的客观行为方式之一。针对司法实践的情况，《办理侵犯公民信息案件的解释》第 3 条对非法"提供公民个人信息"的认定作了进一步明确。具体而言：一是对"提供"的认定。在"人肉搜索"案件中，行为人未经权利人同意即将其身份、照片、姓名、生活细节等个人信息公布于众，影响其正常的工作、生活秩序，危害严重。更有甚者，一些行为人恶意利用泄露的个人信息进行各类违法犯罪活动。经研究认为，通过信息网络或者其他途径予以发布，实际是向不特定多数人提供公民个人信息，向特定人提供公民个人信息的行为属于"提供"，基于"举轻明重"的法理，前者更应当认定为"提供"。基于此，《办理侵犯公民信息案件的解释》规定，向特定人提供公民个人信息，以及通过信息网络或者其他途径发布公民个人信息的，应当认定为《刑法》第 253 条之一规定的"提供公民个人信息"。二是对合法收集公民个人信息后非法提供的认定。根据《网络安全法》的规定，经得被收集者同意，以及做匿名化处理（剔除个人关联），是合法提供公民个人信息的两种情形。基于此，《办理侵犯公民信息案件的解释》规定，未经被收集者同意，将合法收集的公民个人信息向他人提供的，属于《刑法》第 253 条之一规定的"提供公民个人信息"，但是经过处理无法识别特定个人且不能复原的除外。

4. "非法获取公民个人信息"的认定

根据《刑法》第 253 条之一的规定，窃取或者以其他方法非法获取公民个人信息，是侵犯公民个人信息罪的客观行为方式之一。根据司法实践的情况，《办理侵犯公民信息案件的解释》第 4 条对"非法获取公民个人信息"的认定作了进一步明确：一是规定"违反国家有关规定，通过购买、收受、交换等方式获取公民个人信息"的，二是根据《网络安全法》规定的收集、使用个人信息的规则，明确违反国家有关规定，“在履行职责、提供服务过程中收集公民个人信息”的，属于“以其他方式非法获取公民个人信息”。

5.“情节严重”的认定标准

一是信息类型和数量。公民个人信息的类型繁多，行踪轨迹信息、通信内容、征信信息、财产信息、住宿信息、交易信息等公民个人敏感信息涉及人身安全和财产安全，被非法获取、出售或者提供后极易引发绑架、诈骗、敲诈勒索等关联犯罪，具有较大的社会危害性。基于不同类型公民个人信息的重要程度，《办理侵犯公民信息案件的解释》分别设置了“50 条以上”“500 条以上”“5000 条以上”的入罪标准，以体现罪责刑相适应。

二是违法所得数额。出售或者非法提供公民个人信息往往是为了牟利，基于此，《办理侵犯公民信息案件的解释》将违法所得 5000 元以上的规定为“情节严重”。

三是信息用途。被非法获取、出售或者提供的公民个人信息，用途存在不同，对权利人的侵害程度也会存在差异。基于此，《办理侵犯公民信息案件的解释》将“非法获取、出售或者提供行踪轨迹信息，被他人用于犯罪”“知道或者应当知道他人利用公民个人信息实施犯罪，向其出售或者提供”规定为“情节严重”。

四是主体身份。公民个人信息泄露案件不少系内部人员作案，在诸多公民个人信息买卖案件中也可以见到“内鬼”参与的“影子”。为切实加大对此类行为的惩治力度，《办理侵犯公民信息案件的解释》明确，“将在履行职责或者提供服务过程中获得的公民个人信息出售或者提供给他人”的，认定“情节严重”的数量、数额标准减半计算。

五是前科情况。曾因侵犯公民个人信息受过刑事处罚或者 2 年内受过行政处罚，又非法获取、出售或者提供公民个人信息的，行为人屡教不改、主观恶性大，《办理侵犯公民信息案件的解释》将其也规定为“情节严重”。

在此基础上，《办理侵犯公民信息案件的解释》第 5 条第 2 款对侵犯公民个人信息罪的“情节特别严重”的认定标准，也即“处 3 年以上 7 年以下有期徒刑”量刑档次的适用标准作了明确，主要涉及如下两个方面：(1)数量数额标准。根据信息类型不同，非法获取、出售或者提供公民个人信息“500 以上”“5000 条以上”“50,000 条以上”，或者违法所得 5 万元以上的，即属“情节特别严重”。(2)严重后果。《办理侵犯公民信息案件的解释》将“造成被害人死亡、重伤、精神失常或者被绑架等严重后果”“造成重大经济损失或者恶劣社会影响”规定为“情节特别严重”。

(五)辩点分析

1. 所谓的信息是否属于“公民个人信息”

判断行为人所侵犯的“信息”是否属于“公民个人信息”,应当进行综合的判断。即根据相关的信息单独或者与其他信息结合能否识别特定自然人身份,或者反映特定自然人活动情况的各种信息。

比如身份证号码、通信地址以及联系方式、行踪轨迹这类信息,当然能直接指向某个自然人;然而如果只是单一的性别信息,并不一定会指向某个具体的自然人,这种信息便不属于“公民个人信息”。

除此之外,如果上述信息经过处理无法识别特定个人,且该信息无法复原的,也不属于本罪所指的“公民个人信息”。

2. 非法获取、出售或者提供公民个人信息是否达到“情节严重”或者“情节特别严重”标准

根据《办理侵犯公民信息案件的解释》第 5 条之规定,非法获取、出售或者提供公民个人信息,具有下列情形之一的,应当认定为《刑法》第 254 条之一规定的“情节严重”:(1)出售或者提供行踪轨迹信息,被他人用于犯罪的;(2)知道或者应当知道他人利用公民个人信息实施犯罪,向其出售或者提供的;(3)非法获取、出售或者提供行踪轨迹信息、通信内容、征信信息、财产信息 50 条以上的;(4)非法获取、出售或者提供住宿信息、通信记录、健康生理信息、交易信息等其他可能影响人身、财产安全的公民个人信息 500 条以上的;(5)非法获取、出售或者提供第 3 项、第 4 项规定以外的公民个人信息 5000 条以上的;(6)数量未达到第 3 项至第 5 项规定标准,但是按相应比例合计达到有关数量标准的;(7)违法所得 5000 元以上的;(8)将在履行职责或者提供服务过程中获得的公民个人信息出售或者提供给他人,数量或者数额达到第 3 项至第 7 项规定标准一半以上的;(9)曾因侵犯公民个人信息受过刑事处罚或者 2 年内受过行政处罚,又非法获取、出售或者提供公民个人信息的;(10)其他情节严重的情形。实施前款规定的行为,具有下列情形之一的,应当认定为《刑法》第 253 条之一第 1 款规定的“情节特别严重”:(1)造成被害人死亡、重伤、精神失常或者被绑架等严重后果的;(2)造成重大经济损失或者恶劣社会影响的;(3)数量或者数额达到前款第 3 项至第 8

项规定标准10倍以上的;(4)其他情节特别严重的情形。

当行为人非法获取、出售或者提供公民个人信息未达到上述标准时,可以提出不构成侵犯公民个人信息罪的辩护意见。

当然,对于涉案公民个人信息的数量的计算方式,也将直接影响最终算出的数量。当行为人获取信息后又将其出售,该条信息不应当予以重复计算;如果其出售的信息并不存在,或者向不同的单位或个人出售相同信息,该条信息不应计算在犯罪数量之中。

3. 是否获得公民同意获得该信息

如果经被收集者同意获得公民个人信息,该信息的获取是合法的,则不构成侵犯公民个人信息罪。但是应当注意,在获得信息后应当予以妥善管理,避免出现向外出售的情况。

五、防控措施

首先,要从公开的途径获取信息。已经公开的公民个人信息若不具有隐私性,获取该个人信息的行为便不会侵犯公民的隐私权,该行为一般也不构成本罪。

其次,获取、交换信息时须经过信息所有者的同意。如果取得了信息所有者的同意,一般不构成本罪。另外,在信息传播的过程中也可以对信息进行特定处理,使其无法识别为特定的公民的信息,从而避免因信息传播给特定公民造成的危害。

再次,在获取相关信息时注意甄别合法获得的公民信息与非法获得的公民信息,即便是合法获得的公民信息也要是考察否有处分的权利。

最后,应建立严格、合法的信息采集流程管理系统,在信息的收集与传播过程中避免违法与犯罪风险,防患于未然。

后　记

《建筑房地产企业刑事高频风险防控实务》一书得以顺利出版，有赖于深圳市律师协会的鼎力支持，如果没有搭上深圳市律师协会倡导出版的《深圳律师实务丛书》这趟“便车”，本书与读者见面的时间显然会延迟不少，在此，全体编委会成员对深圳市律师协会表达最诚挚的谢意！

本书是深圳市律师协会商事犯罪预防与辩护法律专业委员会刘平凡主任主持编撰的一本关于刑事风险防控方面的著作，聚焦于建筑、房地产领域。本书的特色是研究了大量已经公开的司法判例，通过“律小牛刑事辩护智能办案辅助系统”进行大数据分析，以案说法，尽量减少理论方面的研究，着重业务实践方面的探讨。希望本书能够对从事建筑、房地产领域刑事合规建设相关工作的律师、法务，或者感兴趣的其他读者，起到“抛砖引玉”的作用。

本书整体内容由主编刘平凡及李兰兰律师统筹，其中“安全生产篇”由副主编谭仲萱及白怡欣、冯可蒙负责编写，谭仲萱律师还负责了前期研究案例的检索工作与后期的统稿工作；“资本市场篇”由副主编刘仁武、组员何优律师以及费梦诚、臧小娜、张笑盈负责编写；“企业管理篇”由副主编梁佳丽、组员章登洋律师以及李康、许文平负责编写；“其他篇”由副主编张贤达及组员刘敏、许晓星、李东旭、张雨婷、陈威负责编写，张贤达博士还负责了本书全面的统稿工作；谭宗成律师负责起草了本书前言及后记部分；全体编委均参与了多次修改及校对工作。

对于能够将本书作为《深圳律师实务丛书》中的一册进行出版，全体编委深感责任重大，生怕因半点疏忽给深圳律师同行以及其他读者带来错误或者过时的内容及观点。尽管本书经过了多次修改及校对,仍难免有疏漏及不足之处。欢迎广大读者在阅读本书的过程中,对本书存在的疏漏及不足提出诚挚的建议或意见,以便本书编者在后续工作中及时改正。

编　者

图书在版编目(CIP)数据

建筑房地产企业刑事高频风险防控实务 / 刘平凡主编. -- 北京 : 法律出版社, 2020
(深圳律师实务丛书)
ISBN 978-7-5197-4355-0

Ⅰ. ①建… Ⅱ. ①刘… Ⅲ. ①房地产企业－管理人员－刑事犯罪－风险管理－研究－中国 Ⅳ. ①D924.04

中国版本图书馆 CIP 数据核字(2020)第 051633 号

建筑房地产企业刑事高频风险防控实务
JIANZHU FANGDICHAN QIYE XINGSHI GAOPIN FENGXIAN FANGKONG SHIWU

刘平凡 主编

策划编辑 程 岳
责任编辑 程 岳 朱轶佳
装帧设计 汪奇峰

编辑统筹 司法实务出版分社
出版 法律出版社
开本 710 毫米×1000 毫米 1/16
总发行 中国法律图书有限公司
印张 16.75
经销 新华书店
字数 256 千
印刷 中煤(北京)印务有限公司
版本 2020 年 5 月第 1 版
责任印制 胡晓雅
印次 2020 年 5 月第 1 次印刷

法律出版社/北京市丰台区莲花池西里 7 号(100073)
网址/www.lawpress.com.cn
投稿邮箱/info@lawpress.com.cn
举报维权邮箱/jbwq@lawpress.com.cn
销售热线/400-660-8393
咨询电话/010-63939796

中国法律图书有限公司/北京市丰台区莲花池西里 7 号(100073)
全国各地中法图分、子公司销售电话:
统一销售客服/400-660-8393/6393
第一法律书店/010-83938432/8433
西安分公司/029-85330678
重庆分公司/023-67453036
上海分公司/021-62071639/1636
深圳分公司/0755-83072995

书号:ISBN 978-7-5197-4355-0
定价:58.00 元
(如有缺页或倒装,中国法律图书有限公司负责退换)